装备科技译著出版基金

无线传感器网络的自然启发计算

Nature Inspired Computing for Wireless Sensor Networks

[印度] 德巴西斯·德（Debashis De）
阿马蒂亚·穆克吉（Amartya Mukherjee） 主编
桑托什·库马尔·达斯（Santosh Kumar Das）
尼兰詹·戴伊（Nilanjan Dey）

史彦斌 劳永军 张佳音 译

国防工业出版社

·北京·

著作权合同登记　　图字：01-2022-5900 号

图书在版编目（CIP）数据

无线传感器网络的自然启发计算／（印）德巴西斯·
德等主编；史彦斌，劳永军，张佳音译. —北京：国防
工业出版社，2024.1
书名原文：Nature Inspired Computing for
Wireless Sensor Networks
ISBN 978-7-118-13033-1

Ⅰ.①无… Ⅱ.①德… ②史… ③劳… ④张… Ⅲ.
①无线电通信-传感器-研究 Ⅳ.①TP212

中国国家版本馆 CIP 数据核字（2024）第 012196 号

First published in English under the title
Nature Inspired Computing for Wireless Sensor Networks
Edited by Debashis De, Amartya Mukherjee, Santosh Kumar Das and Nilanjan Dey
Copyright © Springer Nature Singapore Pte Ltd., 2020
This edition has been translated and published under licence from
Springer Nature Singapore Pte Ltd.
本书简体中文版由 Springer 授权国防工业出版社独家出版。
版权所有，侵权必究。

※

国防工业出版社出版发行

（北京市海淀区紫竹院南路 23 号　邮政编码 100048）
雅迪云印（天津）科技有限公司印刷
新华书店经售

*

开本 710×1000　1/16　印张 20½　字数 388 千字
2024 年 1 月第 1 版第 1 次印刷　印数 1—1500 册　定价 188.00 元

（本书如有印装错误，我社负责调换）

国防书店：(010) 88540777　　书店传真：(010) 88540776
发行业务：(010) 88540717　　发行传真：(010) 88540762

译 者 序

传感器技术与通信技术、计算机技术共同构成信息技术的三大支柱。无线传感器网络作为物联网的基本组成部分，已经成为当下的研究热点之一。在实践中，无线传感器网络面临着部署、设计、能量等方面的约束，同时存在带宽、成本以及安全性等方面的问题，影响这些问题的因素包括覆盖率、可靠性、工作范围、可扩展性、安全性、传输速率、传输功率等，从而存在不同程度的信息不确定性和模糊性。因此，本书的重点是介绍无线传感器网络中需要创新应用的智能仿生优化算法，用于解决路由、网络参数优化和能量估计问题的群优化技术，以及无线传感器网络中的多目标优化技术。本书的特点是突出了自然启发算法在解决无线传感器网络部署中遇到的问题与挑战的具体应用，如解决路由、网络参数优化和能量估计问题的群优化技术，针对性强，主要章节均安排有算法算例、仿真和性能分析，强调理论研究与实践算例相结合，在简要介绍一般算法原理的同时，注重与无线传感器网络应用的结合。

原著 *Nature Inspired Computing for Wireless Sensor Networks* 于 2020 年在 Springer 出版社出版，共 14 章内容分为四个部分，分别介绍了自然启发的无线传感器网络优化计算方法以及基于自然启发算法的无线传感器网络路由、网络参数优化解决方案等。第一部分为概述，包括第 1 章，总体上介绍了无线传感器网络及其各种应用、算法和相关的挑战。第二部分为仿生优化，包括第 2 章~第 6 章，介绍了仿生优化算法，如遗传算法（GA）、人工神经网络（ANN）和人工免疫系统（AIS）在故障分析和诊断以及交通管理中的应用。第三部分为群优化，包括第 7 章~第 9 章，重点介绍了用于解决路由、网络参数优化和能量估计问题的群优化技术，如非洲水牛优化（ABO）、粒子群优化（PSO）和改进的群智能算法。第四部分为多目标优化，包括第 10 章~第 14 章，探讨了基于遗传算法、粒子群优化算法、人工神经网络、基于教学的优化算法（TLBO）以及组合算法的多目标优化技术。

本书针对无线传感器网络部署中存在的路由、网络参数优化和能量估计等挑战与问题，研究了基于智能自然启发的无线传感器网络设计和部署算法，将蚁群优化、蝙蝠算法、猫群优化、布谷鸟搜索算法、灰狼优化算法、萤火虫群优化、粒子群优化等自然启发的智能算法应用于无线传感器网络部署应用中。本书的显著特点是将智能自然启发算法与解决无线传感器网络部署中存在问题的方法紧密结合，突出解决在极端环境下网络实际应用问题。书中对多种算法进行了分析、仿真及性能分析，是作者团队近年来最新研究成果。

本书适合于在无线传感器系统设计、研究、生产领域，智能感知算法开发领域，物联网工程相关领域以及运筹学、管理科学、系统工程、计算机科学等有关专业的科学研究人员和工程技术人员，高等院校的教师、研究生和高年级本科生学习参考。

本书由史彦斌、劳永军、张佳音、王光宇翻译，其中：史彦斌翻译了第1章~第11章，并对全书进行了统稿；劳永军翻译了第12章；王光宇翻译了第13章；张佳音翻译了第14章。参加翻译和校对工作的还有鲁华平、朱世琦、丁文博等。本书的翻译出版得到了中央军委装备发展部"装备科技译著出版基金"的支持，在此表示感谢。特别感谢国防工业出版社田秀岩编辑在本书翻译出版时提供的热情指导和帮助。同时，还要感谢西北工业大学李立欣教授、空军航空大学张庆杰副教授审阅全书，并提出了修改意见。

鉴于译者水平所限，书中难免存在缺点和不妥之处，恳请读者不吝指正。

译 者

2022年10月

前　言

　　在可用性、保密性和完整性三大基本目标的驱动下，无线传感器网络（Wireless Sensor Network，WSN）迅速发展并得到广泛应用。无线传感器网络是大量传感器节点的集合，每个传感器节点由内外天线、微控制器、电池等元件组成。节点的目的是接收、处理和发送数据信息。为实现此目的，无线传感器网络面临着部署、设计、能量等方面的条件约束，同时存在带宽、节点成本以及安全性等方面的问题，影响这些问题的因素包括覆盖率、可靠性、工作范围、可扩展性、安全性、传输速率和传输功率等，从而不同程度造成信息不确定性和模糊性。因此，在无线传感器网络领域需要一些创新的智能自然启发技术，从而有效地平衡上述问题。

本书的目的

　　本书包含了一些自然启发算法来优化无线传感器网络部署时遇到的挑战，主要目的是解决或创新无线传感器网络在不同应用中的实践算法问题，本书可供高校相关专业教师、研究人员、计算机专业人员和行业人士学习参考，对他们的工作有所裨益。

本书的结构

　　本书共14章，分为四个部分。

　　第一部分共1章，介绍了WSN的应用和算法。第二部分共分5章，概述了WSN中的一些仿生算法。第三部分共分5章，重点介绍了WSN中的一些群优化技术。第四部分共分5章，阐述了WSN中的一些多目标优化问题。

　　第一部分：概述（第1章）介绍了WSN的应用、挑战和算法。

　　第1章对WSN及其应用、挑战和算法进行了概述。

　　第二部分：仿生优化（第2章~第6章）介绍了遗传算法（GA）、人工神经网络（ANN）、人工免疫系统（AIS）等仿生优化算法在解决故障分析与诊断、WSN中的路由管理等方面的应用。各章内容的简要介绍如下。

　　第2章包含一个适应度函数，用于在数据传输过程中平衡簇头的负载，它有助于分析一些现有的相关算法，并从不同的指标，如能源效率、活节点数、包交付率等方面比较它们的性能。

第3章包含一个有效的技巧，即通过恢复死节点找到最优路径，它通过减少数据包丢失和能量消耗来提高网络生存期。

第4章概述了一种基于遗传算法的流量管理技术，它通过最大限度地提高网络的绿色信号有效地提高了网络的生存期。然后，对一些特性与现有的一些技术进行了比较，对比结果表明，该方法优于现有的方法。

第5章重点介绍了一种基于深度学习技术的WSN故障智能诊断技术，它有助于减少因内部和外部环境条件影响而导致的电池电量不足、校准和传感器老化等故障。

第6章概述了WSN中的故障诊断系统，WSN的故障诊断问题在很多方面都可以与人工免疫系统相媲美。本章讨论了人工免疫系统的不同方法，并将其应用于WSN中进行故障诊断，本章还对生物免疫系统进行了详细的介绍。

第三部分：群优化（第7章~第9章）介绍了非洲水牛优化、粒子群优化和改进的群集智能算法等群体优化技术，用于解决WSN中的路由、网络参数优化和能量估计问题。

第7章介绍了一种新的基于ABO优化技术的WSN路由方法。ABO是一种基于非洲水牛行为的自然启发的组合优化技术。这里，ABO作为WSN的主控制器，管理与基站对应的所有传感器节点。它还有助于将数据包从源节点高效地传输到汇聚节点。

第8章介绍了一种分布式源定位算法，该算法有助于估计节点方向的策略；提出了一种改进的粒子群算法，用于优化分布式网络下的多模态最大似然函数。

第9章从自然界的一些现象中得到启发，阐述了一种有效的优化方法。其中一种是拟对偶和声搜索算法，虽然它还处于开发阶段，但仍然是一种强大的优化技术，它具有解决各种工程优化问题的潜在能力。

第四部分：多目标优化（第10章~第14章）描述了一些多目标优化技术，使用遗传算法、粒子群优化、人工神经网络、基于教-学的优化，以及上述一些算法的组合。利用上述自然启发算法为不同的WSN问题提供了高效的最优解决方案。这些章节的简短描述如下。

第10章概述了基于粒子群算法、人工免疫系统（AIS）、遗传算法、蚁群优化（ACO）和模糊逻辑（Fuzzy Logic）的WSN中基于智能的分层路由协议。从节点部署、控制方式、网络架构、聚类属性、协议操作、路径建立、通信范式、能量模型、协议目标和应用等方面对这些协议进行了详细的评述。

第 11 章主要从传感器节点部署、负载均衡、能量利用等方面研究和分析现有的各种工作，采用遗传算法、粒子群算法等仿生算法来解决传感器网络的一些关键问题。本章还列出了一些用于传感器节点分布和数据聚合的模型。

第 12 章讨论了 WSN 的一些多目标仿生算法。近年来，该算法受到了研究人员的广泛关注，为了建立特定领域的应用实践，仍然需要改进。因此，本章简要地讨论了仿生算法在 WSN 中的重要性。

第 13 章重点介绍了一种基于教与学的优化算法（TLBO）的 WSN 簇头选择的智能方法。这种优化由两个基本要素构成，即教师与学生之间的自然关系，有助于在学习方法上有效地优化网络中几个相互冲突的目标。

第 14 章概述了使用自然启发算法的普遍医疗保健应用程序在 WSN 中可靠、低延迟通信的详细研究和挑战，有助于解决如网络连接中断、电源失效以及在一些医疗保健设施中传输严重警报时出现故障等问题。

目 录

第一部分：概述 ··· 1

第1章 无线传感器网络应用、挑战与算法 ································· 3
1.1 引言 ··· 3
1.2 无线传感器网络的应用 ··· 5
1.3 无线传感器网络面临的挑战 ·· 6
1.4 自然计算 ··· 7
1.5 自然启发算法 ··· 9
  1.5.1 蚁群优化算法 ··· 10
  1.5.2 粒子群优化算法 ·· 10
  1.5.3 遗传算法 ··· 11
  1.5.4 群集智能算法 ··· 12
  1.5.5 人工神经网络算法 ······································· 12
  1.5.6 非洲水牛优化算法 ······································· 13
  1.5.7 人工免疫算法 ··· 13
1.6 小结 ·· 14
参考文献 ·· 14

第二部分：仿生优化 ·· 21

第2章 基于遗传算法的无线传感器网络故障感知路由算法 ········· 23
2.1 引言 ·· 23
2.2 相关工作文献综述 ··· 25
2.3 系统模型和术语 ·· 27
2.4 提出的算法 ··· 29
  2.4.1 信息共享阶段 ··· 29
  2.4.2 网络设置阶段 ··· 30
  2.4.3 稳定阶段 ··· 35

IX

2.5　仿真结果 ··· 35
　　　　2.5.1　仿真设置 ·· 35
　　　　2.5.2　实验结果评估 ·· 36
　　2.6　小结 ··· 38
　　参考文献 ·· 38

第3章　基于遗传算法的无线传感器网络延寿故障诊断技术 ············ 41
　　3.1　引言 ··· 41
　　　　3.1.1　问题 ·· 41
　　　　3.1.2　挑战 ·· 42
　　3.2　故障、错误和失效 ··· 43
　　　　3.2.1　故障类型 ·· 43
　　　　3.2.2　故障诊断 ·· 43
　　3.3　相关研究工作 ·· 44
　　3.4　提议的方法 ··· 45
　　3.5　性能评估 ·· 50
　　3.6　小结 ··· 59
　　参考文献 ·· 59

第4章　基于遗传算法的无线传感器网络智能流量管理技术 ············ 62
　　4.1　引言 ··· 62
　　4.2　相关工作文献综述 ··· 63
　　4.3　提议的方法 ··· 67
　　4.4　性能评估 ·· 74
　　4.5　小结 ··· 75
　　参考文献 ·· 76

第5章　基于深度学习技术构造神经网络的无线传感器网络故障诊断 ······ 79
　　5.1　引言 ··· 79
　　5.2　相关工作文献综述 ··· 80
　　　　5.2.1　基于统计检验的间歇故障诊断 ································· 81
　　　　5.2.2　故障诊断的软计算和神经网络方法 ··························· 81
　　5.3　系统模型 ·· 84
　　　　5.3.1　条件假设 ·· 84
　　　　5.3.2　无线传感器网络模型 ·· 84
　　　　5.3.3　故障模型 ·· 85
　　　　5.3.4　传感器数据建模 ·· 86

5.4 问题表述 ·· 87
5.5 特征选择 ·· 87
　5.5.1 均值 ··· 88
　5.5.2 标准差 ··· 88
　5.5.3 偏度和峰度 ··· 88
　5.5.4 绝对离差 ··· 89
　5.5.5 从传感器数据中提取特征示例 ··························· 89
5.6 基于深度学习算法的神经网络传感器节点间歇性故障检测 ······· 91
　5.6.1 基本神经网络设计 ····································· 91
5.7 结果及讨论 ·· 95
5.8 小结 ·· 98
参考文献 ·· 99

第6章 无线传感器网络免疫故障诊断 ···························· 102
6.1 引言 ··· 102
　6.1.1 原由 ··· 104
　6.1.2 作用 ··· 104
6.2 生物免疫系统综述 ··· 105
6.3 无线传感器网络故障诊断的人工免疫系统方法 ················· 109
6.4 人工免疫系统算法的应用 ··································· 110
6.5 小结 ··· 113
参考文献 ·· 113

第三部分：群优化 ·· 117

第7章 基于非洲水牛优化的无线传感器网络智能路由 ············· 119
7.1 引言 ··· 119
7.2 相关工作文献综述 ··· 121
7.3 初步：非洲水牛优化 ······································· 124
　7.3.1 非洲水牛优化流程图 ··································· 125
　7.3.2 非洲水牛优化算法 ····································· 126
　7.3.3 非洲水牛优化算法优点 ································· 127
　7.3.4 非洲水牛优化算法应用 ································· 127
7.4 提出的方法 ··· 128
　7.4.1 问题表述 ··· 131
7.5 性能评估 ··· 132

　　　　7.5.1　迭代的变化 ………………………………………………… 133
　　　　7.5.2　迭代的独特变化 …………………………………………… 137
　　7.6　小结 ………………………………………………………………… 137
　　参考文献 ……………………………………………………………………… 138
第8章　基于改进群智能的无线传感器网络能量高效分布式信源
　　　　定位算法 …………………………………………………………… 142
　　8.1　引言 ………………………………………………………………… 142
　　8.2　相关工作文献综述 ………………………………………………… 144
　　8.3　窄带远场信号的最大似然DOA估计 ……………………………… 145
　　　　8.3.1　ML-DOA估计问题的表述 ………………………………… 147
　　8.4　分布式DOA估计 …………………………………………………… 147
　　　　8.4.1　用于DOA估计的局部代价函数 …………………………… 148
　　　　8.4.2　使用局部最大似然的分布式DOA估计 …………………… 148
　　8.5　扩散粒子群优化 …………………………………………………… 151
　　8.6　扩散PSO算法在无线传感器网络ML-DOA估计中的应用 ……… 153
　　　　8.6.1　性能评估 ……………………………………………………… 155
　　　　8.6.2　示例 …………………………………………………………… 155
　　8.7　无线传感器网络中基于聚类的分布式DOA估计 ………………… 160
　　　　8.7.1　基于聚类的分布式DOA估计 ……………………………… 161
　　8.8　小结 ………………………………………………………………… 166
　　8.9　未来的发展方向 …………………………………………………… 166
　　参考文献 ……………………………………………………………………… 167
第9章　自组网网络和无线传感器网络的准对立和声搜索算法 ………… 170
　　9.1　引言 ………………………………………………………………… 170
　　9.2　优化的必要性 ……………………………………………………… 171
　　　　9.2.1　基本和声搜索算法 …………………………………………… 172
　　　　9.2.2　改进的和声搜索算法 ………………………………………… 174
　　　　9.2.3　基于反向学习 ………………………………………………… 174
　　　　9.2.4　准反向学习的概念 …………………………………………… 176
　　9.3　无线传感器网络中的优化技术 …………………………………… 182
　　　　9.3.1　无线传感器网络中的网络生存期优化 ……………………… 183
　　　　9.3.2　大规模无线传感器网络通信协议的优化 …………………… 184
　　　　9.3.3　具有覆盖率和生存期的无线传感器网络优化 ……………… 184
　　　　9.3.4　无线传感器网络中的动态部署优化 ………………………… 184

9.4 性能评估 185
9.5 小结 185
附录 QOHS 参数 186
参考文献 186

第四部分：多目标优化 189

第10章 无线传感器网络智能路由协议 191
10.1 引言 191
10.2 分类标准 194
    10.2.1 网络类型 194
    10.2.2 节点部署 195
    10.2.3 控制方式 196
    10.2.4 网络架构 196
    10.2.5 集群属性 197
    10.2.6 协议操作 197
    10.2.7 路径建立 198
    10.2.8 通信范式 198
    10.2.9 收/发模型 198
    10.2.10 协议目标 199
    10.2.11 应用 199
10.3 基于智能的分层路由协议 199
    10.3.1 基于粒子群优化的分层路由协议 204
    10.3.2 基于遗传算法的分层路由协议 213
    10.3.3 基于模糊逻辑的分层路由协议 219
    10.3.4 基于蚁群优化的分层路由协议 222
    10.3.5 基于人工免疫算法的分层路由协议 223
10.4 比较和讨论 226
10.5 结论和未来发展方向 233
参考文献 234

第11章 无线传感器网络节点部署、负载均衡和能量利用的定性研究 ... 238
11.1 引言 238
11.2 传感器节点部署概述 239
    11.2.1 基于IPP的方法确保覆盖范围 240
    11.2.2 基于PSO的节点部署 241

11.2.3 节点部署和负载平衡中的蚁群优化算法 ·················· 245
11.2.4 传感器部署中的蜂群优化 ··························· 247
11.3 无线传感器网络中的负载均衡 ····························· 249
11.4 小结 ······································· 252
参考文献 ······································· 252

第 12 章 无线传感器网络的多目标仿生算法 ························· 255
12.1 引言 ······································· 255
12.2 仿生算法综述 ··································· 258
12.2.1 蚁群优化 ··································· 258
12.2.2 人工蜂群 ··································· 259
12.2.3 蝙蝠算法 ··································· 259
12.2.4 基于生物地理学的优化 ··························· 260
12.2.5 猫群优化 ··································· 260
12.2.6 布谷鸟搜索算法 ······························· 260
12.2.7 鸡群优化算法 ································ 260
12.2.8 大象放牧优化 ································ 260
12.2.9 鱼群优化算法 ································ 261
12.2.10 灰狼优化 ·································· 261
12.2.11 萤火虫群优化 ································ 261
12.2.12 飞蛾火焰优化算法 ······························ 261
12.2.13 粒子群优化 ································· 262
12.2.14 鲸鱼优化算法 ································ 262
12.3 应用领域 ····································· 263
12.4 自然启发算法在无线传感器网络不同领域的应用 ················· 266
12.5 仿生计算的挑战和关键问题 ····························· 267
12.6 仿生计算及未来发展 ································· 267
12.7 小结 ······································· 268
参考文献 ······································· 269

第 13 章 无线传感器网络中基于 TLBO 的多目标优化簇头选择 ················ 275
13.1 引言 ······································· 275
13.2 相关工作文献综述 ································· 277
13.3 初步：基于教与学的优化 ······························ 280
13.3.1 教学阶段 ·································· 281
13.3.2 学习阶段 ·································· 281

13.4 所提方法⋯⋯281
　13.4.1 网络模型⋯⋯281
　13.4.2 参数制定⋯⋯282
　13.4.3 教学模式⋯⋯282
13.5 小结⋯⋯287
参考文献⋯⋯287

第14章 适用于普适医疗保健应用的无线传感器网络高可靠、低延迟通信的自然启发算法⋯⋯292

14.1 引言⋯⋯292
14.2 相关工作文献综述⋯⋯293
14.3 无线传感器网络体系结构⋯⋯295
14.4 医疗保健中无线传感器网络的四种路由协议⋯⋯297
　14.4.1 截止日期分类⋯⋯298
　14.4.2 架构设计目标⋯⋯298
14.5 自然启发的路由协议⋯⋯298
　14.5.1 粒子群优化⋯⋯299
　14.5.2 蚁群优化⋯⋯301
　14.5.3 人工免疫系统⋯⋯303
　14.5.4 受植物生物学启发的无线传感器网络框架⋯⋯304
14.6 小结⋯⋯307
参考文献⋯⋯307

第一部分：概述

第1章 无线传感器网络应用、挑战与算法

德巴西斯·德[①], 阿马蒂亚·穆克吉[②],
桑托什·库马尔·达斯[③], 尼兰詹·戴伊[④]

1.1 引 言

近几十年来,无线传感器网络(Wireless Sensor Network,WSN)的应用领域与范围迅速扩展[1-6],它由一组分布在特定环境中的传感器节点和基站(Base Station,BS)组成,用以实现指定目标。基站是一种具有高能量、高处理能力的主协调系统[7-8];节点由内外天线、微控制器、电池等元件组成,用于检测物理条件或环境条件中的光、热、压力等信息。网络中,所有互联的传感器节点都自主工作,并直接或间接与基站连接。图1.1描述了无线传感器网络的一般结构,不同类型的传感器节点在其工作距离范围内与另一个传感器节点相连,每个传感器节点相应位于一个无线收/发距离范围内。图1.1中包含不同类型的传感器节点,不同的类型表示无线收/发距离范围随网络资源的变化而不同。传感器节点群与汇聚节点相连,再通过互联网与终端用户连接。汇聚节点也被称为基站,负责从所有传感器节点收集数据与信息,并将信息汇总发送给终端用户。终端用户可以是为特定目的开发设计的软硬件或个人。实际上,终端用户直接或间接地表示"最终目标"。这个目标就是满足无线传感器网络实际设计目的,并将有用信息发送给客户。

[①] 德巴西斯·德:毛拉·阿布·卡拉姆·阿扎德科技大学,印度西孟加拉邦纳迪亚地区哈林哈塔,邮编:721249;E-mail: dr.debashis.de@gmail.com。

[②] 阿马蒂亚·穆克吉:工程与管理学院,印度加尔各答盐湖,邮编:700091;E-mail: mamartyacse1@gmail.com。

[③] 桑托什·库马尔·达斯:国家科学技术学院(自主技术),印度奥里萨邦贝汉布尔帕勒尔山学院公园,邮编:761008;E-mail: sunsantosh2014@gmail.com。

[④] 尼兰詹·戴伊:印度科技学院,印度加尔各答,邮编:700156;E-mail: neelanjan.dey@gmail.com。

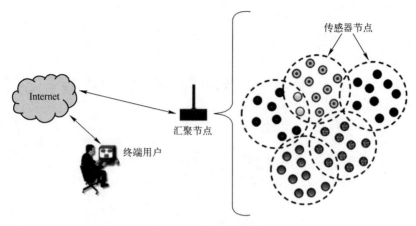

图 1.1 无线传感器网络

无线传感器网络具有以下几个特点：
（1）网络的拓扑结构变化非常频繁。
（2）传感器节点的目的是通过广播通信传播信息。
（3）网络中传感器节点数量可以设定。
（4）传感器节点密集部署。
（5）传感器节点容易出现故障。
（6）每个传感器节点的电池容量有限。
（7）传感器节点的计算能力和内存容量有限。
（8）由于开销大，传感器节点可能不具备全局识别能力。

基于上述特征，无线传感器网络主要有以下几种类型。

（1）移动无线传感器网络。一组传感器节点由一个位置移动到另一个位置来检测物理环境的信号参数。在感应到目标信息后，与目标站通信。在静态无线传感器网络中，数据分发采用固定路由，而在移动无线传感器网络中，数据分发和通信采用动态路由，但这种无线传感器网络存在一些局限性。

（2）多媒体无线传感器网络。该类型网络用于监控和跟踪软件多媒体设备的活动与事件，它以预先计划好的方式部署在环境中，保证了信息覆盖。这种类型的网络由一些智能设备组成，如麦克风和摄像头，通过压缩、关联、处理和信息检索帮助用户间的通信。

（3）地面无线传感器网络。该类型网络有两种部署方式：①预先计划；②动态方式。在预先计划模式下，采用先前的需求和信息来分析和诊断网络组件。在动态自组织模式下，节点通过随机分散的方式布设，系统具有高效、动态的特点。

（4）地下无线传感器网络。在该类型网络中，传感器节点放置在地下不同的位置，如矿井或洞穴。这样部署的基本目的是监测不同的地下冲突条件。虽然所有的传感器节点都部署在地下，但只有汇聚节点位于地上接收传感器数据和信息，在感知和处理这些数据和信息后，部署到基站。

（5）水下无线传感器网络。该类型网络由一些传感器节点和少数车载节点组成。网络中传感器节点是自治的，它们在水中四处移动。车载节点的目的是从传感器节点收集数据和信息，并将其发送到位于地下水体之外的基站。

1.2 无线传感器网络的应用

在无线传感器网络中，传感器的基本用途是监测诸如声音、压力、温度等环境或物理信号参数，并在监测后收集数据并发送给基站。最初，无线传感器网络是为军事应用而设计的，可以迅速用于战场监视。因其突出的优点，目前无线传感器网络已应用于多种目的。基于物联网（Internet of Thing，IoT）的无线体域网（Wireless Body Area Network，WBAN）在医疗保健系统中的应用是现代无线传感器网络快速发展的实例之一[9-10]。它弥补了传统医疗体系的不足。例如，不用亲自去医院检查，而是由物联网提供诸如通信、传感、生物医学处理和物理参数等设施[11-12]。云计算还可以为无线体域网提供一些优势，因为它有大量的处理和存储基础设施，通过身体传感器辅助完成离线或在线处理数据和信息[13-16]。除了军事应用和物联网外，WSN 还有以下一些应用[17]。

（1）动物运动跟踪。

（2）土建结构监测系统。

（3）商业应用程序。

（4）消费者应用。

（5）教育系统。

（6）娱乐应用程序。

（7）环境监测系统。

（8）工业和消费应用。

（9）工业过程监视和控制。

（10）精准农业系统。

（11）安保系统。

（12）安全监控系统。
（13）智能建筑应用。
（14）智能电网和能源控制系统。
（15）运输与物流。
（16）城市地形跟踪系统。

1.3　无线传感器网络面临的挑战

虽然 WSN 有多种应用，但也面临着以下几个方面的挑战。

（1）配置复杂：与有线网络相比，无线传感器网络的配置更为复杂。因此，如果检测到故障或问题，则更难以确定故障原因并为其提供解决方案。

（2）价格昂贵：无线传感器网络比有线网络的价格更昂贵。较难满足不同需求，也不是在任何地方都便于使用。

（3）覆盖问题：在无线传感器网络中，不同的传感器节点按照预先规划的方式随机部署。有些节点的通信范围是相同的，有些节点的通信范围是不同的。因此，又产生了传感器网络的覆盖问题。

（4）多种应用方式的挑战：在现代通信技术迅猛发展的环境下，无线传感器网络受到蓝牙等多种无线设备的挑战。

（5）能量效率：传感器节点电池容量有限。电池需要在一段时间间隔后充电，网络完成任务或运行性能不佳。因此，无线传感器网络的容量比有线网络低。

（6）通信速度慢：与有线网络相比，无线传感器网络的通信速度较慢，需要更多的时间来保持寿命或收集信息。

（7）低延迟：无线传感器网络用于立即响应，因此要求传感器网络立即检测和通知，延迟很低。

（8）可扩展性：在无线传感器网络中，可以根据实际情况和用户需求进行不同的操作，同时取决于不同的硬件配置，可扩展性会有较大变化。

（9）安全性：与其他网络或有线网络相比，无线传感器网络并不安全。因此，黑客很容易侵入网络，并获得所需的信息。

（10）传输介质：在多跳通信中，部分传感器节点与介质相连。因此，容易出现一些如高误码率、衰落大、开销大等问题。

上述挑战在隐私和安全方面造成了诸多限制。安全是指保护数据、数据集或不同的相关信息，隐私是指保护用户的信息或身份[18]。针对异常点检测、故障诊断、入侵检测、移动性预测等不同类型的问题，研究人员提出了一些理论方法[19-20]。在机器学习算法的帮助下，大多数异常点检测和预测算法的性能都在机器学习算法[21-22]的帮助下得以优化，因为机器学习算法有助于增强关键信息，以优化其方式[23-25]。机器学习算法遵循的一些基本步骤：①特征选择和输出标记；②样本收集；③离线训练；④在线分类。由此可见，自然计算是减少和控制上述问题的一种有效的智能技术。

1.4 自然计算

自然启发算法是解决完全依赖于自然现象的复杂现实问题的有效方法[26-28]。它包括几种类型，如生物灵感、群集智能和化学反应等。根据参数和约束条件不同，每种算法都是不同的，但产生一个优化解决方案的目标是一致的。在文献[29]中，作者描述了一些与自然启发计算相关的优化技术基本信息。这些信息在本节中如图1.2~图1.5以及伪代码1.1所示。图1.2显示了三种优化类型：①最小化；②最大化；③根据目的优化。最小化优化是指目标的最小化，最大化优化是指目标的最大化，根据目的表示基于特定优化集的目标最小化或最大化。这里，最优集表示目标值。

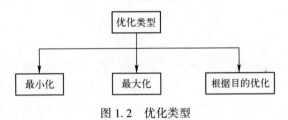

图 1.2 优化类型

优化变量类型如图1.3所示，其中包括：①单变量；②多变量；③单目标；④多目标；⑤基于约束的；⑥基于非约束的；⑦基于线性的；⑧基于非线性的8种类型。单变量优化是指决策变量只有一个；多变量优化意味着不止一个决策变量；单目标优化是指只有一个目标函数起主要作用；多目标优化是指考虑一个以上的目标，且一个目标与另一个目标的本质是相互冲突的；基于约束的优化是指为了满足目标而包含多个约束的优化技术；基于非约束的优化是指没有约束条件来满足目标；线性优化指的是目标和约束的性质是线性的；基于非线性的优化是指目标和约束的性质是非线性的。

通过上述几种优化变量，可以将整个优化过程分为三个阶段：①问题表述；②建立模型；③解决方案。如图1.4所示。

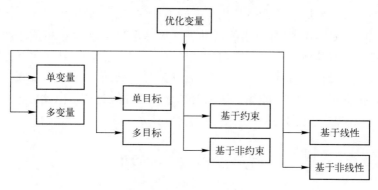

图 1.3　优化变量类型

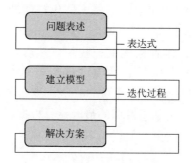

图 1.4　优化的基本步骤

这是一个迭代过程，"问题表述"和"建立模型"与"表达式"相连，而"建立模型"和"解决方案"通过"迭代过程"相连。这也是一个产生最优解的循环过程，其循环过程如图 1.5 所示。该系统包括四个阶段：①规划；②设计；③实施；④优化。规划是用来计划所陈述的问题；设计通过目标和约束以及相关变量来组织问题；优化是指根据前面的步骤生成最优解。整个阶段形成一个前后连接的循环过程。

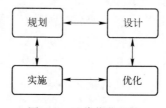

图 1.5　迭代优化系统

自然启发计算的伪代码见伪代码 1.1。在总结了图 1.2~图 1.5 和伪代码

1.1之后，可以看出，自然启发计算是从自然中得到灵感，然后评估其概念，并构建一个高效优化的算法。最后，求解得到如图1.6所示的最优结果，作为自然启发计算的基本结构。

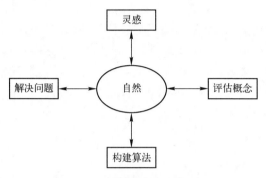

图1.6 自然计算的基本结构

伪代码1.1：自然启发计算中的优化

步骤1：开始。
步骤2：确定需求。
步骤3：表述问题。
步骤4：搜索所需信息。
步骤5：识别目标函数。
步骤6：确定约束条件。
步骤7：确定评估标准。
步骤8：应用优化技术。
步骤9：生成替代解决方案。
步骤10：分析结果。
步骤11：做出决定。
步骤12：确定输出设计。
步骤13：部署。
步骤14：结束。

1.5 自然启发算法

无线传感器网络中的自然启发算法强调应用生物系统，这些生物系统可以形成基本平台，从而获得传感器节点的全局优化决策。此外，自然启发算法还用于实现动态节点的网络设计、路径规划和安全机制，也有助于作为单点广播、多点广播和网络广播的分组路由。自然启发算法具有以下几个优点：①能够探索局部解决方案；②能够掌控目标成本；③易于实现；④具有灵活性、简单性和稳定性；⑤调整灵活性高；⑥适用于复杂函数的大型应用程序；⑦具备集群的解决方案。

近十年来，一些自然启发算法在传感器领域的应用迅速增长，如蚁群优化（Ant Colony Optimization，ACO）、粒子群优化（Particle Swarm Optimization，PSO）、遗传算法（Genetic Algorithm，GA）、群集智能（Swarm Intelligence，SI）、人工神经网络（Artificial Neural Network，ANN）、非洲水牛优化（African Buffalo Optimization，ABO）和人工免疫系统（Artificial Immune System，AIS）等。

1.5.1 蚁群优化算法

在过去的 10 年中，提出了一些基于蚁群算法的应用研究[30-33]。Sun 等[34]提出了一种利用蚁群优化无线传感器网络节点部署的技术，作者应用了培养算法和蚁群算法两种技术，解决了无线传感器网络的覆盖和连通性问题，提高了无线传感器网络的生存期。Sharma 和 Grover[35]提出了一种无线传感器网络节能路由协议模型。该模型的关键技术是改进的蚁群算法，是对早期蚁群算法的扩展，解决了无线传感器网络节点电池的利用率问题，有助于控制运行过程中的非均匀信号变换。Kaur 和 Mahajan[36]提出了一种基于元启发的 WSN 高效路由协议。该方法融合了蚁群算法和粒子群算法，基于节点的能量容量减少了节点的剩余能量，有助于网络数据的汇聚。Liao 等[37]提出了一种基于蚁群算法的传感器节点部署方法。该技术有效扩大网络覆盖范围，提高网络的有效监测，增加网络的搜索空间，提高无线传感器网络的生存期。Ho 等[38]提出了一种基于蚁群算法的无线传感器网络扩散技术。该技术的主要目的是通过优化数据传输的处理时间和能量消耗这两个约束条件来设计高效的路由表。最后，为避免能源消耗和浪费数据处理时间，还提供了路由备份方法。Sun 等[39]提出了一种 WSN 中多目标优化的路由方法。该算法主要采用蚁群算法实现两个基本目的：①降低节点的能量消耗；②提高数据传输的安全性。从而对节点剩余能量和路径信任值进行多目标优化。通过二者的结合，增强网络生存期和网络度量。

1.5.2 粒子群优化算法

在过去的 10 年中，研究人员提出了一些基于粒子群算法的应用研究[40-41]。Parvin 和 Vasanthanayaki[42]提出了基于粒子群优化算法的无线传感器网络节能模型。该模型基于分布式优化技术监测环境中的栖息地和交通工具。此外，该方法还提出了一种聚类方法对节点进行分类。Phoempon 等[43]提出了一种 WSN 定位方法。该方法是一种融合模糊逻辑和粒子群优化的混合方法，用于检测传感器节点的全局位置，有助于降低节点的成本并节约电池能量。同时，该方法采用模糊逻辑来降低网络的不确定性，并利用粒子群算法来激发邻近节点。Sun 等[44]提出了一种多目标无线传感器网络技术，用于二进制粒子群算法的多目标优化，优化如负载平衡、能源消耗和任务执行时间等多个目标。针对每个目标函数设计了若干约束条件，所有的目标函数都可提高网络性能。Cao 等[45]提出了一种基于粒子群算法的 WSN 部署优化技术，用于分布式系统的并行性。该方法使用粒子群算法作为一个协同进化系统有助于减少计算时间，增强消息传递和数据传输。Yan 等[46]提出了一种基于粒子群算法的光学 WSN 定位系统。该技术的主要参数是剩余能量，剩余能量是指初始能量和发送/接收数据包时消耗能量的差值。在该方案中，决策者首先考虑节点的位置，然后进行优化，有助于降低节点的能量消耗。

1.5.3 遗传算法

在过去的 10 年中，人们提出了遗传算法的应用[47-50]。Hanh 等[51]提出了一种智能高效的无线传感器网络区域覆盖路由协议。该路由协议的基本关键元素是遗传算法，它是一种元启发算法。该算法通过近似的方法来指定适应度函数或目标函数，以使网络的覆盖范围最大化，有助于在求解质量方面获得最佳性能。Somauroo 和 Bassoo[52]提出了一种基于遗传算法的三维无线传感器网络高效变异算法。该方法采用了基于链的传感器信息系统高能效采集（Power Efficient Gathering in Sensor Information System，PEGASIS）技术，用于增强无线传感器网络的网络生存期。此外，该方法还用于设计网络的聚类，以减少链中的传感器节点数量，有助于减少数据传输的延迟。Wang 等[53]提出了一种高效的无线传感器网络路由聚类方法。该方法基于遗传算法，在路由协议中，通过比较前一轮和当前一轮迭代结果得到最优解。在每一轮迭代中，都从适应度函数及其约束条件等方面进行了改进，有助于提高整体网络性能。Al-Shalabi 等[54]利用遗传算法在 WSN 中提出了一种高效的多跳路由方法，属于最优多径搜索路由系统。该算法基于聚类方法，其基本目标是找到簇头源和目标节点之间的最优路径。Kumar 等[55]在 WSN 中提出了一种基于遗传算法的分布式区域方法，基于绿色通信系统，该系统主要包括两方面内容：①通信优化；②能源优化。该方案的主要目的是寻找源节点到汇聚节点之间的最优路径，还有助于提高解决方案的收敛速度，经验证其性能优于现有的方法。Barekatain 等[56]提出了一种混合的无线传感器网络能量感知路由方法。这种混合方法是遗传算法和 K-均值算法的融合，采用组合方法对网络进行聚类设计，可以降低网络的能量消耗，找到最优的簇头。最后，该方法取得了较好的效果，优于现有的方法。

1.5.4 群集智能算法

Saleem 等[57]对无线传感器网络和群集智能技术的研究提出了详细建议，该方案完全基于智能路由协议，突出了群集智能路由方法的未来预测和发展方向。这个调查讨论了反向工程的一般原则和分类，可取的属性及分散控制。Zahedi 等[58]提出了一种基于聚类的混合 WSN 方法。该方法是模糊逻辑和群集智能的融合，群集智能的作用是激发网络的不同聚类，而模糊逻辑的作用是通过控制网络的冲突参数来降低网络的不确定性。Bruneo 等[59]提出了一种基于群集智能方法的 WSN 建模技术，该方案的主要目的是利用不同的冲突参数优化源节点到汇聚节点之间的网络路由。网络的关键元素是马尔可夫代理，有助于捕获问题并增强消息传递系统。Ari 等[60]提出了一种基于群集智能的 WSN 高效聚类技术，使用蜜蜂自然启发的方法作为群集智能来管理网络的聚类。该方法基于多目标优化技术，每个目标均采用线性规划，实现了网络能量效率和成本函数之间的权衡。Sreelaja 和 Pai[61]提出了一种基于群集智能的 WSN 下沉洞攻击（Sinkhole Attack，SA）检测技术。该方法采用蚁群算法作为群集智能技术，基于投票方法产生通知来识别网络内的攻击。经验证，它在验证和仿真方面优于网络指标。Li 和 Shen[62]提出了一种基于群行为技术的多机器人 WSN 方法，基于自治、同构、自组织和分散的方法，能有效地管理和控制网络的突发行为。经验证能够帮助设计高效的网络交互通道，帮助集群对不同策略进行协作和管理。

1.5.5 人工神经网络算法

在过去的 10 年中，人们还提出了基于神经网络的应用研究[49,63-64]，Gholami 等[65]提出了基于人工神经网络算法的 WSN 定位方法。该方法首先分析了网络的环境条件，并对网络中的阻塞部分进行了研究，有效地估计网络中不同类型的不确定性。在实际环境中进行了验证，验证结果表明该方法优于网络度量。Alarifi 和 Tolba[66]提出了一种基于自适应神经网络的 WSN 优化技术。该技术基于强化学习技术，采用自适应增强学习方法，有助于在网络中设计聚类，减少节点的能量消耗和从传感器节点到基站的数据收集时间。Eldhose 和 Jisha[67]提出了一种 WSN 节点聚合方法，基于聚类方法，每个主动聚类是由神经网络决定的。这种神经网络方法有助于周期性地处理数据包,并将数据包高效地发送到基站。Chang 等[68]提出了一种基于神经网络的 WSN 脆弱性检测系统。完全基于家庭系统,主要目的是自动管理家庭的个人信息,有助于预测系统的脆弱性和测试系统的整体性能。Serpen 和 Gao[69]提出了一种利用神经网络的感知器方法。该方法基于嵌入式技术,采用并行和分布式技术的神经计算方法,有助于增强网络度量和网络生存期。Li 和 Zhao[70]提出了一种基于人工神经网络的 WSN 方法。该方法用于波前校正系统,其基本目的是利用在线测量校正技术对畸变误差进行估计。通过数值计算和仿真验证了该方法的有效性。

1.5.6 非洲水牛优化算法

Jebaraj 和 Keshavan[71]提出了一种混合的 WSN 方法。该混合网络基于遗传算法和非洲水牛优化算法的融合,使用能量和时延两个基本参数来处理无线传感器网络的信标消息,有助于管理网络冲突。经验证,可以帮助创建和管理网络的可行和最优路由。Padmapriya 和 Maheswari[72]提出了一种 WSN 信道优化技术。该方法基于支持向量机(Support Vector Machine,SVM)、非洲水牛优化和遗传算法融合的混合技术,采用支持向量机技术进行分类,采用非洲水牛优化技术进行网络优化,采用遗传算法进行了性能评价。

1.5.7 人工免疫算法

Alaparthy 等[73]提出了对 WSN 免疫模型进行详细研究的建议。该方法基于免疫系统的人工神经网络,采用智能化方法进行入侵检测和管理,主要包括克隆选择、危险理论、正选择、负选择。Li 等[74]提出了一种基于免疫机制的 WSN 容错方法,基于多路径路由系统,是一种更可靠、更有效的方案,另外,该方法还基于人工蚂蚁的指导原理,利用网络中的信息素信息来提高网络性能。Li 等[75]提出了一种用于 WSN 覆盖优化的容错方法。该方法需要检查两个基本信息:一是传动的可靠性;二是传动的稳定性。通过人工免疫系统建立可靠的分组传输方法,有助于高效部署网络节点,最大限度地覆盖网络。Abo-Zahhad 等[76]提出了移动无线传感器网络中最大覆盖和节能的集中方法,其基本要素:①人工免疫系统;②Voronoi 图。两者的融合称为免疫 Voronoi 系统。该方法分两个阶段完成:一是网络生存期问题;二是网络覆盖问题。

此外,模糊逻辑有时会利用多值逻辑来降低网络的不确定性。这种逻辑是上述自然启发的算法所固有的，使过程更有效、更具稳健性。在线性和非线性优化的背景下，一些算法描述也基于模糊逻辑。在文献［29，77-84］中，作者提出了一些基于动态自组网技术和能量效率路由技术，它们有的用模糊逻辑，有的用模糊逻辑进行扩展，有的用模糊逻辑进行优化。在无线传感器网络中，除了自组网外，还采用了模糊逻辑。在文献［85，86］中，作者使用软计算技术来提高网络性能，其中，模糊逻辑作为一种软计算技术被使用，三角隶属度函数设计路径的输入和输出参数。最后，对网络中所有可行路径进行评估，确定最优路径。Amri等[87]提出了一种基于模糊的WSN节点定位系统方法。该方法的主要目的是在网络中精确地定位传感器，提高网络的精度，有助于无线传感器网络节省能量并延长工作时间。Mazinani等[88]在WSN中提出了一种基于模糊的聚类方法，基于多簇路由技术，用阈值来确定簇头，有助于避免传感器网络中的控制信息和碰撞的可能性。另外，它还有助于发现簇头，提高网络生存期和消息传输效率。Das等[85]提出了一种基于软计算的WSN路由协议，采用模糊逻辑技术和模糊推理系统来降低网络的不确定性。分别考虑能量和距离两个基本参数来评价输出参数回报，有助于减少与路径选择有关的不确定性。

1.6 小　　结

在无线传感器网络应用日益广泛的同时，不同的应用领域也出现了一些难以有效解决的问题。本章重点介绍了无线传感器网络的不同应用和面对的挑战。指导研究人员关注不同的元启发方法或自然启发算法，介绍了近十年来出现的智能算法以及它们的一些优点和缺点。此外，本章还分析了自然启发算法的基本概念及其内在因素，并指导如何使用这些算法来解决特定领域中的特定问题。

参　考　文　献

[1] Dener M (2017) WiSeN: a new sensor node for smart applications with wireless sensor networks. Comput Electr Eng 64:380–394.
[2] Kochhar A, Kumar N (2019) Wireless sensor networks for greenhouses: an end-to-end review. Comput Electron Agric 163:104877.
[3] Boukerche A, Sun P (2018) Connectivity and coverage based protocols for wireless sensor networks. Ad Hoc Netw 80:54–69.

[4] Dey N, Ashour AS, Shi F, Fong SJ, Sherratt RS (2017) Developing residential wireless sensor networks for ECG healthcare monitoring. IEEE Trans Consum Electron 63(4):442–449.

[5] Binh HTT, Hanh NT, Dey N (2018) Improved cuckoo search and chaotic flower pollination optimization algorithm for maximizing area coverage in wireless sensor networks. Neural Comput Appl 30(7):2305–2317.

[6] Roy S, Karjee J, Rawat US, Dey N (2016) Symmetric key encryption technique: a cellular automata based approach in wireless sensor networks. Procedia Comput Sci 78:408–414.

[7] Barnawi AY, Mohsen GA, Shahra EQ (2019) Performance analysis of RPL protocol for data gathering applications in wireless sensor networks. Procedia Comput Sci 151:185–193.

[8] Fong S, Li J, Song W, Tian Y, Wong RK, Dey N (2018) Predicting unusual energy consumption events from smart home sensor network by data stream mining with misclassified recall. J Ambient Intell Humaniz Comput 9(4):1197–1221.

[9] Skiadopoulos K, Tsipis A, Giannakis K, Koufoudakis G, Christopoulou E, Oikonomou K, Stavrakakis I (2019) Synchronization of data measurements in wireless sensor networks for IoT applications. Ad Hoc Netw 89:47–57.

[10] Elhayatmy G, Dey N, Ashour AS (2018) Internet of Things based wireless body area network in healthcare. In: Internet of things and big data analytics toward next-generation intelligence. Springer, Cham, pp 3–20.

[11] Karati A, Biswas GP (2019) Provably secure and authenticated data sharing protocol for IoT-based crowdsensing network. Trans Emerg Telecommun Technol 30(4):e3315, 1–22.

[12] Karati A, Islam SH, Karuppiah M (2018) Provably secure and lightweight certificateless signature scheme for IIoT environments. IEEE Trans Ind Inform 14(8):3701–3711.

[13] Panda SK, Jana PK (2019) An energy-efficient task scheduling algorithm for heterogeneous cloud computing systems. Clust Comput 22(2):509–527.

[14] Panda SK, Jana PK (2018) Normalization-based task scheduling algorithms for heterogeneous multi-cloud environment. Inf Syst Front 20(2):373–399.

[15] Panda SK, Pande SK, Das S (2018) Task partitioning scheduling algorithms for heterogeneous multi-cloud environment. Arab J Sci Eng 43(2):913–933.

[16] Karati A, Amin R, Islam SH, Choo KKR (2018) Provably secure and lightweight identity-based authenticated data sharing protocol for cyber-physical cloud environment. IEEE Trans Cloud Comput 1–14.

[17] Mukherjee A, Dey N, Kausar N, Ashour AS, Taiar R, Hassanien AE (2019) A disaster management specific mobility model for flying ad-hoc network. In: Emergency and disaster management: concepts, methodologies, tools, and applications. IGI Global, pp 279–311.

[18] Karati A, Islam SH, Biswas GP (2018) A pairing-free and provably secure certificateless signature scheme. Inf Sci 450:378–391.

[19] Jain PK, Pamula R (2019) Two-step anomaly detection approach using clustering algorithm. International conference on advanced computing networking and informatics. Springer, Singapore, pp 513–520.

[20] Mishra G, Agarwal S, Jain PK, Pamula R (2019) Outlier detection using subset formation of clustering based method. International conference on advanced computing networking and informatics. Springer, Singapore, pp 521–528.

[21] Kumari P, Jain PK, Pamula R (2018) An efficient use of ensemble methods to predict students academic performance. In: 2018 4th international conference on recent advances in information technology (RAIT). IEEE, pp 1–6.

[22] Punam K, Pamula R, Jain PK (2018) A two-level statistical model for big mart sales prediction. In: 2018 international conference on computing, power and communication technologies (GUCON). IEEE, pp 617–620.

[23] Das SP, Padhy S (2018) A novel hybrid model using teaching–learning-based optimization and a support vector machine for commodity futures index forecasting. Int J Mach Learn Cybern

9(1):97–111.
[24] Das SP, Padhy S (2017) Unsupervised extreme learning machine and support vector regression hybrid model for predicting energy commodity futures index. Memetic Comput 9(4):333–346.
[25] Das SP, Padhy S (2017) A new hybrid parametric and machine learning model with homogeneity hint for European-style index option pricing. Neural Comput Appl 28(12):4061–4077.
[26] Dey N (ed) (2017) Advancements in applied metaheuristic computing. IGI Global.
[27] Dey N, Ashour AS, Bhattacharyya S (2019) Applied nature-inspired computing: algorithms and case studies.
[28] Dey N, Ashour AS (2016) Antenna design and direction of arrival estimation in meta-heuristic paradigm: a review. Int J Serv Sci Manag Eng Technol (IJSSMET) 7(3):1–18.
[29] Das SK, Tripathi S (2019) Energy efficient routing formation algorithm for hybrid ad-hoc network: a geometric programming approach. Peer-to-Peer Netw Appl 12(1):102–128.
[30] Kaliannan J, Baskaran A, Dey N, Ashour AS (2016) Ant colony optimization algorithm based PID controller for LFC of single area power system with non-linearity and boiler dynamics. World J Model Simul 12(1):3–14.
[31] Kaliannan J, Baskaran A, Dey N (2015) Automatic generation control of thermal-thermal-hydro power systems with PID controller using ant colony optimization. Int J Serv Sci Manag Eng Technol (IJSSMET) 6(2):18–34.
[32] Jagatheesan K, Anand B, Dey N, Ashour AS (2018) Effect of SMES unit in AGC of an interconnected multi-area thermal power system with ACO-tuned PID controller. In: Advancements in applied metaheuristic computing. IGI Global, pp 164–184.
[33] Jagatheesan K, Anand B, Dey KN, Ashour AS, Satapathy SC (2018) Performance evaluation of objective functions in automatic generation control of thermal power system using ant colony optimization technique-designed proportional–integral–derivative controller. Electr Eng 100(2):895–911.
[34] Sun X, Zhang Y, Ren X, Chen K (2015) Optimization deployment of wireless sensor networks based on culture–ant colony algorithm. Appl Math Comput 250:58–70.
[35] Sharma V, Grover A (2016) A modified ant colony optimization algorithm (mACO) for energy efficient wireless sensor networks. Opt-Int J Light Electron Opt 127(4):2169–2172.
[36] Kaur S, Mahajan R (2018) Hybrid meta-heuristic optimization based energy efficient protocol for wireless sensor networks. Egypt Inform J 19(3):145–150.
[37] Liao WH, Kao Y, Wu RT (2011) Ant colony optimization based sensor deployment protocol for wireless sensor networks. Expert Syst Appl 38(6):6599–6605.
[38] Ho JH, Shih HC, Liao BY, Chu SC (2012) A ladder diffusion algorithm using ant colony optimization for wireless sensor networks. Inf Sci 192:204–212.
[39] Sun Z, Wei M, Zhang Z, Qu G (2019) Secure routing protocol based on multi-objective ant-colony-optimization for wireless sensor networks. Appl Soft Comput 77:366–375.
[40] Chatterjee S, Hore S, Dey N, Chakraborty S, Ashour AS (2017) Dengue fever classification using gene expression data: a PSO based artificial neural network approach. In: Proceedings of the 5th international conference on frontiers in intelligent computing: theory and applications. Springer, Singapore, pp 331–341.
[41] Jagatheesan K, Anand B, Samanta S, Dey N, Ashour AS, Balas VE (2017) Particle swarm optimisation-based parameters optimisation of PID controller for load frequency control of multi-area reheat thermal power systems. Int J Adv Intell Parad 9(5–6):464–489.
[42] Parvin JR, Vasanthanayaki C (2019) Particle swarm optimization-based energy efficient target tracking in wireless sensor network. Measurement 106882.
[43] Phoemphon S, So-In C, Niyato DT (2018) A hybrid model using fuzzy logic and an extreme learning machine with vector particle swarm optimization for wireless sensor network localization. Appl Soft Comput 65:101–120.
[44] Sun Z, Liu Y, Tao L (2018) Attack localization task allocation in wireless sensor networks

based on multi-objective binary particle swarm optimization. J Netw Comput Appl 112:29–40.
[45] Cao B, Zhao J, Lv Z, Liu X, Kang X, Yang S (2018) Deployment optimization for 3D industrial wireless sensor networks based on particle swarm optimizers with distributed parallelism. J Netw Comput Appl 103:225–238.
[46] Yan Z, Goswami P, Mukherjee A, Yang L, Routray S, Palai G (2019) Low-energy PSO-based node positioning in optical wireless sensor networks. Optik 181:378–382.
[47] Karaa WBA, Ashour AS, Sassi DB, Roy P, Kausar N, Dey N (2016) Medline text mining: an enhancement genetic algorithm based approach for document clustering. In: Applications of intelligent optimization in biology and medicine. Springer, Cham, pp 267–287.
[48] Dey N, Ashour A, Beagum S, Pistola D, Gospodinov M, Gospodinova E, Tavares J (2015) Parameter optimization for local polynomial approximation based intersection confidence interval filter using genetic algorithm: an application for brain MRI image de-noising. J Imaging 1(1):60–84.
[49] Chatterjee S, Sarkar S, Hore S, Dey N, Ashour AS, Shi F, Le DN (2017) Structural failure classification for reinforced concrete buildings using trained neural network based multi-objective genetic algorithm. Struct Eng Mech 63(4):429–438.
[50] Chatterjee S, Sarkar S, Dey N, Ashour AS, Sen S (2018) Hybrid non-dominated sorting genetic algorithm: II-neural network approach. In: Advancements in applied metaheuristic computing. IGI Global, pp 264–286.
[51] Hanh NT, Binh HTT, Hoai NX, Palaniswami MS (2019) An efficient genetic algorithm for maximizing area coverage in wireless sensor networks. Inf Sci 488:58–75.
[52] Somauroo A, Bassoo V (2019) Energy-efficient genetic algorithm variants of PEGASIS for 3D wireless sensor networks. Appl Comput Inform.
[53] Wang T, Zhang G, Yang X, Vajdi A (2018) Genetic algorithm for energy-efficient clustering and routing in wireless sensor networks. J Syst Softw 146:196–214.
[54] Al-Shalabi M, Anbar M, Wan TC, Alqattan Z (2019) Energy efficient multi-hop path in wireless sensor networks using an enhanced genetic algorithm. Inf Sci.
[55] Kumar S, Kumar V, Kaiwartya O, Dohare U, Kumar N, Lloret J (2019) Towards green communication in wireless sensor network: GA enabled distributed zone approach. Ad Hoc Netw 101903.
[56] Barekatain B, Dehghani S, Pourzaferani M (2015) An energy-aware routing protocol for wireless sensor networks based on new combination of genetic algorithm & k-means. Procedia Comput Sci 72:552–560.
[57] Saleem M, Di Caro GA, Farooq M (2011) Swarm intelligence based routing protocol for wireless sensor networks: survey and future directions. Inf Sci 181(20):4597–4624.
[58] Zahedi ZM, Akbari R, Shokouhifar M, Safaei F, Jalali A (2016) Swarm intelligence based fuzzy routing protocol for clustered wireless sensor networks. Expert Syst Appl 55:313–328.
[59] Bruneo D, Scarpa M, Bobbio A, Cerotti D, Gribaudo M (2012) Markovian agent modeling swarm intelligence algorithms in wireless sensor networks. Perform Eval 69(3–4):135–149.
[60] Ari AAA, Yenke BO, Labraoui N, Damakoa I, Gueroui A (2016) A power efficient cluster-based routing algorithm for wireless sensor networks: honeybees swarm intelligence based approach. J Netw Comput Appl 69:77–97.
[61] Sreelaja NK, Pai GV (2014) Swarm intelligence based approach for sinkhole attack detection in wireless sensor networks. Appl Soft Comput 19:68–79.
[62] Li W, Shen W (2011) Swarm behavior control of mobile multi-robots with wireless sensor networks. J Netw Comput Appl 34(4):1398–1407.
[63] Chatterjee S, Sarkar S, Dey N, Ashour AS, Sen S, Hassanien AE (2017) Application of cuckoo search in water quality prediction using artificial neural network. Int J Comput Intell Stud 6(2–3):229–244.
[64] Hore S, Chatterjee S, Sarkar S, Dey N, Ashour AS, Balas-Timar D, Balas VE (2016) Neural-

based prediction of structural failure of multistoried RC buildings. Struct Eng Mech 58(3):459–473.
[65] Gholami M, Cai N, Brennan RW (2013) An artificial neural network approach to the problem of wireless sensors network localization. Robot Comput-Integr Manuf 29(1):96–109.
[66] Alarifi A, Tolba A (2019) Optimizing the network energy of cloud assisted internet of things by using the adaptive neural learning approach in wireless sensor networks. Comput Ind 106:133–141.
[67] Eldhose EK, Jisha G (2016) Active cluster node aggregation scheme in wireless sensor network using neural network. Procedia Technol 24:1603–1608.
[68] Chang YC, Lin CC, Lin PH, Chen CC, Lee RG, Huang JS, Tsai TH (2013) eFurniture for home-based frailty detection using artificial neural networks and wireless sensors. Med Eng Phys 35(2):263–268.
[69] Serpen G, Gao Z (2014) Complexity analysis of multilayer perceptron neural network embedded into a wireless sensor network. Procedia Comput Sci 36:192–197.
[70] Li Z, Zhao X (2017) BP artificial neural network based wave front correction for sensor-less free space optics communication. Opt Commun 385:219–228.
[71] Jebaraj NS, Keshavan HR (2018) Hybrid genetic algorithm and african buffalo optimization (HGAABO) based scheduling in ZigBee network. Int J Appl Eng Res 13(5):2197–2206.
[72] Padmapriya R, Maheswari D (2017) Channel allocation optimization using african buffalo optimization-super vector machine for networks. Asian J Inf Technol 16(10):783–788.
[73] Alaparthy VT, Amouri A, Morgera SD (2018) A study on the adaptability of immune models for wireless sensor network security. Procedia Comput Sci 145:13–19.
[74] Li H, Chen Q, Ran Y, Niu X, Chen L, Qin H (2017) BIM2RT: BWAS-immune mechanism based multipath reliable transmission with fault tolerance in wireless sensor networks. Swarm Evol Comput.
[75] Li H, Wang S, Gong M, Chen Q, Chen L (2017) IM2DCA: immune mechanism based multipath decoupling connectivity algorithm with fault tolerance under coverage optimization in wireless sensor networks. Appl Soft Comput 58:540–552.
[76] Abo-Zahhad M, Sabor N, Sasaki S, Ahmed SM (2016) A centralized immune-Voronoi deployment algorithm for coverage maximization and energy conservation in mobile wireless sensor networks. Inf Fusion 30:36–51.
[77] Das SK, Tripathi S (2018) Intelligent energy-aware efficient routing for MANET. Wireless Netw 24(4):1139–1159.
[78] Yadav AK, Das SK, Tripathi S (2017) EFMMRP: design of efficient fuzzy based multi-constraint multicast routing protocol for wireless ad-hoc network. Comput Netw 118:15–23.
[79] Das SK, Tripathi S (2018) Adaptive and intelligent energy efficient routing for transparent heterogeneous ad-hoc network by fusion of game theory and linear programming. Appl Intell 48(7):1825–1845.
[80] Das SK, Tripathi S (2017) Energy efficient routing formation technique for hybrid ad hoc network using fusion of artificial intelligence techniques. Int J Commun Syst 30(16):e3340, 1–16.
[81] Das SK, Yadav AK, Tripathi S (2017) IE2M: Design of intellectual energy efficient multicast routing protocol for ad-hoc network. Peer-to-Peer Netw Appl 10(3):670–687.
[82] Das SK, Samanta S, Dey N, Kumar R, Design frameworks for wireless networks. Lecture Notes in Networks and systems. Springer, pp 1–439. ISBN: 978-981-13-9573-4.
[83] Das SK, Tripathi S (2020) A nonlinear strategy management approach in software-defined ad hoc network. In: Design frameworks for wireless networks. Springer, Singapore, pp 321–346.
[84] Samantra A, Panda A, Das SK, Debnath S (2020) Fuzzy petri nets-based intelligent routing protocol for ad hoc network. In: Design frameworks for wireless networks. Springer, Singapore,

pp 417–433.
[85] Das SK, Kumar A, Das B, Burnwal AP (2013) Ethics of reducing power consumption in wireless sensor networks using soft computing techniques. Int J Adv Comput Res 3(1):301.
[86] Das SK, Das B, Burnawal AP (2014) Intelligent energy competency routing scheme for wireless sensor network. Int J Res Comput Appl Robot 2(3):79–84.
[87] Amri S, Khelifi F, Bradai A, Rachedi A, Kaddachi ML, Atri M (2017) A new fuzzy logic based node localization mechanism for wireless sensor networks. Future Gener Comput Syst.
[88] Mazinani A, Mazinani SM, Mirzaie M (2019) FMCR-CT: an energy-efficient fuzzy multi cluster-based routing with a constant threshold in wireless sensor network. Alex Eng J 58(1):127–141.

第二部分：仿生优化

第2章 基于遗传算法的无线传感器网络故障感知路由算法

纳布约蒂·马宗达①，哈里·奥姆②

2.1 引　言

考虑到火山爆发、山体滑坡、冰雪等自然灾害的频繁发生，近年来物联网技术在环境监测的应用中具有重要意义。物联网环境监测系统的主要基础设施是无线传感器网络[1]，其中传感器节点位于监测区域，在监测环境中，每个传感器都用于测量其感测范围内的计量和水文数据，如热、光和湿度等。由于每个个体节点具有有限的感测范围，因此，必须使用大量节点的协作使无线传感器网络能够监控大目标区域，并将监控的环境信息传达给远程基站（Remote Station，RS）进行灾难管理[2-5]。图2.1显示了一个网络模型，在目标区域部署大量节点，它们将数据发送到远程基站，再通过远程基站连接到互联网，从而将监控区域的环境信息传送到灾难管理中心。灾害管理中心的执行效果很大程度上依赖于无线传感器网络传输信息的准确性。物联网系统在环境监测中面临的主要挑战是考虑无线传感器网络的不同约束条件，并在极端环境中建立可靠的基础设施。无线传感器网络最主要的局限是电池供电的传感器节点能量有限，一旦部署就难以充电或及时更换[6-9]。因此，应该有效地利用传感器节点的能量来延长生命周期。耗尽能量的传感器节点可能会导致目标区域中出现感测漏洞。如果大量传感器节点提前耗尽能量，将导致目标区域很大一部分被遗漏，从而降低物联网监控系统的可靠性。传感器节点的主要能量消耗源是其无线电收/发单元。因此，为了延长传感器的使用寿命，无线传感器网

---

① 纳布约蒂·马宗达：印度中央技术研究院信息技术系，印度阿萨姆邦博多兰地区科克拉贾尔巴塔德，邮编：783370；E-mail：nabajyoti@cse.ism.ac.in。
② 哈里·奥姆：印度理工学院计算机科学与工程系，印度贾坎德邦丹巴德区，邮编：826004；Email：hariom4india@gmail.com。

络迫切需要节能的通信协议。近几年，有许多节能方法应用于无线传感器网络[10-11]，其中聚类方法最适合无线传感器网络。图2.2显示了集簇式WSN的网络体系结构，集簇的簇头（Cluster Head，CH）从各簇成员（Cluster Members，CM）收集数据分组，并通过其他簇头或直接通过与远程终端的连接转发到远程基站。

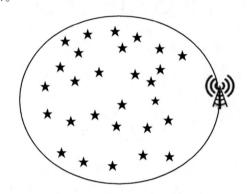

图2.1 无线传感器网络模型

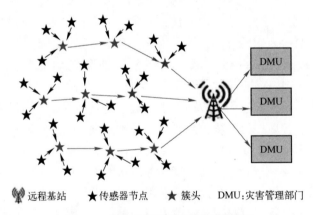

图2.2 集簇式无线传感器网络模型

WSN中的集簇具有如下几个优点：①降低了无线传感器网络的能耗；②节省了通信带宽；③增强了网络的可扩展性。

然而，在集簇式WSN体系结构中，簇头承担着数据聚合、数据路由等附带责任，导致能量的过早消耗。为了避免这种不平衡的能量消耗，许多研究人员[12-17]采用了簇头轮换机制。此外，在文献[18-21]中，一些研究人员使用称为高级节点的特殊节点来履行簇头的职责。这些高级节点配备了相对更大容量的电池，以维持簇头的工作负载。但是，这些高级节点也是依赖电池运行

第 2 章　基于遗传算法的无线传感器网络故障感知路由算法

的，它们的能量依然需要精细管理以延长其寿命。同时，由于无线传感器网络一般应用在极端恶劣的环境中，可能会发生诸如通信链路故障、传感器节点能量耗尽或环境危害等不可预测的事件，从而导致某些传感器节点失效。随着传感器节点的失效，无线传感器网络的性能会急剧下降。此外，如果失效节点是簇头，则影响更严重。这是因为需要簇头通过其他簇头将集簇信息传输到远程基站，簇头故障不仅会中断与其成员传感器节点的通信，而且还会中断与其他簇头的通信。因此，无线传感器网络对信道故障的容错能力与能量效率一样重要。

由于物联网的环境监测基础设施需向灾害管理单位发出预警，考虑用于 WSN 的路由程序必须具有容错性，以防止簇头故障，确保将信息传输至远程基站。因此，用于 WSN 的路由协议不仅应具有能源效益，同时也应有效容错。对于网络中 N 个簇头和每个簇头的平均 k 个候选下一跳路由簇头，网络中存在 k^N 个可能的路由路径。在大规模的无线传感器网络中，这个值非常大，从而可以推断在无线传感器网络中使用直接计算方法构建路由树的计算成本。因此，在实践中急需发现一种如遗传算法的优化策略，以找到一种理想的路由选择[22]。

本章提出了一种基于遗传算法的元启发方法来设计一种故障感知路由 (Fault-aware Routing, FAR) 算法，该算法考虑了由于某些簇头故障而可能出现的不同路由挑战。另外，还提出了一种高效的染色体生成算法，使得每个染色体代表一个路由解决方案，推导了一个适应度函数来估计染色体的质量。最后，使用现有的各种相关算法对 FAR 的性能进行有效性评估。本章的其余部分计划如下：2.2 节为相关工作文献综述；2.3 节给出假设的系统模型和相关术语；2.4 节描述提出的故障感知路由算法；2.5 节通过仿真评估故障感知路由的性能；2.6 节结论部分强调一些未来的方向。

2.2　相关工作文献综述

近年来，关于无线传感器网络节能技术的研究主要与集簇和路由相关[10-19,23-27]。低功耗自适应集簇分层型协议（Low Energy Adaptive Clustering Hierarchy, LEACH）[13]是为 WSN 提出的应用最广泛的集簇协议，它使用随机化方法均匀地形成集簇。后来，人们提出了 LEACH 的许多修改版本。传感器信息系统中的高能效采集算法（Power Efficient Gathering in Sensor Information System, PEGASIS）[17]和阈值敏感节能传感器网络协议 Threshold sensitive Energy sensor Network Protocol, TEEN）[16]是 LEACH 的改进版本，其中簇头的选择考虑了不同的参数，如能量、与临近节点的距离、节点度等。在混合节能分布式集簇方法（A Hybrid Energy-Efficient Distributed clustering Approach，HEED）[14]中，簇头的指定考虑了传感器节点的剩余能量。所有这些算法都是为同构无线传感器网络设计的。在同构无线传感器网络中，考虑到簇头上的工作负载，很明显簇头节点比非簇头节点消耗能量快，从而可能导致一些节点过早失效。为了克服这一问题，研究人员[18-21]将重点放在异构无线传感器网络上，其中部署了一些能量更高的高级节点。异构无线传感器网络中集簇面临的主要问题是簇头生存期最大化，考虑到使用直接计算方法为负载平衡集簇寻找最佳解决方案的计算成本，使用进化算法[20,26,28]。LEACH-C[26]是LEACH的一种集中形式，其中远程基站用于形成集簇。在文献［28］中，提出了一种基于遗传算法的分簇协议，其目标是通过合理选择簇头，以使簇内距离和簇头到远程基站的距离最小化。

在研究集簇协议的同时，人们也对基于集簇的路由进行了深入的研究。在EHE-LEACH[18]中，如果距离小于预定义的阈值，簇头使用与远程基站直接通信，否则考虑使用其他簇头与远程基站的多跳通信。在MHRM[24]中，簇头选择其下一个跃点簇头来路由其数据，从而使其到远程基站的跃点计数最小。同样，ERA[25]是另一种路由算法，它使用考虑信道能量、距离等的代价函数来选择下一个信道。在文献［29］中，讨论了基于遗传算法的传感器到信道绑定方法，考虑了传感器节点和簇头之间不同的可能连接，使得每个传感器将直接或通过其他中间节点间接连接到簇头。GADA-LEACH[30]是基于遗传算法的距离加权路由协议，其中簇头选择的适应度函数包括能量、簇头与远程基站的距离以及簇头与其临近节点的距离，所选簇头通过中继节点与远程基站通信。

近年来，基于群集智能的优化方法在解决无线传感器网络中分簇和路由问题方面得到了广泛的应用。群集智能具有许多优点，如易于实施、快速收敛、高质量的解决方案等。在文献［31］中，提出了一种基于PSO的集簇和路由协议，其中集簇方法选择簇头，使其最大限度地提高能源效率和网络覆盖率。路由协议将每个簇头连接到远程基站，以生成完整的路由解决方案。

上述讨论的集簇和路由协议的研究中都没有考虑到容错方面。在文献［32］中，作者讨论了一种容错方法，在集簇过程中，每个集簇有主簇头和副簇头两个簇头。如果主簇头失效，副簇头将执行簇头职责。但是，这种假设在异构无线传感器网络中是不可行的，因为所有节点都是任意定位的。在文献［21］中，作者提出了一种容错路由协议，可以在数据路由过程中当任何簇头出现故障时重新动态配置路由路径。DEFTR[33]提出了一种容错路由协议，其中，如果主路由路径的能量状态低于预定义的阈值，则簇头会选择备用副路由路径。为了增强容错性，提高能量效率，如果当前簇头的能量低于某个阈值，则在集簇成员之间执行簇头重新选择路由。ICE[34]中，在集簇间通信期间，两个集簇的最近邻近节点用作转发数据的中间节点。因此，如果这些中间节点失效，将由其他节点接管，但这种中间节点的参与增加了更多的能量消耗，并提高了消息传输的复杂性。在文献［35］中，提出了一种基于粒子群算法的无线传感器网络路由算法，该算法形成的路由路径使簇头的生存期最大化。此外，在路由期间，如果下一跳簇头失效，则簇头选择朝向具有最大生存期的远程终端的另一个簇头。

2.3　系统模型和术语

本节提出了一种用于物联网环境监测系统的异构传感器网络模型，它由资源有限的普通传感器节点和资源丰富的高级节点组成。根据这些节点的不同能力，将网络分为两层，下层由普通传感器节点组成，上层由高级节点组成。下层普通传感器节点的任务是环境感知并将感知到的数据传输给高级节点，而上层高级节点负责聚合接收到的数据包，然后将其传输给远程基站。高级节点的数量 N_{AN} 远小于普通传感器节点的数量 N_S。

无线收/发单元是无线传感器网络的主要能量消耗源。在本研究中，假设的能量模型类似于文献［13］中考虑的能量模型。这里，节点"i"和节点"j"之间在距离"$d_{i,j}$"上传输"r"比特的分组时所消耗的能量为

$$E_{tx}(i,j) = \begin{cases} (E_{elec} + \varepsilon_{fs} \times d_{i,j}^2) \times r, & d_{i,j} < d_0 \\ (E_{elec} + \varepsilon_{mp} \times d_{i,j}^4) \times r, & d_{i,j} \geq d_0 \end{cases} \quad (2.1)$$

式中：E_{elec} 为发射能量系数；ε_{fs} 和 ε_{mp} 为自由空间和多衰落模型中的放大系数；$d_0 = \sqrt{\dfrac{\varepsilon_{fs}}{\varepsilon_{mp}}}$。

类似地，节点"i"在接收"r"比特的分组时消耗的能量为

$$E_r(S_i) = E_{elec} \times r \quad (2.2)$$

另外，还采用故障模型来评估节点故障的可能性。传感器节点故障可能由多种原因造成，如网络能量耗尽、硬件组件故障等。传感器节点的故障，尤其是簇头的故障，会在动态改变网络拓扑的同时导致网络分区。本章考虑使用威布尔分布[36-37]来评估传感器节点的可靠性，因为它提供了传感器等设备随时间变化的各种故障模式。威布尔分布函数表示装置在 t 时刻的失效概率为

$$f(t) = \frac{\beta}{\eta}\left(\frac{t}{\eta}\right)^{\beta-1} e^{-\left(\frac{t}{\eta}\right)^{\beta}} \quad (2.3)$$

式中：β 和 η 为形状和比例参数；$\beta<1$ 表示故障率随时间降低；$\beta=1$ 表示恒定故障率；$\beta>1$ 表示故障率随时间增加。

在 WSN，节点失效的机会随着时间的推移而增加，因此考虑 $\beta>1$。

使用的术语和定义如下。

(1) $S=\{S_1, S_2, \cdots, S_n\}$ 表示一组传感器节点；

(2) $CH=\{CH_1, CH_2, \cdots, CH_k\}$ 表示一组簇头；

(3) $\text{Dist}(i,j)$ 表示节点 i 和 j 之间的距离；

(4) $\text{Dist}_{RS}(i)$ 表示节点 i 与远程终端之间的距离；

(5) $\text{Energy}_{res}(i)$ 表示节点 i 的剩余能量；

(6) R_{com} 表示节点 i 的通信范围；

(7) $CM(i)$ 表示簇头 $CH\ I$ 的集簇成员；

(8) $\text{Cand\_CH}(S_i)=\{G_j: \text{Dist}(S_i, G_j) \leq R_{com}\}$ 表示在传感器节点 S_i 的感测半径内的候选簇头集合。

基于簇头之间的连通性，形成以下定义：

定义 1 簇头 i 的下游簇头集（DS_CH）是其朝向远程基站的传输范围内的簇头。如果 $(\text{Dist}(i,j) \leq R_{com}) \wedge (\text{Dist}_{RS}(j) < \text{Dist}_{RS}(i))$，则簇头 j 是簇头 i 的下游簇头集成员。

注意，如果 $|DS\_CH(i)| \neq 0$，则簇头 i 将从其下游簇头集中选择一个簇头，以将其数据包转发到远程基站。如图 2.3 所示，其中簇头 10 在通信范围内具有 4 个簇头，其中 1、2、5 与 10 相比更靠近远程基站。因此，簇头 1、2 和 5 是簇头 10 的下游簇头集成员，簇头 10 将选择其中一个来转发其数据。

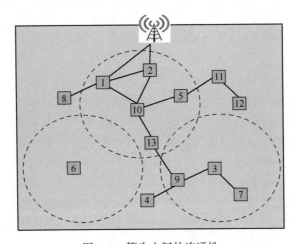

图 2.3　簇头之间的连通性

定义2 簇头 i 的上游簇头集（US_CH）是在其传输范围内但距离远程基站更远的簇头，并且具有除 i 以外的至少一个下游簇头。如果（$\text{Dist}(i,j) \leq R_{com}$）$\wedge$（$\text{Dist}_{RS}(j) \geq \text{Dist}_{RS}(i)$ $\wedge$ $|\text{DN\_CH}(j)|>1$，则簇头 j 是簇头 i 的上游簇头集成员。

注意，如果簇头 i 没有任何下游簇头可以转发其数据包，则簇头 i 可以使用其上游簇头将数据中继到远程基站。

同样考虑图2.3，其中簇头3不具有任何下游簇头，但它在反向方向上具有簇头9和簇头7，而由于簇头7没有任何下游簇头，因此只有簇头9被视为簇头3的上游簇头。

定义3 如果簇头在其传输范围内既没有下游簇头也没有上游簇头，则称为未连接簇头（UnCon_CH）。从数学上讲，如果 $|\text{DS\_CH}(i)|==0$ $\wedge$ $|\text{US\_CH}(i)|==0$，则簇头 i 为未连接簇头。在图2.3中，簇头6就是未连接簇头。

2.4 提出的算法

基于遗传算法的无线传感器网络故障感知路由工作可分为三个阶段，即信息共享、网络建立和稳定阶段。在信息共享阶段，每个节点都与远程终端共享其编码、位置、剩余能量等信息。在网络建立阶段使用这些信息来形成路由路径。在这个阶段，网络分布在集簇中，并使用每个集簇的簇头构建路由树，以将其数据包转发到远程终端。网络建立阶段之后是一个稳定阶段，其中簇头为其每个簇成员分配一个时隙，以使用时分多址（Time Division Multiple Access，TDMA）方式将其感测数据发送到相应的簇头。然后，簇头聚合这些接收到的数据包，并按照在网络设置阶段构建的路由树将其转发给远程终端。稳定阶段运行固定的轮数，然后再次执行信息共享和网络设置阶段，以形成新的路由树。下面详细讨论所有这些阶段。

2.4.1 信息共享阶段

最初，簇头在普通传感器节点的通信范围内广播 HELLO 消息以声明其在网络中的存在。如果普通传感器节点 i 接受来自簇头 j 的 HELLO 消息，则其 $\text{Cand}_{CH}(i)$ 集将更新为 $\text{Cand}_{CH}(i) = \{\text{Cand}_{CH}(i) \cup j\}$。

注意，如果普通传感器节点 i 落在多个簇头的通信范围内，则其可能获得多个 HELLO 消息。每个普通节点和簇头将与远程终端共享其本地信息，如位置、剩余能量、簇头集合等。远程终端在下一阶段使用这些信息为簇头构建路由树。

2.4.2 网络设置阶段

在这个阶段之初,网络被划分为一组簇,这样每个传感器节点都连接到一个簇头。这种簇可以使用为 WSN 提出的任何标准簇算法来实现。

然后,构造簇头与簇头之间的路由路径,使得每个簇头可以将其集簇数据路由到远程终端。设计路由算法的主要挑战是路由未连接的簇头和在其通信范围内没有下游簇头的簇头数据。由于所有簇头开始时都是有效的,因此出现任何未连接簇头的可能性将非常小,但随着簇头耗尽其能量,一些簇头将提前失效,这可能导致出现一些未连接簇头。

在提出的路由算法中,我们尝试使用遗传算法设计簇头负载均衡的近似最优解,从而使簇头寿命最大化,并且每个簇头可以在所提出的路由算法中将其数据路由到远程终端。本章首先考虑连接的和未连接的簇头来建立路径以将其数据路由到远程终端,任意生成染色体的初始群体,使得群体的每个染色体给出从簇头到远程终端的有效路由路径;然后重复适应性评估和群体更新,直到达到最大迭代次数或适应度值达到饱和点。

1. 初始种群世代

初始种群是任意生成的染色体集,所有染色体都提供有效的路由解决方案。在这一点上,每条染色体的长度相当于网络中的簇头数。生成的染色体使得第 i 个位置的值为 j,意味着簇头 i 与簇头 j(如果 $i \in \text{Con}_{set}$)或传感器 j(如果 $i \in \text{UnCon}_{set}$)结合。现在,根据簇头 i 与其他簇头的连接性,创建簇头 i 的优选选项集 $\text{Option}(i)$,其中选项集包含用于路由簇头 i 的数据分组的可能节点集。簇头 i 选项集的形成考虑以下情况。

情况 1(簇头 i 具有下游簇头)。这是最简单的情况,因为簇头 i 具有下游簇头,因此它将选择其中一个作为其中继节点。这里,簇头 i 的选项集将是 $\text{DS\_CH}(i)$ 的所有元素。

情况 2(没有任何下游簇头的簇头)。在这种情况下,簇头 i 没有朝向远程终端的下一跳簇头,但是在其通信范围内可能有一些上游簇头。现在,簇头 i 将考虑选择具有下游簇头的上游簇头作为路由代理,并将这样的簇头添加到其选项集 $\text{Option}(i)$ 中。

情况 3(簇头 i 既没有下游簇头也没有上游簇头)。可能存在这样一种情形,其中簇头 i 既没有下游簇头也没有上游簇头将其数据分组路由到远程终端。这种情形可能是由于其通信范围内的簇头发生故障而导致的。在这种情况下,在其通信范围内存在其他连接的簇头可用于转发簇头 i 的数据分组,因此此类簇成员被添加到选项集 $\text{Option}(i)$ 中。

因此，在上述所有情况下，通过从每个簇头的选项集中选择适当的成员，可以将簇头与远程终端链接。

现在，考虑到算法 1 中提到的上述情况，展示生成每个染色体组的伪代码。

算法 1

1. For each CH i
    1.1. Compute $x[i]=(rand\%100)/100$
    1.2. If $(Dist_{RS}(i)<R_{com})$
        $Option(i)=\{RS\}$
        End If
    1.2. Else If$(DS\_CH(i)\neq 0)$ then
        $Option(i)=DS\_CH(i)$
    End If
    1.3. Else if$(DS\_CH(i)==0\ \&\&\ US\_CH(i)\neq 0)$ then
        For each $j\in US\_CH(i)$
            If$(DS\_CH(j)\neq 0)$ then
            $Option(i)=Option(i)\cup j$
            End If
        End For
    1.4. Else if$(DS\_CH(i)==0\ \&\&\ US\_CH(i)==0)$ then
        For each $j\in CM(i)$
          If$(Cand_{CH}(j)>1)$
            For each CH $k\in Cand_{CH}(j)$
                If$(DS\_CH(k)\neq 0\ \|\ US\_CH(k)\neq 0)$
                Flag$[j]=1$
                End if
            End For
          End if
          If$(Flag[j]==1)$
          $Option(i)=Option(i)\cup j$
          End if
End For

通过下面这个例子来说明算法 1。

例 1：图 2.4 显示了一个具有 15 个簇头和 5 个普通传感器节点的 WSN，其中矩形表示簇头，圆形表示普通传感器节点。顶点之间的边表示它们在彼此的通信范围内。这里，除 C_7 之外的所有簇头都直接与其他簇头连接，因此为了解释 C_7 的路由路径，我们考虑了它的簇成员。现在，结合前面提到的示例来说明染色体的表达。对于簇头 C_1，它具有 C_9、C_{12} 和 C_{14} 作为下游簇头，即 $DS\_CH(C_1) = \{C_9, C_{12}, C_{14}\}$，因此，$C_1$ 的选项集 $Option(C_1) = DS\_CH(C_1)$，即 $\{C_9, C_{12}, C_{14}\}$。如表 2.1 所列，随机生成的数字 $x[C_1] = 0.38$，$Ceil(x[C_1] \times |Option(C_1)|) = Ceil(0.38 \times 3) = 2$，表示 C_1 将通过选项集的第二个成员，即 C_{12} 转发其数据包。

对于簇头 C_{13}，其在通信范围内没有下游簇头连接远程终端，但在相反方向上具有上游簇头的 C_2、C_9 和 C_{11}。这里，C_2 和 C_9 具有下游簇头，而 C_{11} 不具有除 C_{13} 以外的任何下游簇头。因此，只有 C_2 和 C_9 被认为是一个可能的变量，$Option(C_{13}) = \{C_2, C_9\}$。从表 2.1 中，可以观察到 $x[C_{13}] = 0.95$，$Ceil(x[C_{13}] \times |Option(C_{13})|) = Ceil(0.95 \times 2) = 2$。因此，$C_{13}$ 链接到选项集的第二个成员，即 C_9。

对于簇头 C_7，随机数 $x[C_7] = 0.44$，但 C_7 在其通信范围内没有任何下游或上游簇头，即 C_7 是未连接的簇头。因此，C_7 将考虑其在其通信范围内具有其他连接的簇头以转发数据分组。从图 2.4 中，我们可以观察到传感器 S_1 在其通信范围内具有 C_3，传感器 S_2 具有 C_9 和 C_3，传感器 S_3 具有 C_{11}，而 S_4 和 S_5

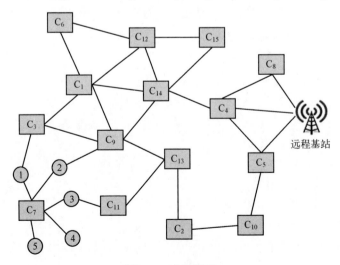

图 2.4 连通模型

在其范围内没有除 C_7 以外的任何其他簇头，因此 S_4 和 S_5 将不被视为候选路由代理。但是，S_1、S_2 和 S_3 在其范围内具有其他连接的簇头，因此它们被视为候选路由代理并添加到 C_7 的选项集中，即 Option(C_7) = $\{S_1, S_2, S_3\}$。现在，Ceil($x[C_7] \times$ |Option(C_7)|) = Ceil(0.44×3) = 1。因此，C_7 将使用选项集的第二个元素，即 S_2 作为路由代理，其中路由代理 S_2 将数据包转发到 C_3 或 C_9，以距离它较近的为准。通过这种方式，所有簇头都链接到另一个簇头/传感器节点，以构建以远程终端为根的路由树。图 2.5 显示了表 2.1 中的最终染色体。

簇头i	C_1	C_2	C_3	C_4	C_5	C_6	C_7	C_8	C_9	C_{10}	C_{11}	C_{12}	C_{13}	C_{14}	C_{15}
簇头i的下一跳	C_{12}	C_{13}	C_1	RS	RS	C_1	S_2	RS	C_{14}	C_5	C_{13}	C_{15}	C_9	C_{15}	C_{14}

图 2.5　样本染色体

表 2.1　下一跳簇头映射

CH(C_i)	$X[i]$	Option(C_i)	|Option(C_i)|	Ceil($X[i] \times$ |Option(C_i)|)	绑定节点
C_1	0.38	$\{C_9, C_{12}, C_{14}\}$	3	2	C_{12}
C_2	0.67	$\{C_{10}, C_{13}\}$	2	2	C_{13}
C_3	0.17	$\{C_1, C_9\}$	2	1	C_1
C_4	0.55	$\{RS\}$	1	1	RS
C_5	0.84	$\{RS\}$	1	1	RS
C_6	0.48	$\{C_1, C_2\}$	2	1	C_1
C_7	0.44	$\{S_1, S_2, S_3\}$	3	2	S_2
C_8	0.91	$\{RS\}$	1	1	RS
C_9	0.74	$\{C_{13}, C_{14}\}$	2	2	C_{14}
C_{10}	0.42	$\{C_5\}$	1	1	C_5
C_{11}	0.29	$\{C_{13}\}$	1	1	C_{13}
C_{12}	0.62	$\{C_{14}, C_{15}\}$	2	2	C_{15}
C_{13}	0.95	$\{C_2, C_9\}$	2	2	C_9
C_{14}	0.63	$\{C_4, C_{15}\}$	2	2	C_{15}
C_{15}	0.79	$\{C_{12}, C_{14}\}$	2	2	C_{14}

2. 适应性评价

染色体的适合度值意味着其质量基于目标，因此可使用适应度函数来评估每个群体染色体。该算法的目标是形成一棵路由树，将每个簇头连接到远程终端，从而使簇头之间的路由负载均衡。簇头上的负载主要由通信负载增加，通

信负载是在接收和转发其簇成员和其他簇头的数据时消耗的能量。因此，由其簇成员贡献的簇头 i 上的负载为

$$L_C(i) = (E_{tx} + E_r) \times r_C^i$$

由于转发其他簇头数据而产生的负载为低频，因此有

$$L_f(i) = \sum((E_{tx} + E_r) \times r_C^i)$$

式中：E_{tx} 和 E_r 为发送和接收一位数据所消耗的能量，可分别使用式（2.2）和式（2.3）计算。

同样，r_C^i 为簇头 i 的集簇数据大小，r_C^i 为选择 i 作为下一跳中继节点的转发簇头 j 的数据大小。

因此，簇头 i 上的总载荷为

$$L_{tot}(i) = L_C(i) + L_f(i) \tag{2.4}$$

使用式（2.4）计算并比较簇头负载，通过计算载荷的标准偏差来验证荷载是否稳定。

计算公式为

$$std = \sqrt{\frac{1}{N_{CH}} \sum_{i=1}^{N_{CH}} (Avg_L - L_{tot}(i))^2} \tag{2.5}$$

式中：$Avg_L = \frac{1}{N_{CH}} \sum_{i=1}^{N_{CH}} L_{tot}(i)$ 和 N_{CH} 是存在的簇头总数。

式（2.5）是适合度的函数，其中较好的染色体由较低的 std 值表示。注意，较低的 std 值表示簇头之间的负载偏差较小。因此，适应度函数确保簇头之间的负载分布均匀。

3. 群体更新

在这里，使用轮盘赌方法从现有群体中选择一些染色体作为亲本来生成新的染色体。请注意，在轮盘赌方法中，适合度较高的染色体有较高的选择机会。所选染色体经过交叉和变异过程，产生新的子染色体。

交叉 在交叉过程中，随机选择一个点，并在该点之后交换两个选定父染色体的信息。图 2.6 显示了交叉操作。请注意，交叉过程创建的子代也是有效的路由解决方案。因为在交叉过程中，通过交换父染色体，每个基因的值发生交换。由于父母的染色体是有效的，所以产生的后代也必须是有效的。

突变 如果当时染色体中的一个基因被选为突变，我们只需将另一个有效的节点 id 替换为该基因，如图 2.7 所示。有效的节点 id 出现在符合该基因的

簇头选项集中。使用随机数函数计算基因的突变概率,其中,如果生成的随机数小于预定阈值,则选择该基因进行突变。

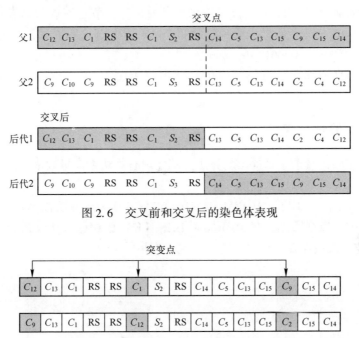

图 2.6　交叉前和交叉后的染色体表现

图 2.7　突变前和突变后的染色体表现

2.4.3　稳定阶段

在稳定阶段,每个簇头使用 TDMA 向其集簇成员分配一个时隙,使得它们仅在分配的时隙中将其感测数据传输到其相应的簇头,从而避免冲突。然后,簇头聚合接收到的分组,并按照在网络设置阶段构建的路由树将其转发给远程终端,这就完成了一轮网络操作。稳定阶段运行固定的轮数,再次执行信息共享和网络设置阶段,以形成新的路由树。

2.5　仿真结果

2.5.1　仿真设置

在英特尔 i7 处理器、3.40GHz 处理器、8GB RAM 运行 Windows 7 操作系统上,利用 MATLAB 2012b 和 C 语言进行了仿真。假设一个(100m×100m)

的二维平面,其中随机部署 200 个普通传感器节点和 50 个高级传感器节点。普通和高级传感器节点的初始能量分别为 0.05J 和 0.1J。当节点的剩余能量为 0J 或由于任何硬件故障而无法与其他节点通信时,节点被视为已失效。在模拟中,节点的失效概率服从威布尔分布。2.3 节中讨论的能量模型参数 ε_{fs} = 10pJ/m²/位和 ε_{mp} = 0.0013pJ/位/m⁴。

为了评估该算法的性能,将仿真结果与 MHRM 和 EHE-LEACH 进行了比较。

2.5.2 实验结果评估

通过实验比较了本章提出的算法与其他现有算法在能量效率、活动节点数量和数据包交付率方面的性能。

图 2.8 显示了 FAR、MHRM 和 EHE-LEACH 中每轮簇头的平均剩余能量。从图 2.8 中可以观察到,与 MHRM 和 EHE-LEACH 相比,在较远的地区,利用 FAR 方法簇头保存了更多的能量,这是应得的。

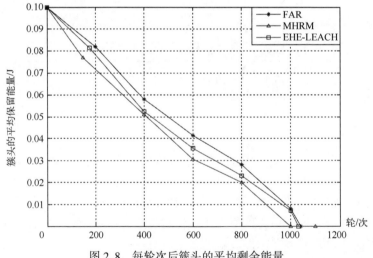

图 2.8　每轮次后簇头的平均剩余能量

事实上,在 FAR 适应度函数的设计中,负荷在簇头之间是平衡的。在 MHRM 中,簇头的下一跳中继节点选择目标是实现到远程终端跳数最小化。因此,簇头可以选择距离它最远的下一跳簇头以减少跳数。由于数据通信过程中的能量消耗与通信距离成正比,因此,MHRM 在减少跳数的同时会消耗更多的能量。同样,簇头使用贪心方法将数据路由到远程终端。但是,在大规模

WSN 中，使用贪心方法很难找到最佳路由路径，而在路由路径构建过程中，广泛使用的遗传算法被用于解决大型解空间中的问题。

图 2.9 显示了每轮活动簇头的数量。如果簇头连接到远程终端并且有足够的能量路由其集簇数据，则认为簇头是活跃的。

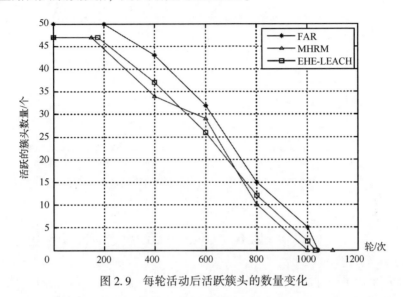

图 2.9 每轮活动后活跃簇头的数量变化

从图 2.9 中我们可以注意到，在 MHRM 和 EHE-LEACH 中，所有簇头从一开始就不活跃，因为这些算法不考虑任何未连接簇头的路由技术，此类簇头将无法连接到远程终端，因此被视为不活跃。然而，在 FAR 中，采用了 CLIVER 路由策略，以便所有簇头都连接到远程终端。另外，FAR 平衡了簇头的负载。因此，与 MHRM 和 EHE-LEACH 相比，它每轮具有更多的活动簇头。

虽然能量效率是大多数无线传感器网络路由算法的主要目标。但是，成功的数据包交付同样是评估任何路由算法的一个重要指标。在模拟运行期间，我们假设每个普通传感器节点每轮向其簇头发送一个数据包，然后簇头将其转发给远程终端。图 2.10 显示了在 FAR、MHRM 和 EHE-LEACH 中发送给远程终端的数据包数量。在这里，与 MHRM 和 EHE-LEACH 相比，FAR 提供了更多的数据包，因为 FAR 为每个簇头到远程终端建立了一条路由路径，确保所有集簇数据包都将到达远程终端。此外，如果发生任何簇头故障，FAR 可以提供智能路由策略，以从路径故障中恢复。

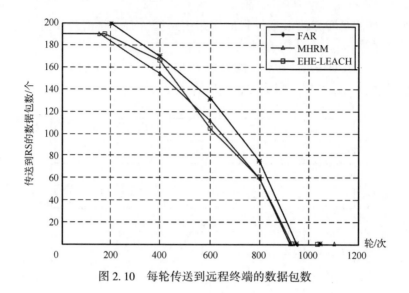

图 2.10　每轮传送到远程终端的数据包数

2.6　小　　结

本章采用了一种故障感知路由算法（FAR），通过遗传算法将每个簇头数据路由到远程终端，从而使各个簇头之间的负载均衡。对于在其范围内没有任何下一跳簇头转发其数据的簇头，我们的算法考虑此类簇头的集簇成员与其他簇头建立连接。FAR 包括一个新的染色体生成算法，该算法确保每个簇头都有到远程终端的路由路径。我们还导出了一个适应度函数来评估簇头之间的负载平衡。此外，还适当描述了交叉和变异操作。为了评估 FAR 的性能，我们将实验结果与两种相关算法 MHRM 和 EHE-LEACH 进行比较。实验结果表明，FAR 在能量效率、活动簇头数量和数据包传输方面优于 MHRM 和 EHE-LEACH。在未来，我们希望将该算法扩展到无线传感器网络的移动场景中。

参 考 文 献

[1] Dey N, Hassanien AE, Bhatt C, Ashour AS, Satapathy SC (eds) (2018) Internet of things and big data analytics toward next-generation intelligence. Springer, Berlin.
[2] Elhabyan RS, Yagoub MC (2015) Two-tier particle swarm optimization protocol for clustering and routing in wireless sensor network. J Netw Comput Appl 52:116–128.
[3] Mazumdar N, Om H (2017) A distributed fault-tolerant multi-objective clustering algorithm for wireless sensor networks. In: Proceedings of the international conference on nano-electronics, circuits & communication systems. Springer, Singapore．

[4] Mazumdar N, Om H (2016) An energy efficient GA-based algorithm for clustering in wireless sensor networks. In: 2016 international conference on emerging trends in engineering, technology and science (ICETETS). IEEE.
[5] Mazumdar N, Om H (2017) A distributed fault-tolerant multi-objective clustering algorithm for wireless sensor networks. In: Proceedings of the international conference on nano-electronics, circuits & communication systems, Springer, Singapore, pp 125–137.
[6] Das SK, Tripathi S (2018) Adaptive and intelligent energy efficient routing for transparent heterogeneous ad-hoc network by fusion of game theory and linear programming. Appl Intell 48(7):1825–1845.
[7] Das SK, Tripathi S (2017) Energy efficient routing formation technique for hybrid ad hoc network using fusion of artificial intelligence techniques. Int J Commun Syst 30(16):e334.
[8] Mukherjee A, Dey N, Kausar N, Ashour AS, Taiar R, Hassanien AE (2019) A disaster management specific mobility model for flying ad-hoc network. In: Emergency and disaster management: concepts, methodologies, tools, and applications. IGI Global, pp 279–311.
[9] Das SK, Tripathi S (2018) Intelligent energy-aware efficient routing for MANET. Wirel Netw 24(4):1139–1159.
[10] Akyildiz IF, Weilian Su, Sankarasubramaniam Y, Cayirci E (2002) A survey on sensor networks. IEEE Commun Mag 40:102–114. https://doi.org/10.1109/mcom.2002.1024422.
[11] Anastasi G, Conti M, Di Francesco M, Passarella A (2009) Energy conservation in wireless sensor networks: a survey. Ad Hoc Netw 7(3):537–568.
[12] Abbasi AA, Younis M (2007) A survey on clustering algorithms for wireless sensor networks. Comput Commun 30:2826–2841. https://doi.org/10.1016/j.comcom.2007.05.024.
[13] Heinzelman WB, Chandrakasan A, Balakrishnan H (2000) Energy-efficient communication protocols for wireless microsensor networks. In: Proceedings of Hawaii international conference on system sciences. https://doi.org/10.1109/hicss.2000.926982.
[14] Younis O, Fahmy S (2004) HEED: a hybrid, energy-efficient, distributed clustering approach for ad hoc sensor networks. IEEE Trans Mob Comput 3:366–379. https://doi.org/10.1109/TMC.2004.41.
[15] Bandhopadhyay S, Coyle E (2003) An energy efficient hierarchical clustering algorithm for wireless sensor networks. In: Proceedings of IEEE INFOCOM, vol 3, pp 1713–1723. https://doi.org/10.1109/infcom.2003.1209194.
[16] Manjeshwar A, Agarwal D (2001) TEEN: a protocol for enhanced efficiency in wireless sensor networks. In: Proceedings of 15th parallel and distributed processing symposium San Francisco. IEEE Computer Society, pp 2009–2015.
[17] Lindsey S, Raghavenda CS (2002) PEGASIS: power efficient gathering in sensor information systems. In: Proceedings of the IEEE aerospace conference, Big Sky, Montana. https://doi.org/10.1109/aero.2002.1035242.
[18] Tyagi S, Gupta SK, Tanwar S, Kumar N (2013) EHE-LEACH: enhanced heterogeneous LEACH protocol for lifetime enhancement of wireless SNs. In: 2013 international conference on advances in computing, communications and informatics (ICACCI). IEEE, pp 1485–1490.
[19] Kumar D, Aseri TC, Patel RB (2009) EEHC: energy efficient heterogeneous clustered scheme for wireless sensor networks. Comput Commun 32(4):662–667.
[20] Kuila P, Gupta SK, Jana PK (2013) A novel evolutionary approach for load balanced clustering problem for wireless sensor networks. Swarm Evol Comput 12:48–56.
[21] Azharuddin M, Jana PK (2015) A distributed algorithm for energy efficient and fault tolerant routing in wireless sensor networks. Wirel Netw 21(1):251–267.
[22] Dey N (ed) (2017) Advancements in applied metaheuristic computing. IGI Global.
[23] Powell O, Leone P, Rolim J (2007) Energy optimal data propagation in wireless sensor networks. J Parallel Distrib Comput 67(3):302–317. https://doi.org/10.1016/j.jpdc.2006.10.007.

[24] Chiang S, Huang C, Chang K (2007) A minimum hop routing protocol for home security systems using wireless sensor networks. IEEE Trans Consum Electron 53:1483–1489. https://doi.org/10.1109/TCE.2007.4429241.
[25] Tarachand A, Jana PK (2015) Energy-aware routing algorithm for wireless sensor networks. Comput Electr Eng 41:357–367. https://doi.org/10.1016/j.compeleceng.2014.07.010.
[26] Heinzelman WB, Chandrakasan AP, Balakrishnan H (2002) An application-specific protocol architecture for wireless microsensor networks. IEEE Trans Wirel Commun 1(4):660–670.
[27] Mazumdar N, Om H (2015) Coverageaware unequal clustering algorithm for wireless sensor networks. Procedia Comput Sci 57:660–669.
[28] Rahmanian A, Omranpour H, Akbari M, Raahemifar K (2011) A novel genetic algorithm in LEACH-C routing protocol for sensor networks. In: 2011 24th Canadian conference on electrical and computer engineering (CCECE). IEEE, pp 001096–001100.
[29] Safa H, Moussa M, Artail H (2014) An energy efficient Genetic Algorithm based approach for sensor-to-sink binding in multi-sink wireless sensor networks. Wirel Netw 20(2):177–196.
[30] Bhatia T et al (2016) A genetic algorithm based distance-aware routing protocol for wireless sensor networks. Comput Electr Eng 56:441–455.
[31] Azharuddin Md, Jana PK (2017) PSO-based approach for energy-efficient and energy-balanced routing and clustering in wireless sensor networks. Soft Comput 21(22):6825–6839.
[32] Gupta G, Younis M (2003) Fault-tolerant clustering of wireless sensor networks. In: 2003 IEEE wireless communications and networking, WCNC 2003, vol 3. IEEE, pp 1579–1584.
[33] Haseeb K et al (2016) A dynamic energy-aware fault tolerant routing protocol for wireless sensor networks. Comput Electr Eng 56:557–575.
[34] Boukerche A, Martirosyan A, Pazzi R (2008) An inter-cluster communication based energy aware and fault tolerant protocol for wireless sensor networks. Mob Netw Appl 13(6):614–626.
[35] Azharuddin M, Jana PK (2015) A PSO based fault tolerant routing algorithm for wireless sensor networks. In: Information systems design and intelligent applications. Springer, New Delhi, pp 329–336.
[36] Lee JJ, Krishnamachari B, Kuo CCJ (2008) Aging analysis in large-scale wireless sensor networks. Ad Hoc Netw 6(7):1117–1133.
[37] Rausand M, Hoyland A (2004) System reliability theory: models, statistical methods, and applications, vol 396. Wiley.

第3章 基于遗传算法的无线传感器网络延寿故障诊断技术

鲁奇卡·帕迪[①]，巴巴尼·桑卡尔·古达[②]

3.1 引 言

无线传感器网络包含一组传感器节点，通过测量温度、声音、污染程度和湿度等信息，将信息收集为数据，并将其发送到称为接收器节点的中心位置，从而监测网络并记录网络状况。目前存在不同类型的传感器网络，包括地面网络、地下网络和水下网络等。无线传感器主要应用于生态栖息地监测、健康监测、环境污染检测、工业过程控制、军事目标跟踪等连续通信领域。

3.1.1 问题

无线传感器存在系统设计、拓扑结构以及其他影响传感器节点性能的问题。

（1）设计问题：主要包括容错、低延迟、可扩展性、传输介质和覆盖等问题。传感器节点部署在非受控区域，节点可能出现故障和不可靠问题，导致节点无法在有效时间内与接收器节点直接通信。另外，由于网络中传感器的数量不同，有时需要进行添加，则会产生可扩展性的问题。在传感器节点的通信路径中，可能会出现许多中断，需要验证传输介质和每个节点是否在同一网络中进行通信。

（2）拓扑问题：主要包括地理路由、传感器空洞和覆盖拓扑。在地理路由中，发送方节点可能将数据发送到网络的地理位置，而不是正确的网络地

[①] 鲁奇卡·帕迪：国家科学技术学院（自主技术），印度奥里萨邦贝汉布尔帕勒尔山学院公园，邮编：761008；E-mail：ruchika.padhi@gmail.com。

[②] 巴巴尼·桑卡尔·古达：国家科学技术学院（自主技术），印度奥里萨邦贝汉布尔帕勒尔山学院公园，邮编：761008；E-mail：bhabani012@gmail.com。

址。在路由过程中，存在许多无法参与路由过程的空洞。因此，需要找出重量轻、性能低、不知道地理位置的空洞。每个网络至少覆盖 k 个传感器，以参数作为覆盖区域。

其他一些问题包括无线通信、每个节点的硬件和操作系统、网络层（如不同层）、本地化等。

3.1.2 挑战

无线传感器网络节点具有很大的潜力，它能够与物理世界中的其他节点连接，可以在难以部署的极端环境收集信息，通过发现网络的局限性和技术问题来提高潜力，节点同步进行数据融合。同时，无线传感器节点也存在许多需要克服的挑战。

1) 能源效率

节点的最大设计挑战是能源效率。在传感、通信和数据处理三个精心设计的领域下，节点功耗变得更高，所有这些领域都需要优化。节点使用电池供电，因此生存期是有限的，电池可以充电或更换。对于非充电电池，节点可以一直使用传输信息，直到消耗完后更换。

2) 带宽有限

数据传输消耗的能量较少，但一次传输的数据非常有限，即 10~100kB/s。两个传感器节点之间的数据传输和同步需要进行消息交换。传感器节点在多跳通信介质中控制带宽和性能。通信链路在无线电、红外和可视范围内运行或激活。

3) 节点成本

无线网络包含大量的传感器节点。节点数量对于整体经济指标至关重要，因此，每个节点的成本都为全局指标预留了较低的成本。如果节点的成本适合传感器节点，那么可以根据需要使用更多的节点。

4) 部署位置

节点需要部署在适当的位置，否则复杂性会更高。采用一些特殊技术可以降低复杂性，如有限能量数据传输、精确数据传输等。有静态部署和动态部署两种不同的部署模式。在静态部署中，需要根据优化策略选择最佳位置，并且该位置在整个生命周期内不可更改。而在动态部署中，节点随机抛出以进行优化，并可根据需要更改位置。

5) 设计约束

设计约束的主要目标是设计一个更小尺寸、更便宜、更高效的电子设备，可以部署到任何地方。它在软件和硬件设计方面都面临着限制性的挑战。

6)安全

收集敏感信息的资源需要保证高安全性。传感器节点的远程和无人操作特性增加了非法入侵和攻击的可能性。节点认证和数据机密性是节点的主要安全保障。节点要通过管理节点和集簇节点的身份验证检查,以识别可靠和不可预测的节点。传感器节点需要一些密钥建立、分发和节点身份验证机制以确保安全[5]。

3.2 故障、错误和失效

在传感器节点中,由于硬件的位置问题或节点组件程序持续崩溃,可能导致故障。故障产生的原因有很多,如能量消耗、连接中断和延迟等。通过接收和检测错误,在错误日志中收集和评估节点中存在的错误。通过诊断测试、报告位置、报告原因和操纵数据库信息来认定节点故障,并将通知发送到集簇头或管理器节点。节点故障类型有网络故障、硬件故障和软件故障。

3.2.1 故障类型

(1) 网络故障。网络故障包括连接失败、通道阻塞、时钟异步、非法干扰和定位偏差。导致在故障区域无法读取数据。

(2) 硬件故障。硬件故障是指传感器节点损坏,具体包括内存、电源、处理器和无线通信等损坏。

(3) 软件故障。软件故障包括漂移、正确率下降、恒定公差和完全偏差。采集的数据被处理到管理节点或中心节点,其中包含传感器节点创建的异常值和传感器节点降级而发现的异常值,称为软件故障。传感器节点中的故障也根据传感器发送的数据进行分类,这些数据包括:①延迟故障。添加到发现故障节点的预期数据的常量值。②增益故障。预期收集的数据在一段时间内发生变化,并评估故障节点。③陷于困境。是指当感测数据长时间保持不变。④出界。是指检测到的数据值超出正常运行值的范围。

3.2.2 故障诊断

故障诊断是改善网络结构、延长节点寿命、提高数据性能、服务类型和安全性的方法。它能够减少网络问题,控制成本,延长节点的使用寿命。由于网络设备和故障的多样性和复杂性,故障诊断是一种模式识别方法,通过计算故障症状,诊断状态,定义网络状态和设备运行状态,以评估完整的故障诊断。

基本上，容错方法用于分析故障、错误和故障等几个术语之间的变化，其中分析故障是导致错误的主要原因，故障表示关于错误的通知。

让我们假设存在这样一种情况，即传感器节点 A 将其传感器或较近传感器的测量发送到另一个正在运行的传感器节点 B。如果节点 A 由于与附近的传感器节点失去连接而崩溃，并且无法在特定时间间隔内将数据发送到聚合供应，称为邻居节点 B 观察到的节点 A 故障。在这种情况下，存在两个状态。一是发现一个传感器节点连接松动，另一个在特定时间间隔内未发送传感器信息。为了在故障情况下提供灵活性，应执行两个主要操作。

（1）故障检测。这是必须执行方案中的第一步，以检测节点的特定功能是否存在故障。

（2）故障恢复。这是确保或从中恢复的下一步。在这种情况下，复制系统的机制，这对其正确的过程非常重要。

3.3　相关研究工作

无线传感器网络应具有能量约束[6]，以灵活适应不同网络拓扑的可扩展性及其变化。网络中的所有传感器节点都以数据为中心工作，所有节点都连接到一个中心节点。在传感器网络中，节点具有特定的、可动态和静态定义的地址[7]。在这个过程中，如果我们发现一个死节点，就将其丢弃并停止使用。可采用的有效协议是在无线传感器网络中使用不同种类的路由过程[8]，用定向扩散（Direct Diffusion，DD）算法来分析特定的路由，从而可以避免和丢弃传感器故障节点，并根据需要形成新的路径。在本综述中介绍无线传感器网络中不同的故障管理[9]。本章特别针对现有网络故障管理过程的不同挑战，总结当前的网络管理结构和体系结构。

文献［10］采用不同类型的容错拓扑，用于控制移动传感器网络和静态传感器网络。

文献［11］通过分配最小可能功率，将分布式过程表示为所有网络节点。

文献［12］代表了无线传感器网络分布式网络控制中的非对称链路。它考虑了异构网络中的网络拓扑控制问题。在该方法中，不同的无线传感器设备在活动节点的时间段内具有不同的最大传输范围。

文献［13］提出了一种使用贝叶斯的智能路由决策模型，实现基于能量感知路由的学习模式方法。在该模型中，通过使用基于估计的概率决策模型找出整个相邻节点的能量。

文献［14］的工作解决了异构网络中的故障控制问题。

文献［15］提出了一种新的贝叶斯融合方法，将多个节点的信任分量结合起来，从而推断出它们之间的整个信任节点。结果表明，该节点具有很高的可信度，两个信任组件同时确认其信任和这些组件的委托。

文献［16］由基于动态路由的算法描述了宽带网络动态变化的管理灵活性。显示如何在两个节点内创建路径以及如何启动新路径，得到一个很好的解，提高了遗传算法的速度。

文献［17］介绍了无线传感器网络中的路由工作方法。如何从新方案中进一步提高网络的效率和寿命。

在文献［18］中，这些算法是以多种方式开发和处理的。已经设计了很多概念，这需要一个新的网络速度应用程序；在这里，这个概念非常好，关于传感器网络如何工作，基于遗传的优化方案给出了一种新的方法[19]。论文设计了一种新的方法，表明它的性能是最好的，因为它是基于等级扩散算法。通过这样做，数据丢失也会减少一点，节点的寿命也很好，网络中的所有节点也都处于活动状态。在文献［20］中，无论集簇头发生了什么故障，都会被移除。能量都与距离有关。集簇头是如何从基于集簇头恢复算法的操作中获益的[21-26]。

在文献［27］中，这些算法是针对最优解而开发和处理的，并收敛到一个全局网络。在这里，这个概念是基于遗传算法和支持向量机模型的最优路径优化。文献［28］提出的模型描述了不同类型的机器学习技术。通过使用技术来考虑数据丢失的最小化，减少误差并增加网络的寿命。

文献［29］描述和分析了数据流方法的不同类型的物联网控制系统技术。通过使用技术来考虑数据丢失的最小化，减少了误差并增加了网络的寿命。无线传感器网络是一种无线网络，由于其灵活的架构而迅速发展[30]。无线传感器网络在应用方面有不同的变化，这完全取决于用户的需求。一些作者在无线自组织网络和无线传感器网络中提出了一些有效的工作，以提高网络的路由寿命[31-35]。

3.4　提议的方法

本节重点介绍利用两种现有技术：直接扩散算法和遗传算法混合的方法。直接扩散算法[6]使用四种类型的消息，即兴趣、探索性数据、强化和数据消息。最初，基础节点转发源节点的兴趣消息，这意味着接收器节点向源节点发送信号以从网络收集信息，然后将其发送回接收器。在此之后，开始四路消息传输。由于发送方不知道目的地，所以将探索性数据消息发送给其他发送方。

兴趣、数据聚合和数据传播由本地化交互决定。它有兴趣、数据、梯度、强化和属性五个主要特征。

（1）兴趣：表示指定用户想要查询或询问的内容。

（2）数据：表示收集或处理的信息。

（3）梯度：定义在接收兴趣的每个节点中创建的方向状态。渐变方向是指向接收到感兴趣的相邻节点。事件开始从感兴趣的多条渐变路径的发起者开始流动。

（4）强化：这是一种用于学习目的的优化技术。

（5）属性：表示描述任务的值对。

在图 3.1 中，兴趣通常从接收器注入网络。对于每个活跃任务，接收器会不时向其每个邻居广播一条感兴趣的消息。第一个兴趣点包含指定的相邻属性和持续时间属性，但较大的间隔属性只提供制定的范围。兴趣尝试在指定范围内查找活动传感器节点，该范围通过命名数据来指定用户想要的内容。接收器定期向每个邻居广播感兴趣的消息，所有节点都维护兴趣缓存，传感器节点接

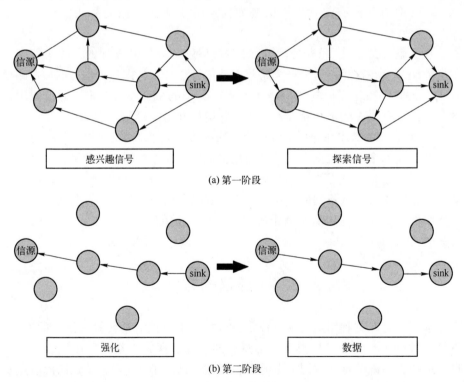

图 3.1 定向扩散算法的实现

收感兴趣的数据包。节点必须在给定范围内，传感器系统的任务是以所有梯度中的最高速率生成样本。在数据传播时，发送方节点以初始设置的梯度方向将数据消息转发给基础节点，基础节点将增强消息转发给最近的邻居节点。

接收增强消息的邻居节点还可以将该消息转发给选定的可首先接收新数据的下一邻居节点。路径确定何时形成最大梯度，以便未来到达的数据消息可以沿着最佳不可破坏路径传输（图 3.2 和图 3.3）。

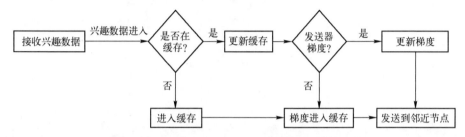

图 3.2　每个活动传感器节点的缓存中感兴趣的过程

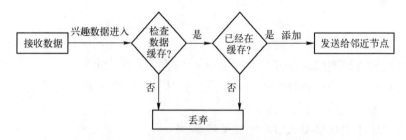

图 3.3　向邻近节点发送兴趣消息的过程

定向扩散算法是为了实现稳健、规模和高效能源而设计的。它减少了传输时的数据传递，这对电源管理很重要。它是一个查询驱动通信协议。如果收集的数据与作为兴趣消息发送的基础节点的查询相匹配，则会对其进行通信。当广播感兴趣的查询消息时，所有传感器节点都绑定到一条路径，并且该路径也是一条新路由。路由采用循环形式，即在广播查询消息时定义（图 3.4）。

为了延长传感器网络的生存时间，在遗传算法中引入了故障节点恢复的概念。如果某些节点电池已到达寿命或达到阈值，则可以使用此故障节点恢复算法进行少量更换并回收路由路径。因此，它降低了成本，增加了节点的生存期。

遗传算法作为故障节点恢复算法实现，基于一组称为"种群"的解，通过复制转化为新的种群[36]，它没有有效的故障检测概念，而是采用基于节点的适应度值，该值的计算包括以下五个步骤。

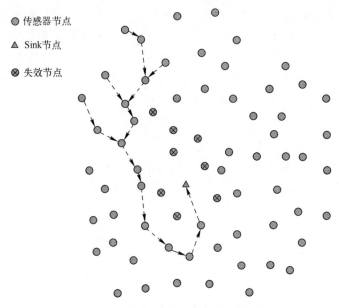

图 3.4 实现 DD 算法寻找节点死亡路径

(1) 检查预期的解决方案，如果不起作用，则予以更换。
(2) 通过期望检查替换的节点信息，并计算适应度函数。
(3) 根据高适应值进行选择。
(4) 用于实现单交叉策略的交叉步骤。
(5) 变异步骤用于随机翻转节点，以重用最多的测向路径，并最大限度地延长无线传感器网络的寿命。

对于上述五个步骤，可采用不同的流程实施，如初始化、评估、选择等。

(1) 初始化。在遗传算法中，染色体在第一步生成。每一条染色体都是需要的解决方案。染色体的数量取决于网络中节点的数量，每个染色体都用一个称为适应值的初始化值，即 0 或 1，如表 3.1 所列。

表 3.1 各节点适应值

节点号	5	4	17	20	35
适应值	0	1	0	1	0

这里，染色体长度是 5。生成的适应值是随机的 0 或 1。染色体长度是不起作用的传感器节点数（失效节点）。如果值为 1，则应替换节点。

(2) 评估。生成的适应值由给定参数评估为安全功能，这是一种色谱单体。生成的适应值不能直接放入基于能量高效的分布式动态扩散算法中的适应度函数。主要是这种故障节点恢复技术使用最多的测向路径并替换最少的无功能传感器节点。

路径查找的标准基于非功能传感器节点和计算出的适应度函数，如给定等式为

$$f_n = \sum (P \times TN)/(N \times TP \times i), 1 < i < n \tag{3.1}$$

式中：N 为更换的传感器节点数量及其在 i 处的等级值；P 为来自传感器节点的可重用路由路径数量，其等级值为 i；TN 为新网络中的传感器节点总数；TP 为新网络中的路由路径总数（图 3.5）。

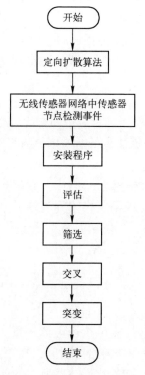

图 3.5 遗传算法的实现过程

（3）筛选。此过程用于选择适应度值较高的传感器节点。它将消除适应值最低的基因，而选择适应值较高的基因进入交配池，删除其他较差的基因。交叉步骤后需要新的基因来替换较差的基因。

（4）突变。突变是为了改变单个基因。在这个过程中，用于创建新染色

体的单交叉计划以及两个不同的染色体被选择用于交配池，以产生两个新的后代。在亲本单个基因的初始基因和最后基因之间选择交叉末端，以更改并确定交叉点两侧的机器单个基因的划分。

3.5 性能评估

该方案已在各种网络场景中进行了仿真，对随机 500 次迭代的模拟结果进行了长期考虑。在本节中，模拟结果表示为不同的模型，其中包含程序、性能参数和结果的详细信息。投影仿真模型由两个参数组成：①N 个节点；②在分布式环境中任意部署。对 500 个节点进行了仿真，计算了该方案的故障概率（Probability of Fault，PF）、故障告警率（Fault Alarm Ratio，FAR）、容错数据精度（Data Accuracy，DA）和遗传算法的适应值。模拟环境包括不同的模型，即网络模型、电池模型、通道模型和能量模型。本次性能评估中使用的一些模型如下。

（1）网络模型：分布式传感器网络（Distributed Sensor Network，DSN）环境的面积为 $L \times B$（m^2）。每次尝试对应于固定或可变网络区域中传感器的随机部署，并使用染色体的遗传算法最低适应度值执行给定网络的故障告警率和数据精度，以满足故障状态。

（2）通道模型：在无线传感器网络中，数据包以不同的大小生成。作为 S-MAC 协议的传感器网络协议用于媒体（通道）访问。无线传感器网络中的数据包传输被认为是离散的。当发送方节点处于关闭状态时，在目的地侧或接收器节点通过在间隔内承载发送方信息来接收所有数据包。

（3）电池模型：在无线传感器网络中，每个传感器都有特定的电池，电池有限且不可复制。节点位于初始能量为焦耳的位置。当传感器传输到指定位置或从接收器接收数据包时，它会消耗并产生一定的能量。

（4）能量模型：无线电传输可执行电源控制。因此，它使用所需的最小能量来达到容错标准。假设在任何给定时间，在距离 d（m）处的另一个节点上，kbit 分组的传输（ET）和感测（ES）所需的能量对于该节点为 EN 焦耳。因此，根据式（3.2）计算的总能量，即

$$\text{TotalEnergy(TE)} = (\text{ES} \times Pk) + (\text{ET} \times Pk) * di \tag{3.2}$$

式中：Pk 为以位为单位的数据包大小。

本节使用了不同的模拟参数，如表 3.2 所列。图 3.6~图 3.10 中展示了不同的性能度量，突出显示了投影方法的性能。

第 3 章 基于遗传算法的无线传感器网络延寿故障诊断技术

表 3.2 模拟参数

参 数	符 号	数 值
模拟区	L	1000m
宽度	B	1000m
使用的节点数	NN	500 个节点
信息传输范围	CR	250m
选择类型	Sr	轮子的选择（轮盘赌）
渡线类型	Cr	两个交叉点
交叉概率	Cp	0.07~1.10
突变概率	Mp	0.20~0.40
解群密度	PS	500
重复次数	IN	2000
每个节点的能量	EN	2J
跳带宽	HW	1Mb/s
阈值能量	TH_{EN}	0.05J
阈值链路	TH_{off}	0.287Mb/s
每个传感器节点的能量	Es	50 nJ/位电平
用于通信的能源	Er	50 nJ/位电平

（1）故障告警率：如图 3.6 所示，由于节点数量较少，故障告警率近似相同，并且所有节点都分散在距离位置，到目前为止，距离不会太大。到目前为止，它的内容稍微多一些。在定向扩散，避免了故障节点，并实现了路由方法来改变从源到目的的路径。根据无线自组网按需平面距离向量路由协议

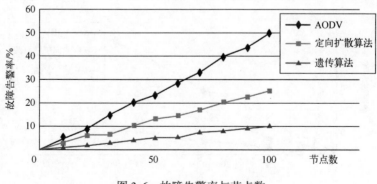

图 3.6 故障告警率与节点数

(Ad hoc On-demand Distance Vector Routing，AODV)，定向扩散中的远值较小。但是，在遗传算法中，故障节点通过实施染色体概念来避免，其中故障节点通过实施交叉技术来避免并选择较近的活动节点。

（2）数据精度：如图 3.7 所示，与定向扩散和 AODV 相比，遗传算法中的数据精度更高。AODV 中的数据精度低，因为无法在其中检测故障节点。在定向扩散中，因为能够检测到故障节点，数据精度比 AODV 高，但无法避免。

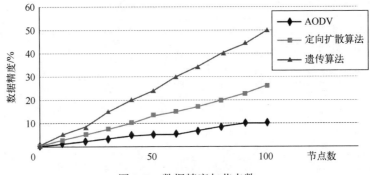

图 3.7　数据精度与节点数

（3）故障概率：如图 3.8 所示，由于节点数量较少，故障概率大致相同，并且所有节点都分散在距离位置，因此故障告警率不会如此高。在 AODV 中，实现路由概念是为了在不避免故障的情况下将数据包从源传输到目的地。因此，故障可能性稍高。在定向扩散中，避免了故障节点，并实现了利用路由方法来改变从源到目的的路径。根据 AODV，定向扩散中的故障概率值较小。但在遗传算法中，故障节点通过实现染色体概念来避免，其中故障节点避免和故障概率采用交叉技术选择较近的主动节点，使故障概率值小于其他两种方法。

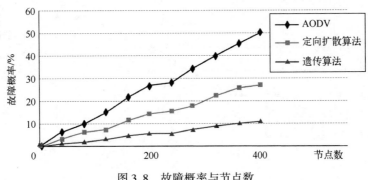

图 3.8　故障概率与节点数

第3章　基于遗传算法的无线传感器网络延寿故障诊断技术

在图 3.9 中,在节点数量较少的情况下,即 10 或 100 个时,AODV 的故障概率与定向扩散和遗传算法几乎相同。但在节点数量较多的情况下,即 150、300 或 500 个时,与定向扩散和遗传算法相比,AODV 的故障概率明显升高。

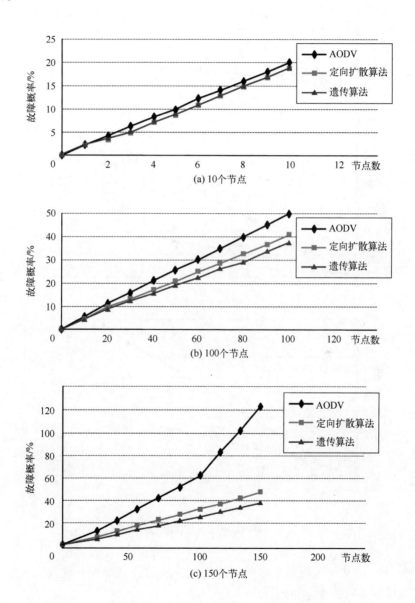

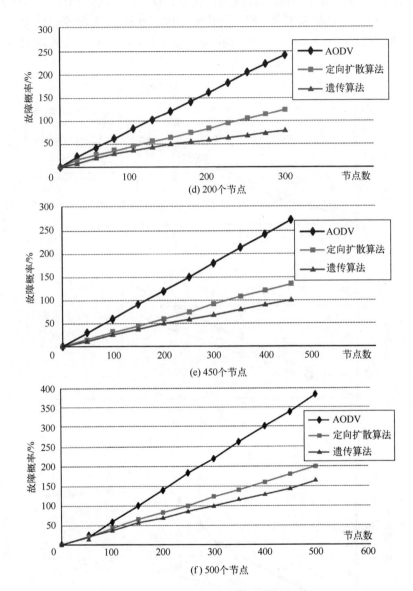

图 3.9　故障概率与节点数量之间的关系

在图 3.10 中，与故障概率的表现相似，故障告警率在节点数量较少时和节点数量较多时的性能相同。

第3章 基于遗传算法的无线传感器网络延寿故障诊断技术

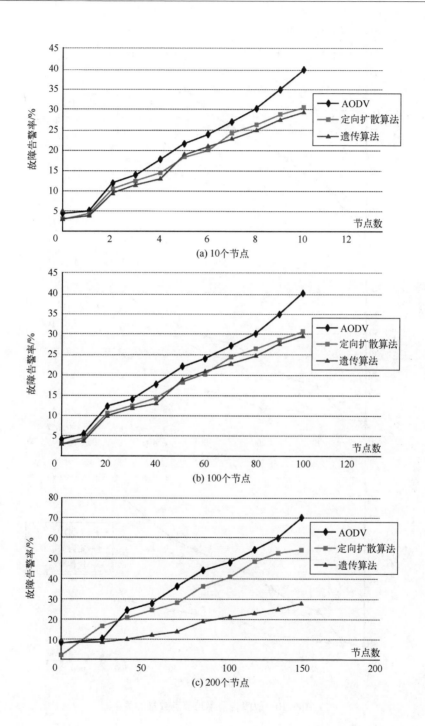

(a) 10个节点

(b) 100个节点

(c) 200个节点

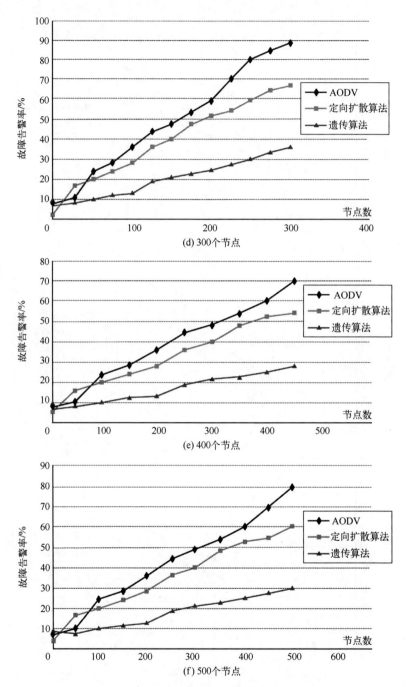

图 3.10 故障告警率与节点数量的关系

第 3 章　基于遗传算法的无线传感器网络延寿故障诊断技术

图 3.11 显示了 GA 系统的阶跃响应，它比 AODV 和 DD 算法优化效果更好。数据精度随着节点数量的提高而增加。最初，所有显示的响应都是相同的，但在某个阶段后节点的增量，其他两个下降。

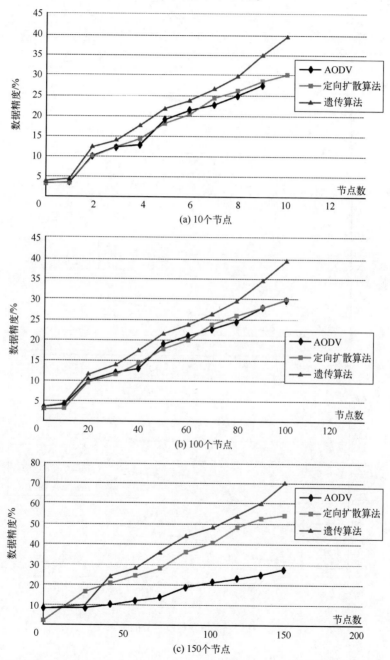

(a) 10个节点

(b) 100个节点

(c) 150个节点

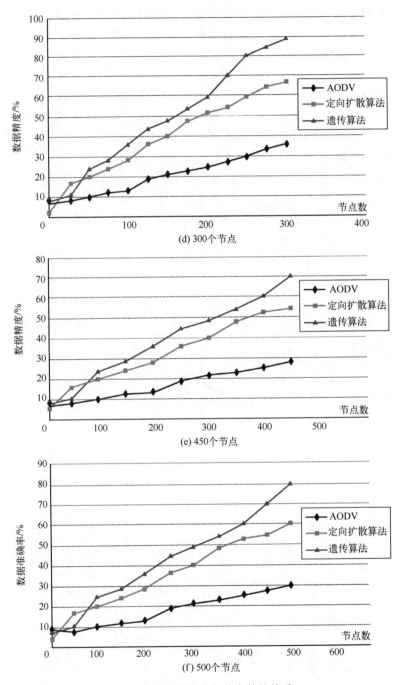

图 3.11 数据精度与节点数的关系

在遗传算法中，故障节点通过染色体的概念来避免，其中故障节点通过交叉技术来避免，并选择较近的活动节点。因此，与其他两种方法相比，节点数量增加，但数据精度的响应保持不变。

3.6 小　　结

本章主要介绍了遗传算法概念在分布式传感器网络中实现。当存在故障节点时，其效率更高。这是一个容错的概念，通过它可以从定向扩散算法和 AODV 中有效地获得故障概率、故障告警率和数据精度。该遗传算法通过染色体技术确定避免的故障节点，延长网络寿命。在本章提出的仿真结果中，所提出的系统比其他不同的网络具有更强的性能。从容错性、时间复杂度、适应值、能量优化、网络寿命和分布式传感器网络环境速率下的故障检测可能性等方面分析了分布式传感器网络的构成参数。

参 考 文 献

[1] Rongbo Z (2010) Efficient fault-tolerant event query algorithm in distributed wireless sensor networks. Int J Distrib Sens Netw 2010(1155):1–7.
[2] Herbert T, Donald L (1986) Schilling principles of communication systems. McGraw-Hill, New York.
[3] Heinzelman W, Chandrakasan A, Balakrishnan H (2000) Energy efficient communication protocol for wireless micro sensor networks. In: Proceedings of the IEEE Hawaii international conference on system sciences, vol 8, pp 8020–8030.
[4] Bhajantri LB, Nalini N (2014) Genetic algorithm based node fault detection and recovery in distributed sensor networks. Int J Comput Netw Inf Secur 6(12):37–46.
[5] Raza HA, Sayeed G, Sajjad H (2010) Selection of cluster heads in wireless sensor networks using bayesian network. In: Proceedings of international conference on computer, electrical, systems, science and engineering, pp 1–7.
[6] Iyengar SS, Ankit T, Brooks RR (2004) An overview of distributed sensors network. Chapman and Hall/CRC, London, pp 3–10. http://books.google.com/books/about/Distributed−sensor−networks.html?id=Nff5.
[7] Al Karaki JN, Kamal AE (2004) Routing techniques in wireless sensor networks: a survey. J IEEE Wirel Commun 11:6–28.
[8] Sitharam SI, Mohan BS, Kashyap RL (1992) Information routing and reliability issues in distributed sensor networks. IEEE Trans Signal Process 40(12):3012–3021.
[9] Lilia P, Qi H (2007) A survey of fault management in wireless sensor networks. J Netw Syst Manage 15(2):171–190.
[10] Mihaela C, Shuhui Y, Jie W (2007) Fault-tolerant topology control for heterogeneous wireless sensor networks. In: Proceedings of the IEEE international conference on mobile adhoc and sensor systems, pp 1–9.
[11] Bhaskar K, Sitharama I (2004) Distributed bayesian algorithms for fault-tolerant event region detection in wireless sensor networks. IEEE Trans Comput 53(3):241–250.

[12] Jilei L, Baochun L (2003) Distributed topology control in wireless sensor networks with asymmetric links. In: Proceedings of the IEEE globecom, wireless communications symposium, vol 3, pp 1257–1262.
[13] Arroyo VR, Marques AG, Vinagre-Diaz J, Cid-Sueiro JA (2006) Bayesian decision model for intelligent routing in sensor networks. In: Proceedings of 3rd international symposium on wireless communication systems, pp 103–107.
[14] Mihaela C, Shuhui Y, Jie W (2008) Algorithms for fault-tolerant topology control for heterogeneous wireless sensor networks. IEEE Trans Parallel Distrib Syst 19(4):545–558.
[15] Mohammad M, Subhash C, Rami A (2010) Bayesian fusion algorithm for inferring trust in wireless sensor networks. J Netw 5(7):815–822.
[16] Shimamoto N, Hiramatsu A, Yamasaki K (1993) A dynamic routing control based on a genetic algorithm. In: Proceedings of IEEE international conference on neural networks, vol 2, pp 1123–1128.
[17] Ayon C, Swarup Kumar M, Mrinal Kanti N (2011) A genetic algorithm inspired routing protocol for wireless sensor networks. Int J Comput Intell Theory Pract 6(1):1–10.
[18] Bhattacharya R, Venkateswaran P, Sanyal SK, Nandi R (2005) Genetic algorithm based efficient routing scheme for multicast networks. In: Proceedings of international conference on personal wireless communications, pp 500–504.
[19] Hong-Chi S, Jiun-Huei H, Bin-Yih L (2013) Fault node recovery algorithm for wireless sensor network. IEEE Sens J 13(7):2683–2689.
[20] Elmira MK, Sanam H (2012) Recovery of faulty cluster head sensor by using genetic algorithm. Int J Comput Sci Issues 9(1):141–145.
[21] Lokesh BB, Nalini N (2012) Energy aware based fault tolerance approach for topology control in distributed sensor networks. Int J High Speed Netw 18(3):197–210.
[22] Alaa FO, Mohammed Al (2012) Improving the performance of the networks using genetic algorithm. In: Proceedings of international conference of advances in computer networks and its security, vol 2, no 3, pp 117–120.
[23] Myeong HL, Yoon CH (2008) Fault detection of wireless sensor networks. J Comput Commun 31:3469–3475.
[24] Xiaofeng H, Xiang C, Lloyd LE, Chien-Chug S (2010) Fault-tolerant relay node placement in heterogeneous wireless sensor networks. IEEE Trans Mob Comput 9(5):643–656.
[25] Biao C, Ruixiang J, Kasetkasem T, Varshney PK (2004) Channel aware decision fusion in wireless sensor networks. IEEE Trans Signal Process 52(12):3454–3458.
[26] Darrell W (1994) A genetic algorithm tutorial. J Stat Comput 4:65–85.
[27] Karaa WBA, Ashour AS, Sassi DB et al (2016) Medline text mining: an enhancement genetic algorithm based approach for document clustering. In: Applications of intelligent optimization in biology and medicine. Springer, Cham, pp 267–287.
[28] Chatterjee S, Sarkar S, Hore S, Dey N, Ashour AS, Shi F, Le DN (2017) Structural failure classification for reinforced concrete buildings using trained neural network based multi-objective genetic algorithm. Struct Eng Mech 63(4):429–438.
[29] Fong S, Li J, Song W, Tian Y, Wong RK, Dey N (2018) Predicting unusual energy consumption events from smart home sensor network by data stream mining with misclassified recall. J Ambient Intell Humaniz Comput 9(4):1197–1221.
[30] Das, SK, Samanta S, Dey N et al (2019) Design frameworks for wireless networks. Lecture Notes in Networks and System, ISBN: 978-981-13-9573-4, Springer, pp 1–439.
[31] Das SK, Yadav AK, Tripathi S (2017) IE2M: design of intellectual energy efficient multicast routing protocol for ad-hoc network. Peer-to-Peer Netw Appl 10(3):670–687.
[32] Das SK, Tripathi S, Burnwal AP (2015, February) Fuzzy based energy efficient multicast routing for ad-hoc network. In: Proceedings of the 2015 third international conference on computer, communication, control and information technology (C3IT), IEEE, pp 1–5.

[33] Das SK, Tripathi S (2018) Adaptive and intelligent energy efficient routing for transparent heterogeneous ad-hoc network by fusion of game theory and linear programming. Appl Intell 48(7):1825–1845.
[34] Das SK, Tripathi S (2016). Energy efficient routing protocol for manet using vague set. In: Proceedings of fifth international conference on soft computing for problem solving, Springer, Singapore, pp 235–245.
[35] Dey N, Ashour AS, Shi F, Fong SJ, Sherratt RS (2017) Developing residential wireless sensor networks for ECG healthcare monitoring. IEEE Trans Consum Electron 63(4):442–449.
[36] Sajid H, Abdul WM, Obidul I (2007) Genetic algorithm for hierarchical wireless sensor networks. J Netw 2(5):87–97.

第4章 基于遗传算法的无线传感器网络智能流量管理技术

坎胡·查兰·豪达①，桑托什·库马尔·达斯②，
奥姆·普拉卡什·杜贝③，埃弗伦·梅祖拉·蒙特斯④

4.1 引　言

无线体域网（Wireless Body Area Network，WBAN）或无线体域传感器网络（Wireless Body Area Sensor Network，WBASN）是不同类别传感器节点的集合[1-2]。取决于不同的医疗需求，这些传感器节点可能是同构的，也可能是异构的，被称为生物传感器。节点以可穿戴或固定方式放置在人体内。每个节点的功能不同，用于测量患者的不同重要信号，有助于将冲突情绪（如幸福、恐惧、压力、人体姿势等）作为分布式系统输入进行检测[3]。每个传感器节点直接或间接地与具有低能量和高处理能力的主协调器节点连接[4]，该协调器节点的目的是将患者的生物信号发送给医生，协助医生在医疗诊断中做出正确的判断和决定。在医疗系统中，现代化设施的特点之一是基于物联网或基于WBAN。物联网允许使用生物医学和物理参数进行通信、传感和处理等过程[5-6]，系统具有大型的处理和存储基础架构。因此，填补了传统医院就诊制度的空白。另外，云计算还为WBAN提供了其他一些优势，有助于通过身体传感器流以离线和在线方式处理数据和信息[7-10]。WBAN有以下几个应用

---

① 坎胡·查兰·豪达：国家科学技术学院（自主技术）计算机科学与工程学院，印度奥里萨邦贝汉布尔帕勒尔山学院公园，邮编：761008；E-mail：sunsantosh2014@gmail.com。
② 桑托什·库马尔·达斯：国家科学技术学院（自主技术）计算机科学与工程学院，印度奥里萨邦贝汉布尔帕勒尔山学院公园，邮编：761008；E-mail：kanhu367@gmail.com。
③ 奥姆·普拉卡什·杜贝：维尔·昆瓦尔·辛格大学贾吉万学院数学系，印度比哈尔邦博杰普尔阿拉，邮编：802312；E-mail：omprakashdubeymaths@gmail.com。
④ 埃弗伦·梅祖拉·蒙特斯：韦拉克鲁斯大学人工智能研究中心，墨西哥哈拉帕市；E-mail：emezura@uv.mx。

第4章 基于遗传算法的无线传感器网络智能流量管理技术

程序。

(1) 健康监测。

(2) 体域网之间的交互。

(3) 以移动设备为中心。

(4) 遥控。

(5) 社会应用。

(6) 视频流。

(7) 可穿戴音频。

由于传感器节点的容量有限，以及存在各种不同类型的不确定性，导致在隐私和安全性方面存在一些挑战。安全性是指数据、数据集、不同的相关信息和隐私要得到保护，也就是意味着用户信息或身份要得到保护[11]。为了解决异常检测或正常检测、故障诊断、侵入检测、移动预测等不同类型的问题，已经提出了几项研究工作[12-13]。在机器学习算法的帮助下，大多数离线点检测和预测算法的性能都优于机器学习算法[14-15]。因为机器学习算法有助于减少离群点检测的临界情况，从而优化方法[16-18]。机器学习算法遵循以下一些基本步骤。

(1) 特征选择和输出标签。

(2) 样本采集。

(3) 线下训练。

(4) 线上分类。

本章的基本目标是利用遗传算法（Genetic Algorithm，GA）为 WBAN 设计一种智能交通管理技术。该方法基于遗传算法的 Maxone 技术，通过交叉和变异对网络流量进行建模。

本章的其余部分组织如下：4.2 节提供目前在 WBAN 中使用传感器和自组织网络已完成相关工作的文献综述；4.3 节为提出的新方法；4.4 节说明了所提方法的性能评估，并将其与现有协议进行比较；4.5 节为总结。

4.2 相关工作文献综述

在过去的 10 年中，无线传感器网络和 WBAN 提出了多种路由和流量管理技术。Curry 和 Smith[19] 对路由和流量管理技术进行综述。在综述中，每一篇文献都提出一种智能算法，这些算法直接或间接地使用一些几何技术来有效地提高网络生存期或网络度量。同时还说明不常见的情况及其在网络生存期和网络指标方面的最佳解决方案。

Yan等[20]提出了一种低能量的无线传感器网络节点定位系统。基于粒子群优化技术,该方案的基本目标是在基于光学传感器节点粒子的最小能量消耗,有效地优化传感器节点的动态位置。

Lai等[21]为无线传感器网络设计了一个交通安全协议(Protocol for Traffic Safety,PTS)。基于节能路由协议,通过减少网络冲突来帮助管理流量,集中分析流量并有效地处理。

Srivastava和Sudarshan[22]为无线传感器网络设计了智能交通管理(Intelligent Traffic Management,ITM)系统,为车辆行驶提出了建议,用于处理监控摄像机、有线传感器和感应回路等,这些都是借助无线传感器网络来支持车辆行驶。提出的智能方法有助于减少平均等待时间(Average Waiting Time,AWT),即网络中每个连接点的平均等待时间。此外,它还有助于规范交通管理系统。

Jiménez和García[23]提出了一种在无线传感器网络中避免堵塞的技术,称为交通防堵(Traffic Jams Avoidance,TJA)。其主要目的是管理网络流量,所提出的技术用于交通监控。这是一种节能技术,同时也降低了网络的硬件成本。

Yu等[24]提出了一种用于无线传感器网络的混合定位方法。该方法采用的基本算法是鸡群优化(Chicken Swarm Optimization,CSO)。采用基于轮图的自然优化技术进行深度挖掘,有助于簇的转换,提高传感器节点的定位精度。

Phoemphon等[25]提出了一种用于无线传感器网络定位系统的混合方法。该方法融合了模糊逻辑、机器学习和向量粒子群优化算法,采用混合机构改进传统的质心定位系统,克服了估计精度的限制。

Sun等[26]提出了一种无线传感器网络中的攻击定位系统。该方法的基本目的是允许使用二进制POS机制在网络中分配任务。整个过程基于三个目标函数:①负载平衡系统的最大化;②网络能耗的最小化;③执行时间成本的最小化。优化组合有助于构造接收信号强度的约束并提高网络生存期。

Cao等[27]提出了一种在分布式环境中使用PSO的无线传感器网络部署技术。在该方法中,有两种类型的节点用于传感器和中继节点,以延长生存期并实现覆盖最大化。该方法适用于三维工业无线传感器网络,有助于降低计算成本,并提高网络生存期。

Das和Tripathi[28]提出了一种透明异构自组织网络(Transparent Heterogeneous Ad hoc Network,THANET)的路由技术。这项技术基本上是使用非合作博弈论优化方法来管理网络中几个相互冲突的策略,利用模糊逻辑将刚性目标转化为模糊目标。因此,THANET能够有效地管理动态环境。

第 4 章　基于遗传算法的无线传感器网络智能流量管理技术

Das 等[29]提出了一种多播 Ad hoc 网络的路由协议，以便在距离和能量两个模糊参数的基础上创建从源节点到每个多播集的能量传输有效路径。由于该方法未考虑其他参数，导致其存在一定局限性。因此，Yadav 等[30]扩展了对多约束方法的研究。他们考虑了延迟、带宽和能量三个参数，支持利用模糊成本选择最优路径。这里也出现了一些限制，因为它是一个基于点的隶属函数，无法保存模糊信息。此后，Das 和 Tripathi[31]通过考虑距离、能量、延迟、数据包和跳数等五个参数，提出了一种基于能量感知的路由协议，目标是通过考虑多准则决策和直觉模糊软集来寻找最优路由。但由于它不使用任何优化方法，导致了它的局限性。因此，使用上述技术可能无法优化几个相互矛盾的目标。Das 和 Tripathi[32]又提出了一种基于非线性优化的路由技术，是基于几何规划的，而不是在多项式环境下工作的。它能有效地确定非线性参数，提高网络生存期。Das 和 Tripathi[33]还设计了一种融合算法，用于管理混合自组织网络（Hybrid Ad Hoc Network，HANET）的动态和冲突环境。这种融合基于多种人工智能（Artificial Intelligence，AI）技术，如非线性几何规划、模糊逻辑、多目标优化、期望水平和优化集，基本目标是有效地管理网络的多个非线性冲突目标。因此，在多个过程场景中，网络生命周期以及多个网络度量同时增加。

Zahedi 等[34]提出了一种用于集簇式无线传感器网络的智能路由协议。这是一种基于模糊的路由协议，使用群集智能来管理无线传感器网络的所有簇头节点。在该路由协议中，Mamdani 推理系统用于模糊逻辑的决策。最后，利用萤火虫群算法来延长网络生命周期和平衡集簇。

Shankar 等[35]提出了一种用于无线传感器网络能量效率的混合算法，目的是选择适当的簇头，降低网络能耗。通过和声搜索算法（Harmony Search Algorithm，HAS）和 PSO 的融合来执行。该算法的动态性能更符合网络的拓扑结构，有助于判断活跃节点和死节点，提高吞吐量，减少网络的剩余能量。

Azharuddin 和 Jana[36]提出了一种基于粒子群优化算法的无线传感器网络增强算法。PSO 是一种机器智能技术，用于选择集簇头和集簇成员。该技术有助于管理分布式流量负载，具有网络生存期增强和网络度量增强功能。

Ouchitachen 等[37]提出了一种基于加权聚类算法的无线传感器网络多目标优化技术。该算法采用基于遗传算法的基站管理传感器节点的能量消耗，有助于满足传感器节点的要求，并通过交叉相邻节点来改善发送节点和接收节点之间的通信。

Gholipour[38]提出了一种利用遗传算法和支持向量机融合的无线传感器网络拥塞控制技术。该方法利用遗传算法对支持向量机参数进行调整，并将实际数据与不同相位的电流进行匹配,目的是提高能量效率和吞吐量,减少数据包丢失。

Bhatia 等[39]利用遗传算法为无线传感器网络设计了一种基于 LEACH 协议的距离感知路由协议。该协议代表低能量自适应集簇层次结构,通过降低能耗来延长网络生存期。该协议中,在遗传算法中加入随机概率,以改进信道选择,并在信道和基站之间建立有效的通信。最后,基于不同的度量提高了网络的生存期。

Ray 和 De[40]设计了一种基于群优化的无线传感器网络算法,主要目的是解决能量守恒和覆盖率两个问题。该算法的主要关键词是萤火虫群优化(Glowworm Swarm Optimization,GSO),这也是一种仿生算法。通过将传感器从一个地方移动到另一个地方,它有助于减少冗余覆盖,优化距离遍历,降低传感器节点的能耗。

Taherian 等[41]提出了一种基于 PSO 自然启发算法的无线传感器网络安全优化路由协议。利用一种有效的技术将每个传感器划分为聚类方法,并将其应用于无线传感器网络中高效安全的路由系统的粒子群优化。

Barekatain 等[42]利用 k-均值和遗传算法的融合设计了一种无线传感器网络路由协议。在该路由协议中,簇头从所有集簇成员(简单传感器节点)收集数据,并不时发送到基站,该系统有助于将必要的信息聚合到单个位置。路由协议的主要目的是降低能量消耗,延长网络生存期。

Dhivya 和 Sundarambal[43]提出了一种禁忌群优化(Tabu Swarm Optimization,TSO)技术,用于无线传感器网络中的网络生存期最大化。这是一种基于服务质量(QoS)的路由优化算法,将粒子群优化算法和禁忌搜索算法融合设计,有助于提高无线传感器网络的生存时间,降低能耗。

Das 等[44]提供了无线网络的详细资料。它由几个无线网络框架以及无线传感器网络和自组织网络组成。其中一些工作[45-46]描述了使用非线性计算技术的智能路由技术、模糊文本和战略管理。这两项工作都有助于估计网络的不确定性参数。WBASN 是无线网络的一部分,在实际应用中有诸多优点。它与 Ad hoc 网络以及传感器网络一起工作,以实现用户的目的。不同的应用和用途如文献 [47-50] 所述。尽管该网络有许多优点,但其参数也存在一些限制。

上述文献描述了与所述域和参数有关的几种类型的问题。但大多数文献都是从解决问题的角度来描述问题的,而本章提出的问题说明采用元启发方法的交通管理技术。

4.3 提议的方法

在本节中,将从应用领域及其相关属性方面说明所提出的方法。WBAN 的基础知识及其相关功能和应用已在前面章节中重点介绍。有些概念是为了有效地理解所提出的问题,在图 4.1 中描述了 WBAN 的基本结构,其中协调人员与接收器相连,该协调人员负责处理和管理传感器节点的所有发送和接收信息。此组合图称为接收器控制端(Receiver Controller,RC)。RC 的左侧是一所医院,右侧是一个穿戴传感器节点的人。这些传感器节点负责接收来自人体的不同变化信号并将其发送给 RC。完整的程序在医院进行诊断和治疗。但是这种情况存在一个限制,RC 有时处于睡眠模式,从传感器节点接收信号的时间丢失,如图 4.2 所示。

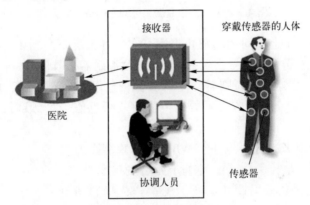

图 4.1 WBAN 的基本架构

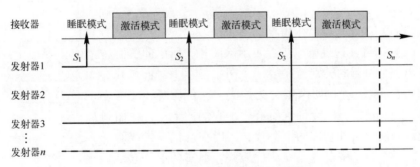

图 4.2 WBAN 中的数据丢失问题

在图 4.2 中,发射机 i 表示不同的传感器节点,其中 $1 \leqslant i \leqslant n$,不同的信号用 S_i 表示。在发射机 1 的数据传输期间,即从发射机 2 S_2 至 S_n 的信号 S_1 等

传输至发射机 n，RC 模式为睡眠模式。这意味着，当 RC 处于激活模式时，发射机 i 仅发送时间数据。但是，在休眠模式下，RC 数据丢失，这一问题导致了医疗诊断中不同类型的故障，图 4.3 克服了这个问题。

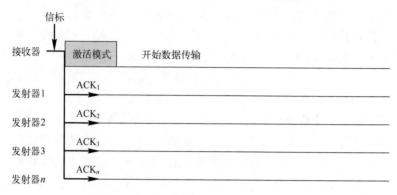

图 4.3　WBAN 中数据丢失问题的解决方案

图 4.3 说明了上述问题的解决方案。在这种情况下，当 $1 \leq i \leq n$ 时，RC 向所有发射机发送信标信号，发射机 i 从接收控制器接收信号。如果任何发射机 i 想要向 RC 发送数据，则需要将 ACK 数据包作为 ACK_i 发送，RC 从发射机 i 接收该特定 ACK_i，此接收指示数据传输的"绿色信号"，最后，发射机 i 开始数据传输。

本章所提出来的方法是基于 WBASN 的智能交通管理技术。其中，遗传算法是一种基于元启发技术[51-53]，也称为仿生算法。根据图 4.4 所示的操作，我们知道 GA 的基本结构。完整结构包括一些步骤，简要说明如下。

（1）初始化：是产生解群的第一步。

（2）筛选：这是第二步，表示从图 4.5 所示的解群中得出一个可行的类别，在第一个图中显示了解群，其中图 4.5 的第二个图将解群分为两类：①优质解和②劣质解。理想情况是只允许优质解增加它们的下一代，而不允许劣质解增加它们的下一代，所以在迭代一代或两代人之后，整个解群都会变成优质解。但实际上，这是不可能的。

（3）交叉：这是第三步，增加代际运算。

（4）突变：这是第四步，用于获得新解的遗传算子。

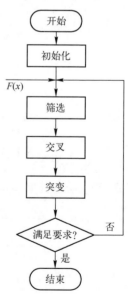

图 4.4　遗传算法的基本结构

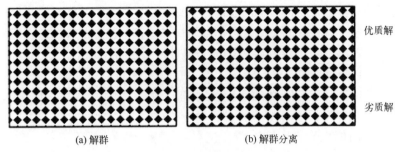

(a) 解群　　　　　　　　　　(b) 解群分离

图 4.5　集群集合示例

上述所有阶段或步骤都是关于适应度函数即 ACK_i 的工作，这是整个问题的主要目标函数。最后，检查愿望解决方案是否满足要求，如果满足，则停止，否则重复筛选、交叉和突变步骤。停止条件由使用的车辆决定，有时，它将迭代次数定义为 4，这意味着在 4 次迭代之后，进程将停止。

图 4.6 以"绿色信号"和"非绿色信号"的形式显示了群体中的染色体，称为睡眠模式。在这个提出的模型中，绿色信号用 1 表示，非绿色信号用 0 表示，群体中的信号称为染色体。在提出的方法中，我们使用 GA 作为一种智能技术，并根据其适应度函数（F(x)）选择 0 和 1，即非绿色和绿色信号，该函数位于图 4.4 中的初始化和筛选步骤之间。每个细胞在 GA 中也称为基因或粒子。

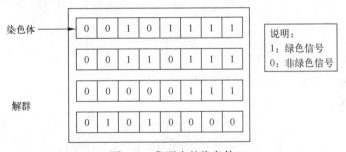

图 4.6　集群中的染色体

借助图 4.7 所示的适应度函数选择两条好的染色体。

在选择染色体后，先后进行两次操作，即交叉和突变。这里，交叉意味着混合选择的染色体和进行的染色体交换。交叉后的额外染色体如图 4.8 所示。

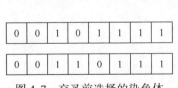　　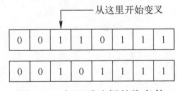

图 4.7　交叉前选择的染色体　　　图 4.8　交叉后选择的染色体

突变是一种用于获得新解的遗传算子。就染色体而言，意味着已经选择了绿色的好信号，现在我们想给绿色信号增加一些额外的好质量，这在信号中是不可用的。因此，添加这种额外的质量被称为变异。它只是颠倒了特定基因的位置，通过应用突变操作，染色体的适应度得到了增强。图 4.9 显示了突变运算，其中变化发生在第四位之后，即第五位，仅在 0 和 1 之间交换，并且在交叉位变异后成为新种群。

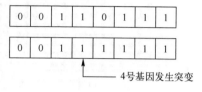

图 4.9 突变运算

基于上述交叉和变异操作，改变了遗传算法的基本操作结构，如图 4.10 所示。在图 4.10 中，变异后添加了"评估"和"生成"两个步骤，表明变异后再次计算更新染色体的适应度，并生成新群体。这一过程不断重复，并检查每一代群体的结果如何得到改善。

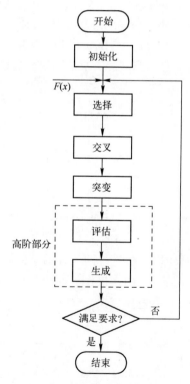

图 4.10 遗传算法的扩展结构

第 4 章　基于遗传算法的无线传感器网络智能流量管理技术

建议方法的 Maxone 技术是一种基于遗传算法的技术,用于最大化所需输出,即绿色信号而不是非绿色信号。在该方法中,信号总数为 50 个,分为 5 个时隙,每个时隙由 10 个信号组成。图 4.11 中 S_i 表示时隙,其中 $i\in 1\sim5$。

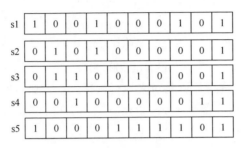

图 4.11　所提出方法的信号总体

图 4.11 显示了信号总体的初始化,然后通过计算每个染色体中所需输出的数量来计算每个染色体的适合度,即

$$f(s1)=4, f(s2)=3, f(s3)=4, f(s4)=3, f(s5)=6$$

所以,总的适应度为 4+3+4+3+6=20。

现在,通过轮盘赌方法选择染色体。轮盘赌轮是按圆形设计的,我们知道圆的总角度是 360°。这里,总适应度 20 等于 360°,所以最大值是 s5,s5 的总百分比是 (6/20)×100%=30%,这样 s1~s4 是 20%、15%、20% 和 15%,轮盘赌轮如图 4.12 所示。

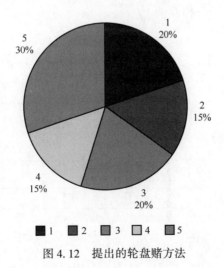

图 4.12　提出的轮盘赌方法

根据适应度函数，通过轮盘赌按降序排列所有染色体，并指定新名称，以便更好地理解：

s1' = 1000111101
s2' = 1001000101
s3' = 0110010001
s4' = 0101000001
s5' = 0010000011

现在，通过随机选择任意两对来执行选择过程，在该模型中，所选对为第 1 部分（s1-s2）和第 2 部分（s4-s5），并在构件之间执行交叉（即 s1 与 s2 和 s4 与 s5）。

第一部分：

第二部分：

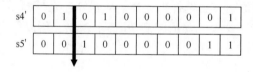

现在，交叉后的修改种群如下。

修改后的第一部分：

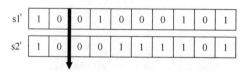

修改后的第二部分：

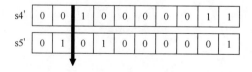

修改后的总体如下所示：

s1'' = 1001000101
s2'' = 1000111101

s3'' = 0110010001
s4'' = 0010000011
s5'' = 0101000001

现在，为了进一步改进，我们将 s2'和 s3'之间的交叉作为第三部分，s1'和 s5'之间的交叉作为第四部分，如下所示。

第三部分：

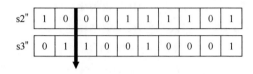

第四部分：

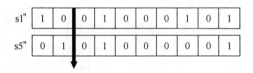

现在，交叉后的修改种群如下。

修改后的第三部分：

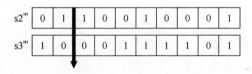

修改后的第四部分：

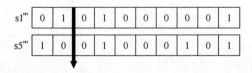

修改后的总体如下所示：

s1''' = 0101000001
s2''' = 0110010001
s3''' = 1000111101
s4''' = 0010000011
s5''' = 1001000101

现在，对划线为给定总体的特定位应用突变：

s1''' = 0101000001
s2''' = 0110010001
s3''' = 1000111101
s4''' = 0010000011
s5''' = 1001000101

同样，修改后的总体如下所示：
s1'''' = 0101100101
s2'''' = 0110010001
s3'''' = 1000111101
s4'''' = 0010101011
s5'''' = 1001010101

现在，再次计算每个插槽的适合度值：
s1'''' = 0101100101 = 5
s2'''' = 0110010001 = 4
s3'''' = 1000111101 = 6
s4'''' = 0010101011 = 5
s5'''' = 1001010101 = 5

总适应值为 5+4+6+5+5=25。

以前的适应度值为 20，新的适应度值为 25，它的平均值 1 增加。因此，绿色信号的数量也在增加，这是问题的主要目标。这个过程不断重复，直到我们得到所需的输出，或是管理员控制器定义的所需输出。

4.4 性能评估

这里所提出的方法是一个短距通信，用于理论比较，而不是模拟。它与一些现有方法（如 ITM[22]、TJA[23] 和 PTS[21]）进行了比较，如表 4.1 所列。提出的方法以及三种现有方法都基于路由环路避免和源启动，但所有这些方法都不是基于接收器启动的。该方法基于遗传算法，是一种元启发技术。该技术支持多目标，在"噪声"环境下具有良好的优化性能。因此，基于不同的特征，本章提出的方法比现有的方法要好得多。现有方法 ITM[22] 基于网络每个功能点使用的平均到达时间，被用来调节网络流量。不同的网络参数，如 QoS、网络生存期、延迟分组交付率、通信开销、吞吐量、分组丢失、可扩展性、带宽、健壮性，以及处理高移动性、流量负载、相互干扰比 TJA[23] 和 PTS[21] 等其他两种现有的方法更好，但不如所提出的方法好。现有的 TJA 方法基于交通避免和能源效率,它用于网络监视,这不如提出的方法和 ITM 好。现有方法 PTS 是一种仅处理通信量的节能路由协议,它的性能比现有的其他方法以及所提出的方法都要差。

表4.1 该方法与现有方法的特征比较

特 征	提议的方法	ITM[22]	TJA[23]	PTS[21]
路由环路避免	是	是	是	是
信源初始化	是	是	是	是
接收器初始化	否	否	否	否
QoS 支持	甚高	高	中等	低
剩余能量	甚高	高	中等	低
网络生存期	甚高	高	中等	低
延迟	低	中等	高	甚高
分组传送率	甚高	高	中等	低
通信开销	低	中等	高	甚高
吞吐量	甚高	高	中等	低
数据包丢失	低	中等	高	甚高
可扩展性	甚高	高	中等	低
带宽	甚高	高	中等	低
稳健性	甚高	高	中等	低
连接状态	甚高	高	中等	低
处理高机动性	甚高	高	中等	低
处理交通负荷	甚高	高	中等	低
处理相互干扰	甚高	高	中等	低

4.5 小 结

本章借助 Maxone 技术,提出了一种基于遗传算法的流量管理技术。该方法用于实现网络绿色信号的最大化,网络非绿色信号的最小化。该算法通过交叉、变异等步骤有效地提高了网络参数。最后结果表明,所提出的方法在若干特性方面优于现有的三种方法。

参 考 文 献

[1] Negra R, Jemili I, Belghith A (2016) Wireless body area networks: applications and technologies. Procedia Comput Sci 83:1274–1281.
[2] Masdari M, Ahmadzadeh S, Bidaki M (2017) Key management in wireless body area network: challenges and issues. J Netw Comput Appl 91:36–51.
[3] Panda SK, Naik S (2018) An efficient data replication algorithm for distributed systems. Int J Cloud Appl Comput (IJCAC) 8(3):60–77.
[4] Jain PK, Quamer W, Pamula R (2018, April). Electricity consumption forecasting using time series analysis. In: International conference on advances in computing and data sciences. Springer, Singapore, pp 327–335.
[5] Karati A, Biswas GP (2019) Provably secure and authenticated data sharing protocol for IoT based crowdsensing network. Trans Emerg Telecommun Technol 30(4), e3315:1–22.
[6] Karati A, Islam SH, Karuppiah M (2018) Provably secure and lightweight certificate less signature scheme for IIoT environments. IEEE Trans Industr Inf 14(8):3701–3711.
[7] Panda SK, Jana PK (2019) An energy-efficient task scheduling algorithm for heterogeneous cloud computing systems. Cluster Comput 22(2):509–527.
[8] Panda SK, Jana PK (2018) Normalization-based task scheduling algorithms for heterogeneous multi-cloud environment. Inf Syst Frontiers 20(2):373–399.
[9] Panda SK, Pande SK, Das S (2018) Task partitioning scheduling algorithms for heterogeneous multi-cloud environment. Arab J Sci Eng 43(2):913–933.
[10] Karati A, Amin R, Islam SH et al (2018) Provably secure and lightweight identity-based authenticated data sharing protocol for cyber-physical cloud environment. IEEE Trans Cloud Comput 1–14.
[11] Karati A, Islam SH, Biswas GP (2018) A pairing-free and provably secure certificate less signature scheme. Inf Sci 450:378–391.
[12] Jain PK, Pamula R (2019) Two-step anomaly detection approach using clustering algorithm. international conference on advanced computing networking and informatics. Springer, Singapore, pp 513–520.
[13] Mishra G, Agarwal S, Jain PK, Pamula R (2019) outlier detection using subset formation of clustering based method. International conference on advanced computing networking and informatics. Springer, Singapore, pp 521–528.
[14] Kumari P, Jain PK, Pamula R (2018, March) An efficient use of ensemble methods to predict students academic performance. In: 2018 4th international conference on recent advances in information technology (RAIT), IEEE, pp 1–6.
[15] Punam K, Pamula R, Jain PK (2018, September) A two-level statistical model for big mart sales prediction. In: 2018 international conference on computing, power and communication technologies (GUCON), IEEE, pp 617–620.
[16] Das SP, Padhy S (2018) A novel hybrid model using teaching–learning-based optimization and a support vector machine for commodity futures index forecasting. Int J Mach Learn Cybernet 9(1):97–111.
[17] Das SP, Padhy S (2017) Unsupervised extreme learning machine and support vector regression hybrid model for predicting energy commodity futures index. Memetic Comput 9(4):333–346.
[18] Das SP, Padhy S (2017) A new hybrid parametric and machine learning model with homogeneity hint for European-style index option pricing. Neural Comput Appl 28(12):4061–4077.
[19] Curry RM, Smith JC (2016) A survey of optimization algorithms for wireless sensor network lifetime maximization. Comput Ind Eng 101:145–166.

[20] Yan Z, Goswami P, Mukherjee A, Yang L, Routray S, Palai G (2019) Low-energy PSO-based node positioning in optical wireless sensor networks. Optik 181:378–382.
[21] Lai Y, Zheng Y, Cao J (2007, June) Protocols for traffic safety using wireless sensor network. In: International conference on algorithms and architectures for parallel processing. Springer, Berlin, Heidelberg, pp 37–48.
[22] Srivastava JR, Sudarshan TSB (2013, May) Intelligent traffic management with wireless sensor networks. In: 2013 ACS international conference on computer systems and applications (AICCSA), IEEE, pp 1–4.
[23] Gil Jiménez VP, Fernández-Getino García MJ (2015) Simple design of wireless sensor networks for traffic jams avoidance. J Sens 2015:1–7.
[24] Yu X, Zhou L, Li X (2019) A novel hybrid localization scheme for deep mine based on wheel graph and chicken swarm optimization. Comput Netw 154:73–78.
[25] Phoemphon S, So-In C, Niyato DT (2018) A hybrid model using fuzzy logic and an extreme learning machine with vector particle swarm optimization for wireless sensor network localization. Appl Soft Comput 65:101–120.
[26] Sun Z, Liu Y, Tao L (2018) Attack localization task allocation in wireless sensor networks based on multi-objective binary particle swarm optimization. J Netw Comput Appl 112:29–40.
[27] Cao B, Zhao J, Lv Z, Liu X, Kang X, Yang S (2018) Deployment optimization for 3D industrial wireless sensor networks based on particle swarm optimizers with distributed parallelism. J Netw Comput Appl 103:225–238.
[28] Das SK, Tripathi S (2018) Adaptive and intelligent energy efficient routing for transparent heterogeneous ad-hoc network by fusion of game theory and linear programming. Appl Intell 48(7):1825–1845.
[29] Das SK, Yadav AK, Tripathi S (2017) IE2M: Design of intellectual energy efficient multicast routing protocol for ad-hoc network. Peer-to-Peer Netw Appl 10(3):670–687. https://doi.org/10.1007/s12083-016-0532-6.
[30] Yadav AK, Das SK, Tripathi S (2017) EFMMRP: design of efficient fuzzy based multi-constraint multicast routing protocol for wireless ad-hoc network. Comput Netw 118:15–23.
[31] Das SK, Tripathi S (2018) Intelligent energy-aware efficient routing for MANET. Wireless networks, Springer, https://doi.org/10.1007/s11276-016-1388-7, May 2018, vol 24, no 4, pp 1139–1159.
[32] Das SK, Tripathi S (2019) Energy efficient routing formation algorithm for hybrid ad-hoc network: a geometric programming approach. Peer-to-Peer Netw Appl 12(1):102–128.
[33] Das SK, Tripathi S (2017) Energy efficient routing formation technique for hybrid ad hoc network using fusion of artificial intelligence techniques. Int Journal Commun Syst 30(16), e3340:1–16.
[34] Zahedi ZM, Akbari R, Shokouhifar M, Safaei F, Jalali A (2016) Swarm intelligence based fuzzy routing protocol for clustered wireless sensor networks. Expert Syst Appl 55:313–328.
[35] Shankar T, Shanmugavel S, Rajesh A (2016) Hybrid HSA and PSO algorithm for energy efficient cluster head selection in wireless sensor networks. Swarm Evol Comput 30:1–10.
[36] Azharuddin M, Jana PK (2016) Particle swarm optimization for maximizing lifetime of wireless sensor networks. Comput Electr Eng 51:26–42.
[37] Ouchitachen H, Hair A, Idrissi N (2017) Improved multi-objective weighted clustering algorithm in Wireless Sensor Network. Egypt Inf J 18(1):45–54.
[38] Gholipour M, Haghighat AT, Meybodi MR (2017) Hop-by-hop congestion avoidance in wireless sensor networks based on genetic support vector machine. Neurocomputing 223:63–76.
[39] Bhatia T, Kansal S, Goel S, Verma AK (2016) A genetic algorithm based distance-aware routing protocol for wireless sensor networks. Comput Electr Eng 56:441–455.

[40] Ray A, De D (2016) An energy efficient sensor movement approach using multi-parameter reverse glowworm swarm optimization algorithm in mobile wireless sensor network. Simul Model Pract Theory 62:117–136.

[41] Taherian M, Karimi H, Kashkooli AM, Esfahanimehr A, Jafta T, Jafarabad M (2015) The design of an optimal and secure routing model in wireless sensor networks by using PSO algorithm. Procedia Comput Sci 73:468–473.

[42] Barekatain B, Dehghani S, Pourzaferani M (2015) An energy-aware routing protocol for wireless sensor networks based on new combination of genetic algorithm & k-means. Procedia Comput Sci 72:552–560.

[43] Dhivya M, Sundarambal M (2012) Lifetime maximization in wireless sensor networks using tabu swarm optimization. Procedia Eng 38:511–516.

[44] Santosh Kumar D, Sourav S, Nilanjan D et al Design frameworks for wireless networks. Lecture Notes in Networks and Systems, Springer, ISBN: 978-981-13-9573-4, pp 1–439.

[45] Samantra A, Panda A, Das SK et al (2020) Fuzzy petri nets-based intelligent routing protocol for ad hoc network. In: Design frameworks for wireless networks. Springer, Singapore, pp 417–433.

[46] Santosh Kumar D, Tripathi S (2020) A nonlinear strategy management approach in software-defined ad hoc network. Design frameworks for wireless networks. Springer, Singapore, pp 321–346.

[47] Fong S, Li J, Song W, Tian Y, Wong RK, Dey N (2018) Predicting unusual energy consumption events from smart home sensor network by data stream mining with misclassified recall. J Ambient Intell Humaniz Comput 9(4):1197–1221.

[48] Mukherjee A, Dey N, Kausar N et al (2019) A disaster management specific mobility model for flying ad-hoc network. In: Emergency and disaster management: concepts, methodologies, tools, and applications, IGI Global, pp 279–311.

[49] Das SK, Tripathi S, Burnwal AP (2015, February) Fuzzy based energy efficient multicast routing for ad-hoc network. In: Proceedings of the 2015 third international conference on computer, communication, control and information technology (C3IT), IEEE, pp 1–5.

[50] Das SK, Tripathi S (2015) Energy efficient routing protocol for manet based on vague set measurement technique. Procedia Comput Sci 58:348–355.

[51] Dey N, Ashour AS, Bhattacharyya S (2019). Applied nature-inspired computing: algorithms and case studies, pp 1–275, ISBN 978-981-13-9263-4.

[52] Dey N, Ashour A, Beagum S, Pistola D, Gospodinov M, Gospodinova E, Tavares J (2015) Parameter optimization for local polynomial approximation based intersection confidence interval filter using genetic algorithm: an application for brain MRI image de-noising. J Imaging 1(1):60–84.

[53] Chatterjee S, Sarkar S, Hore S, Dey N, Ashour AS, Shi F, Le DN (2017) Structural failure classification for reinforced concrete buildings using trained neural network based multi-objective genetic algorithm. Struct Eng Mech 63(4):429–438.

第5章 基于深度学习技术构造神经网络的无线传感器网络故障诊断

米纳克什·潘达①，巴巴尼·桑卡尔·古达②，
特里洛坎·帕尼格拉希③

5.1 引　言

无线传感器网络（Wireless Sensor Network，WSN）由具有计算、处理和无线通信能力的小型、低成本、低功耗传感器节点组成，并因其易于在任何环境中部署和广泛的远程传感应用而广受欢迎，这些应用始于国防、陆地和地下水应用实践[1-2]。而现在，基于无线传感器网络的应用程序也在健康护理、医疗、工业和家庭自动化等领域得到广泛应用[3-4]。文献［5］中提供了最新的无线传感器网络设计框架，主要配备一个或多个传感器（如机械、热、生物、化学、光学和磁性传感器，基于传感器节点部署的应用区域）、大功率处理器、存储器、电池、无线收/发单元和执行器的传感器节点。每个模块执行不同的任务。无线传感器网络在电池能量有限的情况下运行，由于工业科学和医学（Industrial Scientific and Medical，ISM）频段的信道有限，而且每个传感器节点中的存储空间有限。因此，通信距离较短以节省电力，而且带宽有限[6]。

当传感器节点部署在无人值守和极端环境中时，通过采用遗传算法、群优化和布谷鸟搜索等优化算法，可以改善传感器网络的覆盖范围[7]。传感器节点应该是自主操作的、稳定的，并且能够适应环境的变化。但由于内部（传感器节点内部电路问题、电池耗尽或恶意篡改等）或外部（环境退化）原因，

---

① 米纳克什·潘达：果阿国家理工学院，印度果阿邦法马古迪；E-mail：meenakshi.nitrkl@gmail.com。
② 巴巴尼·桑卡尔·古达：果阿国家理工学院，印度果阿邦法马古迪；E-mail：tpanigrahi80@gmail.com。
③ 特里洛坎·帕尼格拉希：国家科学技术学院，印度奥里萨邦贝汉布尔；E-mail：bhabani012@gmail.com。

传感器总是容易出现故障。事实上，老化是传感器节点在运行期间必然出现的另一个问题[8]。

当收/发单元出现故障或电池电量耗尽时，传感器节点无法通信，将这种故障称为硬故障[9-10]。有时，传感器节点的行为表现是随机的，从而产生可疑的读数，这种故障称为软故障。但在实时情况下，传感器节点也可能会在不同的时刻随机生成故障和无故障读数[11-12]。传感器节点中的这种间歇性行为是由于蓄电池触点松动、IC过热、来自传感器和环境的脉冲噪声造成的。文献［13］中描述了不同类型的故障和故障诊断算法。

在文献中，统计方法用于发现无线传感器网络中的软故障或数据故障[14]。通过计算传感器节点在指定时间段内产生故障测量的瞬间次数，诊断传感器节点的间歇性故障[15]。在文献［16］中，作者阐述了如何使用稳健统计方法以最少的重复次数检测传感器节点间歇性故障的方法。分布式方法也用于实现这一点，但该方法的缺点是每次使用统计方法对传感器进行诊断时，需要消耗更多的计算时间和延迟。算法的准确性取决于每次检测故障所用的方法，以及诊断故障的次数。在实践中，许多作者使用试凑法来决定要进行多少次故障诊断。

在无线传感器网络中，使用统计方法检测间歇性故障的算法存在一些不足。首先，这些算法遵循重复测试来查找间歇性故障，但并不清楚检测要重复多少次，而且统计方法中阈值的选取也存在一定的模糊性。为了克服这些问题，在文献［17, 18］中使用了软计算[15]和机器学习方法来检测无线传感器网络的间歇性故障。但使用传感器的数据作为神经网络的输入来检测间歇性故障，又增加了神经网络的规模，导致提高了网络的计算复杂度和延迟。在本章提出的方法中，从传感器节点的测量数据中提取特征值，并作为神经网络的输入，减少了网络的规模，可用于传感器节点的自我故障诊断。此外，深度学习方法已用于训练神经网络以提高性能。

最后，本章组织结构如下。5.2节梳理了使用各种机器学习方法诊断传感器节点所做工作的文献综述；5.3节开发了用于间歇性故障诊断算法的系统和数据模型；5.4节描述了问题的表述；5.5节介绍了特征选取；5.6节给出了基于深度学习算法的神经网络传感器节点间歇性故障检测方法；5.7节讨论了不同参数下各种神经网络算法的性能；5.8节为小结。

5.2　相关工作文献综述

当传感器节点出现故障时，如果传感器节点死亡，则无法与无线网络中的其他成员通信。有时，故障节点可能仍然能够工作，但产生不正确的数据，而且可能在正常状态和故障状态之间不稳定跳跃，这通常称为间歇性故障。为了提高数据质量和延长无线传感器网络的生存期，许多研究工作都集中在故障诊断上。故障诊断算法分为集中式方法、分布式方法和混合式方法。文献［13］中提供了有关故障诊断的详细调查。

本节首先简要介绍基于统计检验的间歇性故障诊断方法，然后介绍无线传感器网络故障诊断的软计算和神经网络方法。

5.2.1　基于统计检验的间歇故障诊断

早期，有多种系统故障诊断方法或软件故障诊断方法。类似的算法也可扩展到无线传感器网络中传感器节点的故障诊断。文献［19］中提出了故障模式为间歇性的概念，用于检测数字电路中的故障。在文献［11］中，介绍了一种诊断程序，该程序将在离散事件系统中重复[20]。文献［21］中提出了一种在离散事件系统模式下对间歇性故障及其重置进行建模的方法。然而，由于传感器受到资源约束，这些方法主要用于系统或软件故障的诊断，可能不适用于诊断无线传感器网络中的节点。

在文献［22］中讨论并比较了诊断间歇性故障处理器模型。文献［23］中提出了一种基于阈值和计数的间歇性故障诊断算法，其中明确区分了瞬时故障处理器和间歇性故障处理器。文献［24］给出了基于传感器节点剩余能量的概率故障诊断方法。每个传感器节点交换与其剩余能量相关的消息。该方法没有选择检测故障所需的最小测试次数，但这对于间歇性故障诊断至关重要。Choi等[25]提出了一种自适应故障检测算法，用于识别静态网络上的瞬态和间歇性故障传感器[26]。文献［27］中提出了时间冗余方法，并假设每个节点至少有三个相邻节点。对于强稀疏传感器网络，这种要求可能并不总是可以保证的。然后，将软计算方法应用于间歇故障诊断算法中。

目前，扩展的移动 Ad hoc 网络架构被增强为智能手机和开源无人机（Unmanned Aerial Vehicle，UAV）技术。文献［28］中讨论了飞行自组织网络基础设施的灾难感知移动建模，其中无人机组被视为节点。分析了无人机节点姿态、卫星几何稀释精度、全球定位系统（Global Positioning System，GPS）能见度和真实大气等参数对机动性模型的影响。

5.2.2　故障诊断的软计算和神经网络方法

使用机器学习是检测无线传感器网络中故障传感器节点最方便的方法之一。文献［29］中使用了支持向量机（Support Vector Machine，SVM）分类方法。支持向量机用于定义基于统计学习理论的决策函数。缺点是决策功能是在簇头执行的，用于检测无线传感器网络中的故障传感器节点。在文献［30］中，作者将基于支持向量机的故障检测算法扩展到分布式场景，但这些方法并不适用于检测无线传感器网络中间歇性故障的传感器节点。

最典型的进化方法或启发式方法，如神经网络[31-32]、感知神经网络[33]、多目标粒子群优化[15]、遗传算法[34]、反向传播神经网络[35]、支持向量机[36]等，都被应用于无线传感器网络的故障诊断。

采用粒子群优化算法对传感器网络中的间歇性故障进行诊断，并寻找最佳参数。多目标粒子群优化（Multi－Objective Particle Swarm Optimization，MOPSO）算法用于选择间歇性故障检测的参数[15]。如果每个传感器节点都运行 MOPSO 算法，则进化算法的计算效率低，并且也不适用于动态传感器网络。文献［18］提出了一种基于聚类的间歇故障诊断方法，该方法适用于稀疏和密集传感器网络。

基于回归学习的容错技术用于识别硬故障、软故障、间歇故障和瞬时故障[17]。为了识别硬故障，采用了基于邻域协调的超时概念。首先，采用邻域多数投票法检测永久性软故障、间歇性故障和瞬态故障；然后，使用回归学习方法计算故障传感器在网络中存在的次数，这种方法既不是自诊断，也不是分布式的。

现有方法的主要缺点是，当测试节点和被测试节点都出现故障时，使用比较模型难以进行最佳阈值选择和更准确地诊断系统。为了克服这种情况，本章建立了一种稳健的基于统计的自间歇性故障诊断协议。该方法能够生成用于测试传感器节点的最佳阈值，从而提高检测精度。

文献［32］提出了一种基于神经网络的多处理器系统故障诊断方法。这是一种集中式的方法，只考虑两个隐藏的层，隐层的激活函数为 Sigmoid 函数。高斯权重用于将输入单元连接到第二层单元，第二层单元用于内部分类输入，第三层单元用于内部分类输出，并通过实施监督学习建立输出单元与输出单元之间的关联。

Elhadef 等[33]提出了一种基于感知器的神经网络故障诊断方法。在该方法中，使用非对称比较模型为神经网络提供输入。与文献［33］相比，这种方法的缺点是检测故障节点的精度较低[31]。

Ji 等[37]利用多传感器在空间或时间上的冗余或互补信息来检测和隔离无线传感器网络中的故障传感器节点。作者提出了检测和隔离多重故障的卷轴层结构。第一层是一个状态识别网络，它由一些模块化的径向基函数神经网络（Radial Basis Function Neural Network，RBFNN）组成。传感器状态的置信分配

第5章 基于深度学习技术构造神经网络的无线传感器网络故障诊断

由两个输入和一个输出的 RBFNN 获得。这两个输入是传感器 v_i 和 v_j 提供的数据。输出为 $m_{ij}(\{OK_i, OK_j\})$。这里，$m_{ij}(OK)$ 表示 v_i 和 v_j 均无故障。每个训练好的 RBFNN 用作一个模型，第二层是不同识别框架的合并。通过细化操作，这些识别框架被合并到一个公共识别框架中。第三层是证据融合和状态决策。

Jabbari 等[38]提出了基于人工神经网络（Artificial Neural Network，ANN）的故障检测和隔离技术。该方法包括两个阶段，即残差生成和残差验证阶段，分别考虑两种独立的 ANN 算法。该方法将测量数据与网络预测进行比较，并生成故障残差，对所有残差进行了评估和分析，残差是用作故障检测器的信号。通常，在无故障情况下，残差视为零（或在过程受到噪声影响且模型不确定的实际情况下很小），且在故障发生时，残差显著偏离零。对于生成残差，它考虑了广义回归神经网络结构数据近似。在此阶段，通过将测量数据与网络预测进行比较，生成测量残差。在第二阶段，它使用概率神经网络（Probabilistic Neural Network，PNN）分析可能的故障/失效条件和故障/失效类别。

Moustapha 和 Selmic[39]介绍了一种用于传感器节点识别和故障检测的神经网络建模方法。循环神经网络（Recurrent Neural Network，RRN）能够捕获非线性系统的动态特性，并对其建模。在该方法中，RRN 用于建模传感器节点、节点的动力学以及与其他传感器节点的互连。RRN 节点具有自己的动态特点，节点之间具有类似于无线传感器网络的互连权重，并且每个传感器节点具有自己的动态。动态 RRN 由一组动态节点组成，这些节点为自己的输入提供内部反馈，用于模拟传感器网络。该方法假设每个传感器节点有一个传感器，其中传感器节点被视为具有类似内存功能的小型动态系统。引入的 Adhoc RRN 类似于传感器节点 v_i 和 v_j 之间具有置信因子（$0<CF_{ij}<1$）的无线传感器网络系统。置信因子取决于节点之间通信链路中的信号强度和数据质量。整个建模过程分为两个阶段，分别是学习阶段和生产阶段。在学习阶段，神经网络根据健康状况和 N 个故障模型调整其权重。生产阶段将传感器节点的电流输出与神经网络的输出进行比较。这两个信号之间的差异是检测传感器健康状态的基础。Barron 等[40]使用 TinyOS 操作系统在 Moteiv 的 Tmote Sky 平台上实现这种方法。

Swain 等提出了一种基于概率神经网络的异构故障诊断算法[18]，可以诊断无线传感器网络中存在的硬、软、间歇、瞬时故障节点。采用方差分析法识别软故障、间歇性故障和瞬态故障，并采用基于邻域协调的超时状态寄存器机制来识别硬故障节点。在发现不同的故障节点后，基于前馈概率神经网络对其进行分类。一种基于模糊推理的调查方案，使用核化特征空间诊断 WSN 中提出的间歇性、瞬态和永久性软故障节点[41]。

另外,许多研究者提出了基于神经网络的无线传感器网络间歇性故障诊断方法。大多数作者都使用特定数量的传感器数据作为神经网络的输入数据向量。但是,这种方法会使网络的规模更大,需要更多的内存和计算时间。在本章中:首先从传感器的输入数据中导出统计特征向量;然后用作神经网络的输入向量,该过程提高了诊断方法的性能,并减小了网络的大小。

5.3 系统模型

本节介绍无线传感器网络模型和间歇性故障模型。在网络模型中,描述了无线传感器网络的拓扑结构和传感器之间的通信方式。在故障模型中,给出了各种故障传感器节点的行为。

5.3.1 条件假设

以下假设用于无线传感器网络的开发,主要包括[14]以下几种。
(1) 传感器节点本质上是均匀的,具有均匀的能量。
(2) 在无线传感器网络中,传感器节点能够发送和接收感测数据。
(3) 如果传感器节点无法与邻近节点通信,则判定为硬故障。
(4) 网络是静态的,即传感器节点的位置和网络拓扑在故障检测期间是不变的。
(5) 通信链路中的错误由 MAC 层负责。
(6) 传感器通过 UDP/IP 通信协议进行通信。

5.3.2 无线传感器网络模型

让我们考虑 N 个传感器节点随机部署在一个边长为 R 的正方形地形中。在网络中,每个传感器节点 s_i,($i=1,2,3,\cdots,N$),具有已知的唯一标识符和位置 $P_i(xc_i,yc_i)$,式中,$0 \leq xc_i \leq R$,$0 \leq yc_i \leq R$。在传感器网络中,s_i 和邻近节点进行交互,并在其基本传输模式中使用一对多广播原语。设 T_r 为 s_i 的传输范围,并假设所有传感器的传输范围相同。假定传感器节点在第 n 个时刻位于 s_i 的 T_r 内,并已连接。传感器网络通常被视为图 $G(S,C)$,其中 S 表示一组传感器,C 表示传感器之间的通信链路。

无线传感器网络中的所有节点都通过无线链路连接。在同步无线传感器网络中,每个传感器在限定的时间段内发送和接收来自邻近节点的消息,用于传感器节点数据通信的 MAC 层协议为 IEEE 802.15.4。传感器节点通过多跳通信将数据发送到基站，这种通信可以通过邻近节点实现。节点可以使用文献［42］中集成的多播路由协议与邻近节点通信。事实上，路由是无线传感器网络中的一项重要任务。由于当前的需求，一般将有线网络和无线网络结合在一起以满足客户的基本需求。在这种混合网络中，文献［43-44］提出了一种基于几何和线性规划方法的路由协议。移动自组网（Mobile Ad-hoc Networks, MANET）中的节能路由是一项具有挑战性的任务。这是由于移动自组网的动态性和移动节点的电池容量有限造成的。文献［45］提出了一种能量感知的 MANET 高效路由协议。文献［46］中提出了基于人工智能的路由。这些路由算法能够适应系统中的变化。

5.3.3 故障模型

当传感器节点通过多跳通信将其感测数据发送到中央处理器时，可能由于链路故障而发生错误。根据假设无线传感器网络中的链路是无故障的，错误由底层传感器网络的 MAC 层负责。但由于各种原因，传感器节点也容易发生故障。事实上，无故障传感器的测量数据也包含噪声，但始终在可接受的范围内。当传感器节点出现故障时，如果错误超出可接受的范围，它会给出随机值。作为一个示例，故障模型如图 5.1 所示，其中部署了 50 个传感器，其中 15 个（传感器节点总数的 30%）传感器节点被设定为故障。设 p 为传感器间歇性故障的概率。受故障影响的随机选择传感器节点集（故障传感器节点的编号为 p_N）表示为 S_F，集合 S_F 包含硬故障传感器节点和软故障传感器节点。

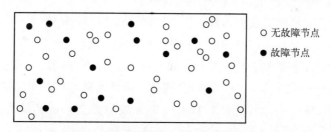

图 5.1 具有无故障和故障传感器节点的无线传感器网络
(在网络中总共 50 个传感器节点中，有 15 个传感器节点出现故障)

每个传感器节点 s_i 在一段时间内观察结果，这些结果满足以下假设。

（1）传感器节点在每个瞬时时间的测量数据有两种可能结果：无故障或故障。

（2）测量数据是暂时和空间独立的，即传感器节点在一个时刻的结果与另一个时刻的结果完全不相关，每个传感器节点的数据也彼此独立。

(3) 定义 $\alpha \in [0,1]$ 是传感器节点的间歇性故障概率。可以描述为：在每个时刻无法提供实际数据的概率为 α，传感器节点能够提供具有可接受噪声的数据的概率为 $1-\alpha$。

最初，假设网络中的传感器无故障，并假设根据其故障状态进行诊断。网络中的每个传感器在其工作过程中都会出现间歇性故障。设 p 为传感器间歇性故障的故障概率，且每个传感器的故障概率相同。

5.3.4 传感器数据建模

传感器数据建模是故障诊断的一项重要任务。传感器节点测量的数据通常是错误的或有噪声的。错误通常是由于硬件和数据通信中的问题而发生的[47]。在恶劣环境条件下以及电池电量不足时，这种情况会变得严重。假设数据在理想信道上传输[48]，即在信道中不会发生错误。在参数估计[8]、事件边界检测[49-50]和大多数故障检测算法等应用中，传感器观测被建模为具有真实值的加性噪声。

传感器节点 s_k 在时刻 n 的测量结果 $x_k(n)$ 是测量的物理参数（如光强度、温度、湿度等）的实际值 A 和随机误差 $v_k(n)$ 的总和[47]。因此，在不丧失通用性的情况下，传感器节点观测的最简单数据模型为

$$x_k(n) = A + v_k(n), \quad n=1,2,\cdots,K, \quad K=\frac{T}{\Delta T}, \quad k=1,2,\cdots,N \quad (5.1)$$

式中：$v_k(n)$ 为各传感器节点处的误差数据。

误差数据中的随机误差不同，方差不同，但均值相同[50-51]。

传感器节点在总持续时间 T 内以规则间隔 ΔT 累积观测数据。假设错误数据在时间和空间上是独立的，并且在每个节点上具有相同的分布函数。因此，观测值 $x_i(1)$，$x_i(2)$，$\cdots$，$x_i(k)$ 与公共分布函数是独立的，可以说 $x_i(n)$ 是独立且相同分布的。表示性能良好数据（即无故障数据）的传统方法是假设 F 为正态分布，平均值为 A，方差为 σ^2，这意味着 $F=N(A,\sigma_i^2)$ [14]。

事实上，无论传感器有故障还是无故障，测量始终是存在误差的。但与故障传感器节点相比，无故障传感器节点的测量误差差异非常小（接近 10000 倍）[50]。但是，当传感器节点发生间歇性故障时，情况完全不同。而间歇性故障传感器节点在一段时间内提供任意数据，在另一段时间内表现良好。设 α 为传感器节点的间歇性故障概率，N 为测量的观测次数，则间歇性故障传感器节点的故障数据数为 $N\alpha$。5.5 节给出了有无间歇性故障的传感器节点的数据。

5.4 问题表述

考虑 N 个传感器节点分布在任何遥感应用的地理区域。将来自第 k 个传感器 s_k 的数据表示为闭合间隔 $[0,1]$ 中定义的 $x_k(t)$,其中 t 为时间变量,T 为信号的总持续时间。信号 $x_k(t)$ 以频率 F_s 进行采样,采样周期 $T_s = \dfrac{1}{f_s}$,即来自传感器的信号以固定的时间间隔 T_s 测量。离散时间信号为

$$x_s[n] = x(nT_s) \tag{5.2}$$

式中:$x_k[n]$ 为采样信号,n 为采样指数。离散时间信号 $x_k[n]$,$n=1,2,\cdots,L$。L 的值定义为

$$L = \left\lfloor \frac{T}{T_s} \right\rfloor \tag{5.3}$$

传感器数据 $x_k[n]$ 的建模为

$$x_k[n] = A + w_k(n), \quad k=1,2,\cdots,N \tag{5.4}$$

现在,使用来自每个传感器 k 的数据 $\{x_k[n]\}_{n=1}^{L}$ 来查找传感器遭受的故障类型。图 5.2 中给出了各步骤流程。

图 5.2 基于神经网络的传感器网络间歇性故障诊断框图

5.5 特征选择

在机器学习和模式识别问题中,特征在提取输入序列数据的主要成分中起着关键作用。特征表示可能最少或频繁出现的成分,或者可以从传感器数据中导出的成分。特征提取的重要性体现在三个方面:①减少输入数据中存在的冗余;②提供输入数据的准确表示;③减少神经网络的输入数据,从而减少网络规模和计算复杂性。

特征提取往往会增加额外的计算负担,可以减少神经网络的规模。我们还应注意传感器节点的不同故障类别的不同特征。本节介绍传感器型号分类问题的特点,这里使用时域特征用于分类传感器节点的类型,而不是频域特征。

5.5.1 均值

统计均值在时域中是最常见且易于实现的特征。第 k 个传感器节点的均值 $\mu(k)$ 定义为

$$\mu(k) = \frac{1}{L} \sum_{n=1}^{L} x_k[n], \quad k = 1, 2, \cdots, N \tag{5.5}$$

5.5.2 标准差

这是时域测量的特征之一。可以在每个传感器节点 k 处确定标准偏差（SD），即

$$\sigma(k) = \sqrt{\frac{1}{L-1} \sum_{n=1}^{L} (x_k[n] - \mu(k))^2}, \quad k = 1, 2, \cdots, N \tag{5.6}$$

5.5.3 偏度和峰度

传感器数据的统计分析旨在描述随时间变化的可用数据集位置和可变性，并可以通过测量偏度和峰度来实现。如果传感器的数据集在中心点（通常是平均值）左右两侧看起来相同，则该数据集是对称的。偏度是对称性的一种度量，换句话说，就是对称性的缺乏。它也是三阶累积的度量，而峰度是相对于正态分布的数据是重尾还是轻尾的度量。也就是说，具有高峰度的数据集往往具有重尾或异常值。具有低峰度的数据集往往具有轻尾或缺少异常值[52]。

1. 偏度

重新确定偏度为

$$\text{skew}(k) = \frac{\frac{1}{L} \sum_{n=1}^{L} (x_k[n] - \mu(k))^3}{\sigma_k^3}, \quad k = 1, 2, \cdots, N \tag{5.7}$$

式（5.7）中定义的偏度公式参考了 Fisher-Pearson 偏度系数。调整后的 Fisher-Pearson 偏度系数如下所示：

$$\text{SKEW}(k) = \frac{\sqrt{L(L-1)}}{L-2} \frac{\frac{1}{L} \sum_{n=1}^{L} (x_k[n] - \mu(k))^3}{\sigma_k^3}, \quad k = 1, 2, \cdots, N \tag{5.8}$$

这是针对从每个传感器节点获取的样本量不足而进行的调整。当样本量 L

变大时,调整系数接近1。

如果来自传感器节点的数据属于最常见的正态分布,则偏度为零。事实上,对于任何对称数据,偏度都接近于零。偏度的负值表示数据向左倾斜,这意味着左尾相对于右尾较长;偏度的正值表示数据向右倾斜,这意味着右尾相对于左尾是长的。

2. 峰度

峰度可以定义为

$$\mathrm{KURT}(k) = \frac{\frac{1}{L}\sum_{n=1}^{L}(x_k[n]-\mu(k))^4}{\sigma_k^4}, \quad k=1,2,\cdots,N \quad (5.9)$$

根据定义,标准正态分布的峰度为3。因此,峰度的定义可以修改为减去3,即

$$\mathrm{KURT}(k) = \frac{\frac{1}{L}\sum_{n=1}^{L}(x_k[n]-\mu(k))^4}{\sigma_k^4} - 3, \quad k=1,2,\cdots,N \quad (5.10)$$

根据式(5.10)中的定义,标准正态分布的峰度修订为零。正峰度表示"重尾"分布,负峰度表示"轻尾"分布。

5.5.4 绝对离差

数据点与其平均值的绝对偏差的平均值称为绝对离差(Mean Absolute Deviation,MAD),其定义为

$$\mathrm{MAD}(k) = \frac{1}{L}\sum_{n=1}^{L}|x_k[n]-\mu(k)|, \quad k=1,2,\cdots,N \quad (5.11)$$

5.5.5 从传感器数据中提取特征示例

假设给出了从传感器节点数据中提取的特征值。考察传感器对实际温度25℃进行噪声测量。当节点无故障时,假设噪声为正态分布,均值为零,方差$\sigma^2=0.1$。在传感器节点间歇性故障的情况下,某些测量值非常嘈杂。故障测量的噪声被建模为非常正常的噪声与非常高的噪声(10^5倍正态分布方差)的混合。为无故障和间歇性故障节点生成的数据绘制分别如图5.3和图5.4所示。从图中可以发现,当节点无故障时,所有测量值都非常接近实际值25。然而,当节点发生间歇性故障时,观测值很少,且噪声很大。在图5.4中,总共50个测量观测值中有7个数据偏离正态分布。表5.1提供了之前定义的所有特性。

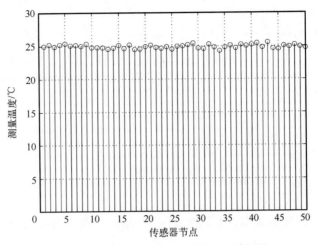

图 5.3 无间歇性故障的传感器节点数据图

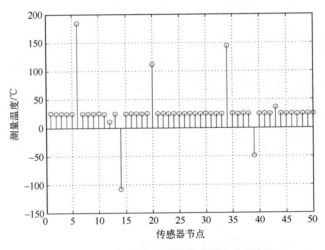

图 5.4 具有间歇性故障的传感器节点数据图

表 5.1 图 5.3 和图 5.4 所示数据的特征值

特征值的名称	特征值	
	无故障	有故障
均值	24.955	28.18
绝对离差	0.23654	14.575
标准差	0.28551	37.868
偏度	−0.016009	1.1368
峰度	0.64994	9.2318

5.6 基于深度学习算法的神经网络传感器节点间歇性故障检测

神经网络（Neural Network，NN）是机器学习中的一种统计学习算法，受生物神经网络特性的启发，该算法从相对简单的分类问题到语音识别和计算机视觉等，被用于各种各样的任务中。神经网络被设计为一个相互连接的处理单元系统，有时称为节点（不同于传感器节点），在功能上与生物神经元类似。不同节点之间的连接具有称为权重的数值，通过系统地改变这些值，网络最终能够近似所需的函数。

神经网络中的每个节点从其他节点获取多个输入，并根据输入和连接权重计算单个输出。输出通常被输入到另一个神经元，并且这个过程是重复进行的。通过这种方式，人们可以很容易地想象人工神经网络的内部层次结构，其中神经元被组织成不同的层。输入层接收输入特征向量，输出层生成输出，该输出是神经网络对给定输入向量的预测。输入层和输出层之间的层称为隐藏层。

神经网络能够通过系统地改变其权重来逼近任意函数，这称为使用算法训练神经网络。权重最初是给定的随机值，网络以这种方式进行训练，以找到产生所需输出的权重参数。首先，通过将神经网络输出与实际输出进行比较来计算误差，并使用该误差通过训练算法来调整网络的权重。

对于神经网络中的每个输入集，都必须进行计算代价高昂的反向传播阶段。通常情况下，网络学习速度很慢，需要大量的计算能力才能产生理想的结果。通过减少输入数据的数量和使用不太复杂的网络结构，可以降低计算复杂度。在本章提出的方法中，我们使用了四个统计特征作为输入，而不是将所有传感器数据输入到神经网络。

5.6.1 基本神经网络设计

基本的神经网络，如前馈网络（Feed-Forward Net，FFNet）、级联前向网络（Cascade Forward Net，CFNet）、模式网络（Pattern net，Pnet）和拟合网络（Fit Net，FitNet），在任何计算工具（如 MATLAB 或 Python）中都非常常见。每个网络都可以通过选择一种训练算法进行训练。神经网络的结构分别如图 5.5 至图 5.8 所示。所有网络设计为 1 个输入层、10 个隐层神经元和 1 个输出层。输入由四个特征（如均值、绝对离差、标准偏差和偏度）的列向量组成，如果节点出现故障，则生成输出 1，否则生成输出 0。

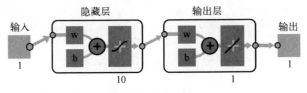

图 5.5 前馈网络

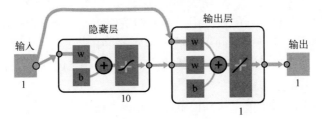

图 5.6 级联前向网络

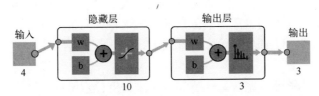

图 5.7 模式网络

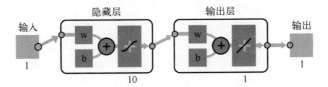

图 5.8 类似于前馈网络的拟合网络

1. 选择训练算法和神经网络

不同的深度学习算法可用于训练神经网络。表 5.2 中列出了 MATLAB 中提供的深度学习方法，所有这些深度学习算法都用于训练三种不同类型的神经网络进行分类，以了解其相应的均方误差性能，使用提供的算法和可用的数据集。

表 5.2 多层浅层神经网络的不同训练算法

缩略语	函数	训练算法
LM	trainlm	莱温伯格·马夸特
BR	trainbr	贝叶斯正则化

续表

缩略语	函数	训练算法
BFG	trainbfg	BFGS准牛顿
RP	trainrp	弹性反向传播
SCG	trainscg	标度共轭梯度
CGB	traincgb	重启共轭梯度
CGF	traincgf	共轭梯度
CGP	traincgp	共轭梯度
OSS	trainoss	一步割线
GDX	traingdx	变学习率梯度下降
GDM	traingdm	动量梯度下降
GD	traingd	梯度下降

2. 不同神经网络和深度学习算法的性能分析

表5.2中列出的训练算法用于不同的神经网络，如FFNet、PNet和FitNet网络。网络的输入是来自$N=1024$个节点的传感器网络中每个传感器节点记录数据的四个特征值。记录的数据数量为$L=20$，假设30%的节点出现间歇性故障。由于来自间歇性故障传感器节点的数据经常可疑，为了进行比较，我们选择间歇性数据故障为10%，输入对所有网络都是通用的。在验证过程中，神经网络的性能计算为跟踪和验证之间的差异的均方误差（Mean Squared Error，MSE）和检测精度（Detection Accuracy，DA），另外还比较了迭代的次数。表5.3列出了所有这些性能。

表5.3 不同训练方法的神经网络性能比较

训练算法	拟合网络			前馈网络			模式网络		
	检测精度/%	均方误差	迭代次数	检测精度/%	均方误差	迭代次数	检测精度/%	均方误差	迭代次数
BR	83.67	1.30×10^{-13}	158	81.33	1.41×10^{-11}	81	82.33	1.30×10^{-9}	32
LM	82.33	5.20×10^{-11}	70	82.67	5.41×10^{-11}	160	82	4.63×10^{-9}	18
BFG	87.33	4.80×10^{-5}	54	87.33	1.90×10^{-5}	51	81.67	1.00×10^{-10}	48
RP	86	4.17×10^{-4}	76	81.67	1.70×10^{-4}	70	81.67	1.00×10^{-6}	32
SCG	80.33	7.75×10^{-5}	84	83.33	2.49×10^{-5}	78	78.33	2.60×10^{-7}	23
CGB	80.33	7.01×10^{-4}	43	82.67	1.46×10^{-4}	45	81.00	2.22×10^{-16}	41

续表

训练算法	拟合网络			前馈网络			模式网络		
	检测精度/%	均方误差	迭代次数	检测精度/%	均方误差	迭代次数	检测精度/%	均方误差	迭代次数
CGF	83.33	1.17×10^{-4}	57	84.32	7.19×10^{-4}	55	79.33	5.80×10^{-16}	37
CGP	81.67	2.14×10^{-4}	86	84	1.17×10^{-4}	40	81.67	1.73×10^{-11}	28
OSS	85.67	6.89×10^{-4}	62	87.33	4.83×10^{-4}	66	79.67	1.00×10^{-13}	28
GDX	81	4.75×10^{-4}	152	79	6.08×10^{-4}	161	82.33	2.76×10^{-6}	250
GDM	81.67	7.19×10^{-3}	1000	80	8.70×10^{-3}	1000	80.67	8.65×10^{-3}	1000
GD	82.67	4.17×10^{-3}	1000	81.33	2.84×10^{-3}	1000	80.67	1.75×10^{-2}	1000

比较表 5.3 和表 5.4 中具有不同深度学习算法的所有神经网络时可以发现，拟合神经网络和前馈神经网络提供了与 BFG、RP 和 OSS 训练方法相当的检测精度，而 BR 和 LM 提供了预期的最佳均方误差性能，而检测精度较低，模式神经网络不能提供良好的性能。此外，利用拟合神经网络和 LM、BR、RP、BFG 和 OSS 等不同值集的训练方法，检测传感器网络中传感器节点的间歇性故障，以确定哪种训练算法更好。这里，选择来自传感器节点 L 的数据数量为 10。表 5.4 提供了不同间歇性故障概率值的检测精度。

表 5.4 拟合神经网络和 $L=10$ 的不同训练方法检测精度比较

训练算法	不同 α 值的检测精度百分比							
	0.05	0.10	0.15	0.20	0.25	0.30	0.35	0.40
BR	41.96	64.19	77.14	87.62	91.81	97.1	97.51	98.96
LM	41.55	64.19	75.88	86.32	91.22	96.13	97.15	98.31
OSS	43.66	66.45	79.74	89.58	93.24	97.42	97.51	99.65
RP	43.31	65.81	79.74	89.58	92.57	97.42	97.51	99.65
BFG	44.66	66.45	80.88	89.58	93.58	97.42	98.51	99.65

在文献 [53] 中，使用梯度下降（Gradient Descent，GD）反向传播算法和遗传学家算法（Geneticist Algorithm，GA）训练方法来检测故障。研究发现，当训练算法为 GD 和 GA 时，检测精度分别为 85.5% 和 87.77%。但在本文提出的神经网络深度学习算法中，检测精度可以达到 99% 以上。检测精度随着传感器节点间歇性故障概率的增加而增加，这在文献 [53] 中不太可能发生。但是事实是，如果在大多数情况下观察结果是错误的，那么故障节点可以很容易地检测到故障可疑。因此，本章使用了具有深度学习算法的神经网

络,并将其结果用于检测无线传感器网络中的间歇性故障(表 5.5)。

表 5.5 前馈神经网络和 $L=10$ 的不同训练方法检测精度比较

训练算法	不同 α 值的检测精度百分比							
BR	0.05	0.10	0.15	0.20	0.25	0.30	0.35	0.40
LM	42.96	65.48	78.78	88.27	92.23	97.42	97.51	99.65
OSS	42.96	64.84	78.14	87.62	91.89	97.42	97.51	99.31
RP	42.96	65.48	79.1	88.93	92.23	97.42	97.51	99.65
BFG	42.96	65.16	78.14	88.27	92.23	97.1	97.51	99.65
BR	42.96	64.19	77.17	87.3	91.89	96.77	97.15	99.39

有趣的是,在 BR、LM、OSS、RP 和 BFG 算法中,BFG 算法比其他算法提供了更好的检测精度性能。事实上,LM 和 BR 算法比其他三种算法具有更高的性能。因此,在前馈和模式网络以及其他训练方法的故障诊断过程中,这里选择了带有 BFG 算法的 ITNET 神经网络。5.7 节给出不同故障和网络参数值的性能结果。

5.7 结果及讨论

本节讨论利用神经网络进行间歇性故障诊断算法的结果。利用无线传感器网络中最常见的故障诊断参数,即检测准确率、虚警率和误报率,对其性能进行了分析。这些参数如下[14]。

(1) 检测精度(DA):指检测为故障的间歇性故障传感器节点数量与传感器网络中间歇性故障传感器节点总数之间的比率。

(2) 虚警率(False Alarm Rate, FAR):指检测为间歇性故障的无故障传感器数量与网络中无故障传感器节点总数之间的比率。

(3) 误报率(False Positive Rate, FPR):指检测到无故障的间歇性故障传感器节点数与网络中无故障传感器总数的比率。简单地说,它被定义为 FPR = 1−DA。

让我们考虑一个传感器网络,$N=1024$ 个传感器节点随机部署在一个地理区域,节点易于发生间歇性故障。假设 30% 的传感器节点存在间歇性故障,且具有不同的间歇性故障概率 α。故障节点随机引入,在分析中,α 的值在 0.05~0.5 变化,步长为 0.05,检测精度随 α 的增加而增加。性能所依赖的另一个参数是为测试传感器节点 L 的故障状态而记录的数据数量。给出了 $L=10$

时的仿真结果。结果表明,随着 L 值的增大,性能也随之提高。

根据式(5.1)中给出的数据模型生成数据。实际值被认为是 25,但是测量值总是有噪声。噪声建模为归一化高斯噪声,方差 $\sigma^2 = 0.01$,这对所有传感器节点都是相同的。然而,当传感器节点发生间歇性故障时,测量噪声非常大,但并非总是如此。少数依赖于间歇性故障概率的测量被认为是非常高的噪声,其方差比实际背景高斯噪声大 10000 倍。然后根据每个传感器节点的数据确定统计特征,这些数据将作为神经网络的输入。

最初,数据是为训练生成的,其中包含 L 和 α 的所有组合的数据。当使用 FBG 算法训练拟合神经网络时,70% 的数据用于训练、测试和验证,每次使用 15%。训练性能如图 5.9 所示。当使用深度学习算法训练网络时,目标 MSE 在 61 次迭代存档。测试结果与验证结果相匹配,表明网络训练正确。因此,使用相同的网络生成具有不同网络和故障参数的以下结果。

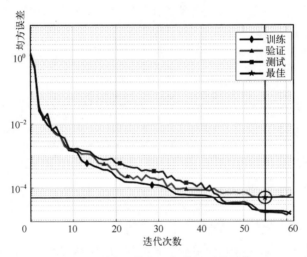

图 5.9 拟合网络的 FBG 算法训练性能

在对神经网络进行适当训练后,分析了不同 L 和 α 值下的性能。使用拟合神经网络和 BFG 训练方法的诊断算法的总体性能如图 5.10、图 5.11 和图 5.12 所示。发现检测精度最佳验证性能为 5.0083×10^{-5},在第 55 次迭代后产生。

图 5.10 中的间歇性故障概率 α。这是因为,当 α 值增加时,可疑观察的数量增加,从而导致其统计参数偏离正常值(当节点无故障时)。这样神经网络就不难识别网络中传感器节点的间歇性故障。当 $\alpha < 0.2$ 时,深度神经网络无法检测故障节点。

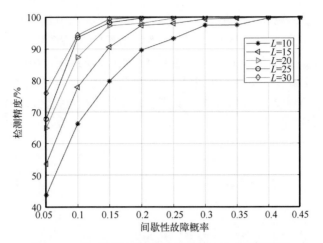

图 5.10 基于神经网络的故障诊断方法在不同间歇
故障概率 α 和数据长度 L 值的检测精度

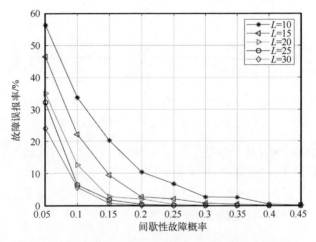

图 5.11 基于神经网络的故障诊断方法在不同间歇
故障概率 α 和数据长度 L 值的故障误报率

即使当 L 值较大时，α 值较小时，DA 也较小。因此，可以观察到，当 $\alpha>0.3$ 时，DA 相当好，当 $\alpha>0.45$ 时，DA 变为 1（L 值大于 10）。但使用统计方法，即使 $\alpha>0.6$，DA 也无法达到 99%[16]。传统的基于神经网络的故障诊断算法提供的 DA 性能非常低，如文献［53］所示。

很明显，当 DA 增大时，FPR 减小，如图 5.11 所示。当 α 不存在时，由于观测能力差而导致的特性偏差可能不足以检测出故障模式。因此，故障节点被检测为无故障。另外，对于 L 的恒定值，FAR 随着 α 值的增加而减小。对

于较小的 α 值,良好节点的特征可能由于噪声观测而偏离其正常值。FAR 可能通过两种方式降低,一种方法是将噪音降至最低,以便更好地观察。这可以通过高精度传感器实现,在从节点到接收器或基站的数据传输过程中引入的噪声由 MAC 层控制。另一种方法是将神经网络的输出设定适当的阈值。神经网络可能无法为无故障和故障节点提供精确的 0 或 1。因此,适当的阈值用于检测故障传感器节点。

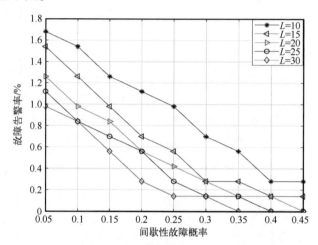

图 5.12　基于神经网络的故障诊断方法在不同间歇性
故障概率 α 和数据长度 L 的故障告警率

L 的值也会影响算法的性能。在 α 不变时,随着 L 值的增加,诊断方法的性能提高。但是计算复杂度和延迟也会增加。因此,任何故障诊断算法的目标都是用尽可能少的数据点来检测间歇性故障。从图 5.10 可以看出,当 $L = 30$ 且 α 仅为 0.2 时,DA 性能接近 100%。

5.8　小　　结

本章提出了一种利用深度学习神经网络诊断无线传感器网络中间歇性故障传感器节点的故障诊断方法。首先对传感器节点的数据进行累加,然后确定平均值、标准差、平均绝对标准差和峰度四个统计特征,这些特征被用作神经网络的输入数据向量。诊断方法的性能取决于检测精度、虚警率和误报率。我们的研究发现,与其他神经网络和训练方法相比,使用 BFG 训练算法的拟合神经网络通过提供最佳的检测精度和较少的 FAR 来提供最佳性能。仿真结果表明,如果使用 30 个传感器数据,且间歇故障概率大于 0.25,则故障传感器节点的检测准确率为100%。在未来,不同的神经网络,如卷积神经网络(Convolutional Neural Network,CNN)可以用于最近开发的深度学习算法。在间歇性故障概率和累积数据量较少的情况下,可以利用时域和频域特征来提高系统的性能。此外,还可以开发纠正错误数据的方法。

参 考 文 献

[1] Akyildiz IF, Su W, Sankarasubramaniam Y, Cayirci E (2002) Wireless sensor networks: a survey. Sci Direct Trans Comput Netw 38(4):393–422.
[2] Yick J, Mukherjee B, Ghosal D (2008) Wireless sensor network survey. Comput Netw 52(12):2292–2330.
[3] Dey N, Ashour AS, Shi F, Fong SJ, Sherratt RS (2017) Developing residential wireless sensor networks for ECG healthcare monitoring. IEEE Trans Consumer Electron 63(4):442–449.
[4] Elhayatmy G, Dey N, Ashour AS (2018) Internet of things based wireless body area network in healthcare. In: Dey N, Hassanien AE, Bhatt C, Ashour AS, Satapathy SC (eds) Internet of things and big data analytics toward next-generation intelligence. Springer, Cham, pp 3–20.
[5] Das SK, Samanta S, Dey N, Kumar R (eds) (2020) Design frameworks for wireless networks. Lecture notes in networks and systems. Springer.
[6] Yuan H, Zhao X, Yu L (2015) A distributed Bayesian algorithm for data fault detection in wireless sensor networks. In: 2015 International conference on information networking (ICOIN). IEEE, pp 63–68.
[7] Binh HTT, Hanh NT, Quan LV, Dey N (2018) Improved cuckoo search and chaotic flower pollination optimization algorithm for maximizing area coverage in wireless sensor networks. Neural Comput Appl 30(7):2305–2317.
[8] Panigrahi T, Panda M, Panda G (2016) Fault tolerant distributed estimation in wireless sensor networks. J Netw Comput Appl 69:27–39.
[9] Nandi M, Dewanji A, Roy BK, Sarkar S (2014) Model selection approach for distributed fault detection in wireless sensor networks. Int J Distrib Sens Netw 2014(48234):1–12.
[10] Yu M, Mokhtar H, Merabti M (2007) Fault management in wireless sensor networks. IEEE Wirel Commun 14(6):13–19.
[11] Sampath M, Sengupta R, Lafortune S, Sinnamohideen K, Teneketzis D (1995) Diagnos ability of discrete-event systems. IEEE Trans Autom Control 40(9):1555–1575.
[12] Ssu K-F, Chou C-H, Jiau HC, Hu WT (2006) Detection and diagnosis of data inconsistency failures in wireless sensor networks. Comput Netw 50:1247–1260.
[13] Zhang Z, Mehmood A, Shu L, Huo Z, Zhang Y, Mukherjee M (2018) A survey on fault diagnosis in wireless sensor networks. IEEE Access 6(2):11349–11364.
[14] Panda M, Khilar PM (2015) Distributed self fault diagnosis algorithm for large scale wireless sensor networks using modified three sigma edit test. Ad Hoc Netw 25, Part A(0):170–184.
[15] Mahapatro A, Khilar PM (2013) Detection and diagnosis of node failure in wireless sensor networks: a multi objective optimization approach. Swarm Evol Comput 13:74–84. https://doi.org/10.1016/j.swevo.2013.05.004.
[16] Panda M, Gouda B, Panigrahi T (2020) Distributed online fault diagnosis in wireless sensor networks. In: Das SK, Samanta S, Dey N, Kumar R (eds) Design frameworks for wireless networks. Lecture notes in networks and systems series. Springer, Singapore, pp 197–221.
[17] Swain RR, Khilar PM, Dash T (2018a) Fault diagnosis and its prediction in wireless sensor networks using regressional learning to achieve fault tolerance. Int J Commun Sys 31(14):e3769.

[18] Swain RR, Khilar PM, Bhoi S (2018b) Heterogeneous fault diagnosis for wireless sensor networks. Ad Hoc Netw 69:15–37.
[19] Breuer MA (1973) Testing for intermittent faults in digital circuits. IEEE Trans Comput 22(3):241–246.
[20] Jiang S, Kumar R (2006) Diagnosis of repeated failures for discrete event systems with linear time temporal-logic specifications. IEEE Trans Autom Sci Eng 3(1):47–59.
[21] Contant O, Lafortune S, Teneketzis D (2004) Diagnosis of intermittent failures. Discrete Event Dyn Syst: Theory Appl 14(2):171–202.
[22] Malek M (1980) A comparison connection assignment for diagnosis of multiprocessor systems. In: Proceedings of the 7th annual symposium on computer architecture, ISCA'80, New York, NY, USA. ACM, pp 31–36.
[23] Bondavalli A, Chiaradonna S, di Giandomenico F, Grandoni F (2000) Threshold-based mechanisms to discriminate transient from intermittent faults. IEEE Trans Comput 49(3):230–245.
[24] Khilar PM, Mahapatra S (2007) Intermittent fault diagnosis in wireless sensor networks. In: 10th International conference on information technology (ICIT 2007), pp 145–147.
[25] Choi JY, Yim SJ, Huh JJ, Choi YH (2009) A distributed adaptive scheme for detecting faults in wireless sensor networks. WSEASE Trans Commun 8(2):269–278.
[26] Lee MH, Choi YH (2008) Fault detection of wireless sensor networks. Comput Commun 31(14):3469–3475.
[27] Xu X, Chen W, Wan J, Yu R (2008) Distributed fault diagnosis of wireless sensor networks. In: 11th IEEE international conference on communication technology, 2008. ICCT 2008, pp 148–151.
[28] Dey N, Mukherjee A, Kausar N, Ashour AS, Taiar R, Hassanien AF (2016) A disaster management specific mobility model for flying ad-hoc network. Int J Rough Sets Data Anal 3(3):72–103.
[29] Zidi S, Moulahi T, Alaya B (2018) Fault detection in wireless sensor networks through SVM classifier. IEEE Sens J 18(1):340–347.
[30] Yong C, Qiuyue L, Jun W, Shaohua W, Tariq U (2018) Distributed fault detection for wireless sensor networks based on support vector regression. Wirel Commun Mobile Comput.
[31] Mourad E, Nayak A (2012) Comparison-based system-level fault diagnosis: a neural network approach. IEEE Trans Parallel Distrib Syst 23(6):1047–1059.
[32] He JZ, Zhou ZH, Yin XR Chen SF (2000) Using neural networks for fault diagnosis. In: Proceedings of the IEEE-INNS-ENNS international joint conference on neural networks, 2000. IJCNN 2000, vol 5, pp 217–220.
[33] Elhadef M, Nayak A (2009a) Efficient symmetric comparison-based self-diagnosis using back-propagation artificial neural networks. In: 2009 IEEE 28th international performance computing and communications conference (IPCCC), pp 264–271.
[34] Elhadef M, Ayeb B (2001) Efficient comparison-based fault diagnosis of multiprocessor systems using an evolutionary approach. In: Proceedings 15th international parallel and distributed processing symposium, pp 1–6.
[35] Elhadef M, Nayak A (2009b) Efficient symmetric comparison-based self-diagnosis using back-propagation artificial neural networks. In: 2009 IEEE 28th international performance computing and communications conference (IPCCC), pp 264–271.
[36] Yuan S, Chu F (2007) Fault diagnosis based on support vector machines with parameter optimisation by artificial immunisation algorithm. Sci Direct J Mech Syst Sig Process 21(3):1318–1330.
[37] Ji Z, Bing-shu W, Yong-guang M, Rong-hua Z, Jian D (2006) Fault diagnosis of sensor network using information fusion defined on different reference sets. In: International conference on radar, pp 1–5.

[38] Jabbari A, Jedermann R, Lang W (2007) Application of computational intelligence for sensor fault detection and isolation. In: World academy of science, engineering and technology, pp 265–270.
[39] Moustapha AI, Selmic RR (2008) Wireless sensor network modeling using modified recurrent neural networks: application to fault detection. IEEE Trans Instrum Measur 57(5):981–988.
[40] Barron JW, Moustapha AI, Selmic RR (2008) Real-time implementation of fault detection in wireless sensor networks using neural networks. In: Fifth international conference on information technology: new generations, pp 378–383.
[41] Swain RR, Dash T, Khilar PM (2019) Investigation of RBF kernelized ANFIS for fault diagnosis in wireless sensor networks. In: Computational intelligence: theories, applications and future directions, vol II. Springer, pp 253–264.
[42] Das SK, Yadav AK, Tripathi S (2017) IE2M: design of intellectual energy efficient multicast routing protocol for ad-hoc network. Peer-to-Peer Netw Appl 10(3):670–687.
[43] Das SK, Tripathi S (2018a) Adaptive and intelligent energy efficient routing for transparent heterogeneous ad-hoc network by fusion of game theory and linear programming. Appl Intell 48(7):1825–1845.
[44] Dash SK, Tripathi S (2019) Energy efficient routing formation algorithm for hybrid ad-hoc network: a geometric programming approach. Peer-to-Peer Netw Appl 12(1):102–128 (Springer).
[45] Das SK, Tripathi S (2018b) Intelligent energy-aware efficient routing for MANET. Wirel Netw 24(4):1139–1159 (Springer).
[46] Das SK, Tripathi S (2017) Energy efficient routing formation technique for hybrid ad hoc network using fusion of artificial intelligence techniques. Int J Commun Syst 30(16):33–40 (Wiley).
[47] Wang N, Wang J, Chen X (1916) A trust-based formal model for fault detection in wireless sensor networks. J Sens 19(8):2019.
[48] Tsang-Yi W, Li-Yuan C, Pei-Yin C (2009) A collaborative sensor-fault detection scheme for robust distributed estimation in sensor networks. IEEE Trans Commun 57(10):3045–3058.
[49] Tsang-Yi W, Qi C (2008) Collaborative event-region and boundary-region detections in wireless sensor networks. IEEE Trans Sig Process 56(6):2547–2561.
[50] Krishnamachari B, Iyenger S (2004) Distributed Bayesian algorithm for fault tolerant event region detection in wireless sensor networks. IEEE Trans Parallel Distrib Syst 24(8):1525–1534.
[51] Mahapatro A, Panda AK (2014) Choice of detection parameters on fault detection in wireless sensor networks: a multiobjective optimization approach. Wirel Pers Commun 78(1): 649–669 ISSN 0929-6212.
[52] Altn C, Er O (2016) Comparison of different time and frequency domain feature extraction methods on elbow gestures EMG. Eur J Interdiscip Stud 2(3):35–44.
[53] Swain RR, Khilar PM (2017) Composite fault diagnosis in wireless sensor networks using neural networks. Wirel Pers Commun 95(3):2507–2548.

第6章 无线传感器网络免疫故障诊断

桑托希尼·莫哈帕特拉①，帕比特拉·莫汉·基拉尔②

6.1 引　　言

顾名思义，无线传感器网络是一类网络，包含的传感器节点具有感知周围发生的物理现象的能力。这些传感器节点可以感测不同的参数类型，如温度、压力或湿度等。无线传感器网络应用已有十余年，他们可以用于跟踪特定地形中的物体，如用于农业、医疗等目的[1-3]。传感器节点具有较小的传输范围，因此为了实现远距离传输，数据需要通过一些中间节点传输到接收器节点，也称为多跳通信。图6.1显示了无线传感器网络的结构图。

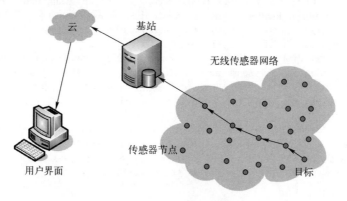

图6.1　无线传感器网络

传感器节点可能会因各种问题而发生故障，如安全性、能量有限、硬件问

---

① 桑托希尼·莫哈帕特拉：国立理工学院洛尔克拉分校计算机科学与工程系，印度奥里萨邦洛尔克拉，邮编：769008；E-mail：santoshinee88@gmail.com。

② 帕比特拉·莫汉·基拉尔：国立理工学院洛尔克拉分校计算机科学与工程系，印度奥里萨邦洛尔克拉，邮编：769008；E-mail：pmkhilar@nitrkl.ac.in。

第6章　无线传感器网络免疫故障诊断

题等[4]。为了解决这个问题，人们开发了各种节能路由协议[5-8]和用于安全通信的加密技术[9]。文献[10]中描述了无线传感器网络的各种设计和实现。

正常的传感器节点在理想的环境条件下工作性能良好，但由于无线传感器节点通常会部署在恶劣的环境中，因此，可能会发生各种各样的故障。无线传感器网络的行为故障分为硬故障和软故障两种。硬故障节点是那些无法执行操作的节点，这可能是由于电源故障或环境条件造成的。软故障节点具有故障节点的特征，但他们发送虚假数据，这将对网络的完整性构成威胁[11]。图6.2给出了故障节点和无故障节点的概览图。

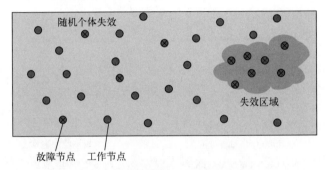

图6.2　故障节点和无故障节点概述

文献中有不同的算法来诊断故障节点，如神经网络[11]、统计方法[12]、相邻协调[13]和比较[14]。尽管基于比较的方法是最实用的方法，但消息复杂度太高。例如，PMC 模型[15]、MM 模型[16]和 MM * 模型[17]需要进行测试，在测试中，任务会被比较多次，消息交换量太大，最终会消耗大量能量。因为无线传感器网络由电池供电，然后再进行无线通信。因此，这种方法并不适合。统计方法和基于邻域协调的方法取决于节点数，如果网络是稀疏的，具有最少的节点数，则结果的估计是不正确的。神经网络方法主要依赖于数据集，受人类免疫系统（Human Immune System，HIS）原理和策略的启发，我们可以将人类免疫系统的运行与无线传感器网络的诊断过程联系起来。

过去，科学家和研究人员对开发受生物启发的算法有着浓厚的兴趣，其原理人工免疫系统（Artificial Immune System，AIS）被认为是最流行的方法之一[18]。HIS 可以熟练地将我们的身体从细菌和病毒中拯救出来[19]，AIS 受 HIS 原理的影响，广泛应用于异常检测[20]、模式识别[21]、计算机安全[22]和故障检测[23]。在本章中，我们讨论了生物免疫系统的总体观点和可应用于无线传感器网络故障诊断的各种人工智能方法。表6.1列出了本章中使用的不同缩略语和中文含义。

表 6.1　缩略语与中文含义

缩略语	英文全称	中文含义
WSN	Wireless Sensor Network	无线传感器网络
AIS	Artificial Immune System	人工免疫系统
ACO	Ant Colony Optimization	蚁群优化
PSO	Particle Swarm Optimization	粒子群优化
ABC	Artificial Bee Colony	人工蜂群
GA	Genetic Algorithm	遗传算法
HIS	Human Immune System	人体免疫系统
APC	Antigen-Presenting Cell	抗原提呈细胞
WBC	White Blood Cell	白细胞
MHC	Major Histocompatibility Complex	主要组织相容性复合体
CSA	Clonal Selection Algorithm	克隆选择算法
NSA	Negative Selection Algorithm	反向选择算法
DCA	Dendritic Cell Algorithm	树突状细胞算法
INA	Immune Network Algorithm	免疫网络算法
DA	Detection Accuracy	检测精度
FAR	False Alarm Rate	虚警率
FDI	Fault Detection and Isolation	故障检测与隔离
RBF	Radial Basis Function	径向基函数
AINC	Artificial Immune Network Classification	人工免疫网络分类

6.1.1　原由

传统方法的主要缺点是消息复杂度高和能耗高。为了克服这些缺点，人们使用了人工免疫系统技术，因为它具有自适应性，以及识别特定故障并记忆以备将来响应的能力。人工免疫系统使用人类免疫系统的概念，并将其用于计算问题。免疫系统的主要作用是保护身体免受细菌和病毒等外来病原体的侵害。同样，该概念也可用于无线传感器网络的故障诊断问题。

6.1.2　作用

本章讨论了生物免疫系统的总体观点以及可应用于无线传感器网络故障诊断的各种人工免疫系统方法，另外还讨论了人工免疫系统的各种应用。

本章的组织如下：6.2 节为生物免疫系统综述；6.3 节讨论了人工免疫系

统用于故障诊断的各种方法；6.4 节介绍了人工免疫系统的应用；最后，6.5 节为小结。

6.2 生物免疫系统综述

免疫系统的功能是保护我们的身体免受各种病原体的攻击，如病毒和细菌。有两种类型的免疫系统，即①先天免疫系统和②适应性免疫系统。我们的身体被许多区域完全覆盖而受到保护，入侵者无法首先进入，这些区域被称为屏障[24]。例如，皮肤是我们身体最大的器官，覆盖整个身体。因此，如果任何细菌或病毒要进入人体，他们需要首先通过一些伤害或蚊子之类的媒介来穿透人们的皮肤。图6.3 描绘了生物免疫系统。

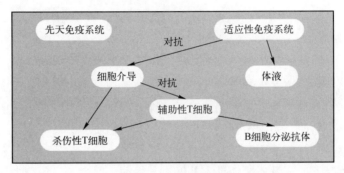

图 6.3　生物免疫系统

在初级阶段，皮肤是最具防御能力的部分，除此之外，肠道和粘液层都有上皮细胞。肠道充满了许多有益的细菌，这些细菌居住在我们的体内，并产生维生素 k，帮助我们对抗这些病原体。病原体只有在突破屏障后才能进入。在我们的血液和不同的组织层中存在着不同的细胞，这些细胞的作用是，如果有任何外来病原体入侵，他们将直接杀死外来病原体，这就是所谓的先天免疫系统。

我们身体中还有一部分是用来对抗感染的，如屏障和补体系统，它不是细胞，而是作为化学物质存在于我们身体中的细胞。他们将针对特定的病原体，在细菌中形成孔隙，最终杀死细菌。无论是否存在病原体，这些屏障和补体系统始终存在于我们的体内。另一种免疫系统模式并不总是开启的，但是当细菌进入时，它会迅速发展。例如，存在于人体的中性粒细胞和抗原呈递细胞（Antigen-Presenting Cell，APC），当我们体内存在任何入侵因子时，他们就会被激活。中性粒细胞是白细胞（White Blood Cell，WBC）的一部分，所有这些 APC 都来自白细胞和一些淋巴细胞。树突细胞和巨噬细胞是始终存在的抗原呈递细胞，当任何病原体进入我们体内时，他们也会被激活。中性粒细胞、树突状细胞和巨噬细胞是吞噬其他细胞或细菌并破坏他们的吞噬细胞，他们可以通过破坏抗原来呈现抗原，这就是为什么它被称为抗原呈递细胞的原因。图 6.4 显示了免疫系统的多层结构。

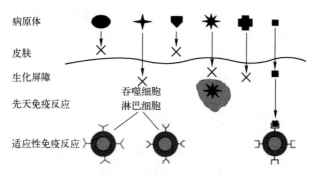

图 6.4 多层免疫系统（改编自文献 [25]）

先天性免疫系统并不知道进入人体的细菌类型，他们都与细菌或病原体的破坏有关。另一种类型的免疫系统是适应性免疫系统，它需要更长的时间来发育，但更具特异性。当细菌开始产生不同的致病物质，破坏免疫系统，而先天免疫系统不足以对抗细菌时，就需要有更特异的反应来杀死细菌。在适应性免疫系统的情况下，一旦病原体进入并展示其特性，就会产生免疫力。

病原体有不同类型的抗原，一旦我们的身体发现这些抗原，他们就会开始产生针对这些抗原的特异性抗体，特异性地破坏这些细胞。抗体反应将非常特异，尽管它需要更长的时间才能形成，也被称为延迟反应。这种延迟反应会产生淋巴细胞。淋巴细胞中产生两种类型的细胞，即 T 细胞和 B 细胞。T 细胞帮助其他细胞，如 T 细胞激活 B 细胞。一旦 B 细胞活跃，他们就会产生抗体。T 细胞可分为两类：一类是辅助性 T 细胞，帮助其他细胞发育；另一类是杀伤性 T 细胞，在找到特定靶点后进行杀伤。先天免疫系统和适应性免疫系统之间存在信号传递过程。有两个因素与免疫系统有关：一个是细胞型因素；另一个是化学或蛋白质类因素。细胞类型因子介导的免疫系统称为细胞介导免疫，如 APC、自然杀伤细胞、T 淋巴细胞和中性粒细胞。补体系统抗体是蛋白质因子，称为体液免疫系统，因为他们不是血液中细胞的一部分，而是在血浆中发现的。

免疫系统的机制如图 6.5 所示。第 I 和第 II 阶段显示病原体进入体内，T 细胞在第 III 阶段中激活，在第 IV 阶段中激活 B 细胞，在第 V 阶段中匹配抗原，在第Ⅵ和第Ⅶ阶段中产生抗体，抗原破坏病原体[25]。

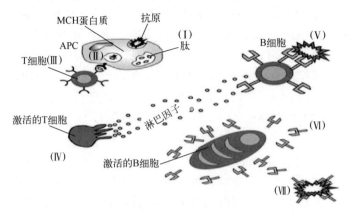

图 6.5　免疫系统的机制（摘自文献［25］）

免疫系统的细胞保护人体免受感染。免疫系统最重要的一点不只是与感染作斗争，而是要区分什么是外来的，什么是自我的。首先，他们需要识别能被免疫系统细胞检测到的细菌体片段或病毒片段。一旦他们发现这些片段是外来的，就对抗这些片段来发展免疫系统，但如果免疫系统失败了，那么就会阻碍我们的身体。我们的组织中始终存在一些细胞在血液中循环，因此，如果发生任何感染，就会被这些细胞发现。例如，我们的皮肤受到损伤，细菌进入与皮肤相关的组织。巨噬细胞和树突状细胞是吞噬细胞，停留在细菌进入的邻近组织中。在这个阶段，巨噬细胞将通过吞噬作用吞噬这些细菌。一旦开始这个过程，吞噬细胞就会开始在附近的组织中释放某些化学因子，称为细胞因子。当细胞因子释放到附近的组织中时，这些化学因子进一步向其他细胞、淋巴细胞和白细胞发出信号，让他们来加入。为了识别致病因素，我们的身体细胞中没有特定和独特的序列。

免疫系统在两种不同的状态下工作：一种是细胞出现问题或细胞受损，这种损伤无法修复，在这种情况下，免疫系统将发出信号，表明细胞将凋亡或程序性细胞死亡；另一种是如果有任何改善的机会，或者任何免疫系统细胞发现任何病原体，他们将召回所有其他细胞。

主组织相容性复合体（Major Histocompatibility Complex，MHC）对组织移植的相容性起着重要作用。MHC 是存在于膜表面的蛋白质分子，也称为膜包埋蛋白质。MHC-Ⅰ和 MHC-Ⅱ只不过是在真核细胞表面发现的糖蛋白。所有含核细胞的 MHC-Ⅰ在不同的组织中是不同的。MHC-Ⅱ仅在巨噬细胞、树突状细胞和 B 细胞等 APC 中发现。由于一种特殊的功能，如果有病原体，他们会吞噬该病原体，再将病原体分解成称为抗原的小片段，并将抗原与受体结合，展示给其他免疫系统细胞。他们装载抗原的受体是 MHC-Ⅰ 和 MHC-Ⅱ。

MHC-Ⅱ 将有助于激活更多的辅助性 T 细胞，从而带来更多的巨噬细胞和树突状细胞，产生更多的 APC[26]。在 MHC-Ⅱ 分子的帮助下，APC 和 T 辅助细胞之间的相互作用也有助于激活 B 细胞并开始产生抗体。MHC-Ⅰ 的功能是指定我们身体的特定细胞为弱细胞，并杀死这些细胞以防止损伤。MHC-Ⅰ 和 MHC-Ⅱ 之间的功能差异在于 MHC-Ⅰ 与 T 杀伤细胞相关，而 MHC-Ⅱ 与 T 辅助细胞相关。

B 细胞负责免疫的肽骨侧，因为它具有将自身转化为浆细胞的能力。当 B 细胞成熟时，它会产生浆细胞和区域抗体产生因子四体。这些抗体是非常特异的，是特异性病原体[27]。B 细胞通常以非活性形式存在，其表面有 B 细胞受体，称为 BCR。B 细胞有一种独特的能力，它可以产生抗体，这些抗体被发现与 B 细胞受体紧密相连。因此，存在于 B 细胞表面的抗体可以与抗原特异性结合。B 细胞也有另一个抗原呈递细胞，这意味着它也可以吞噬病原体并将其分解成不同的片段。B 细胞的结构如图 6.6 所示。

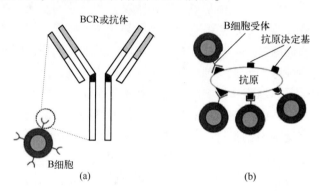

图 6.6　B 细胞的结构

B 细胞和辅助性 T 细胞之间的相互作用对于激活 B 细胞非常重要。在我们的身体中存在着各种各样的 B 细胞和 T 细胞，他们可以找到特定的抗原并与抗原结合。抗原是来自我们身体外部的外来粒子，所以我们的身体不应该总是识别他们。在可变区域的帮助下，不同类型的修改可以发生在可变区的不同抗体和突变称为体细胞超突变。由于突变，他们具有不同类型的结构，因此，可以与多种抗原结合。每当抗原进入时，至少有一个或两个细胞能够与该抗原结合并识别它。然后，该比例的细胞开始产生相同类型的细胞，从而提高免疫力。那些能与这些抗原结合的细胞是被选中的，其余的则不需要。

一旦辅助性 T 细胞被激活，我们体内就会发生许多反应，例如，该细胞可以发出更多 T 细胞被激活的信号，可以发出巨噬细胞或树突状细胞或 APC 被激活的信号，可以向 B 细胞发出信号，使其成熟为浆细胞，也可以向自然杀伤细胞发出信号，使其活化并杀死疾病细胞。由于 T 细胞的激活，细胞介导和体液介导的免疫平衡。有两种类型的 T 细胞：辅助性 T 细胞和杀伤性 T 细胞。辅助性 T 细胞的激活对于细胞介导免疫的反应和开始更为重要，在这种情况下，他们需要 APC 来进行激活过程。T 细胞的结构如图 6.7 所示。

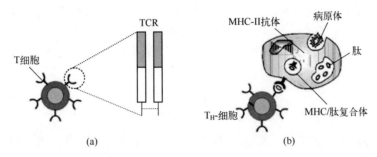

图 6.7 T 细胞的结构

T 细胞的成熟发生在胸腺中。区分辅助性 T 细胞和杀伤性 T 细胞有两个过程。包膜下区有包膜下上皮细胞。如果一些胸腺细胞能与 MHC-II 相互作用，辅助性 T 细胞受体将保留，而杀伤性 T 细胞受体将被降解。类似地，如果一些胸腺细胞能与 MHC-I 正确地相互作用，T 杀伤细胞受体将被选择，T 辅助细胞受体将被破坏。有些细胞既不能与 MHC-I 结合，也不能与 MHC-II 结合，或者两者都能结合。在这两种情况下，他们都无法进行适当的相互作用，并将发出凋亡或程序性细胞死亡的信号。

6.3 无线传感器网络故障诊断的人工免疫系统方法

人工免疫系统是生物启发计算的一个分支，是人工智能的一部分。有四种算法软件通常用于基于免疫系统特征的问题求解。人工免疫系统领域涉及抽象免疫系统的作用，并研究该系统在解决计算问题方面的应用。这些算法可以解释 HIS 的行为功能，也可以应用于无线传感器网络的故障诊断。

克隆选择算法（Clonal Selection Algorithm，CSA）：克隆选择算法的灵感来源于解释亲和力成熟的自适应免疫系统的克隆选择理论。这些算法专注于抗原—抗体相互作用、繁殖和体细胞超突变变异，主要应用于模式识别或优化问题[28]。

反向选择算法（Negative Selection Algorithm，NSA）：反向选择算法的主要目的是将细胞分为自我和非自我。该算法表明，人体可以防止自身模式（已知模式）受到各种病原体（如细菌和病毒）的攻击[29]。这种方法的优点之一是不需要非自我的先验知识。

树突状细胞算法（Dendritic Cell Algorithm，DCA）：树突状细胞是免疫系统的抗原呈递细胞，他们始终存在，但只有在入侵因子进入我们的身体时才会激活。他们是吞噬其他细胞或细菌并摧毁他们的吞噬细胞。通过破坏呈递抗原，这就是为什么他们被称为抗原呈递细胞的原因[30]。

免疫网络算法（Immune Network Algorithm，INA）：这种类型的算法侧重于网络结构，其中节点由抗体或产生抗体的细胞表示，训练算法包括基于亲和力增加节点之间的边缘。这些算法用于聚类、数据可视化、控制和优化领域[31]。

表 6.2 给出了四种人工免疫系统方法的比较。

表 6.2 人工免疫系统方法的比较

特点	CSA 克隆选择算法[28]	NSA （反向选择算法）[29]	DCA （树突状细胞算法）[30]	INA （免疫网络算法）[31]
密切关系	要求的	不需要	不需要	要求的
数据集	不需要	要求的	不需要	不需要
计算时间	较少的	更多	较少的	较少的
交换的信息	更多	较少的	较少的	更多
检测精度	低	高	高	低
虚警率	高	低	低	高

6.4 人工免疫系统算法的应用

文献［32］从克隆选择理论出发，采用克隆选择分类算法对汽车液压制动故障进行诊断。针对制动系统中的每个故障类型，模拟并测试了九种故障条件。仿真结果表明，与其他机器学习方法相比，该方法具有更好的分类精度。在文献［33］中，人工免疫系统的概念用于识别大型无线传感器网络中的故障。作者认为，由于诊断速度更快，他们提出的方法更好、更有效。

对于机器中发生的故障检测和分析，Gan 等提出了一种基于克隆选择编程的故障检测系统[34]，通过在不同条件下进行不同试验，发现所提出的方法适用于实际工业应用。在文献［35］中，使用 AIS 的克隆选择原则检测故障传感器节点，并通过概率神经网络策略将其分类为相应类型。故障传感器节点也在隔离阶段隔离。通过将该算法与现有算法进行比较和仿真，仿真结果表明该算法具有较好的性能。

文献［36］提出了一种将克隆选择原理和反向选择算法相结合的故障诊断算法，该算法能够正确地确定故障类型。通过优化变异算子，提高了检测集抗体生成的收敛速度，并通过实验验证了故障诊断的正确性。振动信号由无线传感器网络采集和传输。根据故障诊断模型对数据进行分析和诊断。在文献［37］使用反向选择算法时，作者提出了一种电机故障诊断方案。使用分层结构可以遇到电机故障。这种结构可以有效地检测电机的早期故障以及故障类型。在仿真中，作者使用两个实际问题检验了故障诊断方法。

文献［38］提出了一种使用反向选择原则的多操作算法。为了与其他算法进行比较，以直流电机的故障模型为基准。

文献［39］提出了两种新的反向选择算法。通常，检测器是随机生成的，但在本工作中，检测器是以非随机的方式生成，消除了检测器的训练时间。检验在虹膜数据集、滚珠轴承故障数据集和二维合成数据集上进行的性能实验。结果表明，在大多数情况下，他们的效果比其他的好。

文献［40］提出了一种称为 Sybil 攻击的数据流攻击。他们已经实现了具有学习能力的反向选择算法的改进版本，还使用了 r-连续比特匹配规则。通过三个性能参数比较，如假阳性、假阴性和检测率，比较结果表明，他们的工作显示出比其他工作更好的结果。

文献［24］研究了如何使用 AIS 识别超市冷冻柜温度信息中的故障趋势。主要目标是识别市场冷藏柜结冰的早期迹象。除了信息编码之外，r 位匹配规则还提供了错误数据的精确分类率。

文献［41］受免疫系统的启发，提出了风机系统的故障检测隔离。为了检测和隔离单独和同时发生的故障，作者设计了一种本质上分层的反向选择算法。为了评估建议的工作，在各种故障情况下进行了非参数统计比较测试。仿真结果表明，反向选择算法和支持向量机具有相同的性能，而在某些故障情况下，反向选择算法的性能优于支持向量机。

文献［42］提出了一种基于反向选择算法的语音句子真实噪声分类方法。为了验证所提出的方法，他们采用了六种类型的真实噪声，该方法在精度方面优于经典分类器。Aydin 等[43]提出了一种基于混沌的反向选择算法用于异常检测，使用克隆选择和阴性选择两种方法生成检测器，在培训阶段生成的检测器用于检查测试阶段的性能。作者还使用 KNN 方法生成检测器，分析了在转子断条故障检测和 Fisher Iris 数据集方面的工作。

文献［44］使用树突状细胞算法开发了一种故障检测和隔离（Fault Detection and Isolation，FDI）方法。作者已将该方法应用于风力涡轮机试验模型，该方法可以检测和隔离传感器故障。通过统计比较测试来比较所提出方案的性能。

文献[45]提出了描述树突状细胞生物分化机制的模型。该模型提取了树突状细胞融合过程的信息，定义了应用于无线传感器网络的外部信号函数和树突状细胞融合的数学模型，进行了实时入侵检测，并从可扩展性、复杂性和鲁棒性等方面分析了其性能，从而以较少的能耗实现了更好的检测。

文献[46]提出了一种利用人工免疫网络诊断故障的新方法。他们将其与神经网络的径向基函数（Radial Basis Function，RBF）相结合，与RBF方法相比，该方法隐藏层少，诊断率高。

Wang等[47]提出了一种结合模糊c均值聚类的人工免疫网络来检测变压器故障类型。实验结果表明，该算法能有效地对电力变压器故障类型进行分类。

文献[48]利用免疫网络研究了植物系统的故障诊断。通过本地计算每个单元的故障，可以检测故障根源。作者已经进行了一次仿真，以验证他们提出的方法。为了提高解释溶解气体分析结果的能力，作者提出了一种人工免疫网络分类（Artificial Immune Network Classification，AINC）算法[49]。通过模仿免疫系统的学习和防御机制，AINC对电力变压器故障样本做出响应。该算法通过对大量实际故障样本的测试，提高了故障诊断的准确性，有效地对故障进行了分类。表6.3给出了人工免疫系统的各种应用。

表6.3 人工免疫系统的典型应用

作 者	方 法	应 用
Jagadeeshwaran等[32]	克隆选择算法	制动器故障诊断
Mohapatra等[35]	克隆选择原则	无线传感器网络中的故障诊断
Gan等[34]	克隆选择算法	感应电机故障检测
Chen等[36]	负选择原则	振动筛的故障诊断
Gao等[37]	反向选择原则	电机故障诊断
Taylor等[24]	反向选择原则	冰箱系统的故障检测
Alizadeh等[41]	反向选择原则	风力发电机组的故障诊断
Abreu等[42]	反向选择原则	语音信号中的噪声分类
Aydin等[43]	反向选择原则	异常检测
Alizadeh等[44]	树突状细胞	风力发电机组的故障检测与隔离
Xiao等[45]	树突状细胞算法	入侵检测
Wang等[47]	免疫网络算法	变压器故障诊断
Ishiguro等[48]	免疫网络算法	电厂系统的故障诊断
Hao等[49]	免疫网络	电力变压器故障诊断

6.5 小　　结

综上所述，可以说，针对计算问题已经研究了不同的生物启发方法，如 AIS、PSO、ACO、GA 和 ABC 等。人工免疫系统是研究人员在故障检测和优化问题中最活跃的研究领域之一。本章详细解释了生物免疫系统，讨论了用于无线传感器网络故障诊断的人工免疫系统的不同方法，最后还讨论了人工免疫系统算法的各种应用。

参 考 文 献

[1] Yick J, Mukherjee B, Ghosal D (2008) Wireless sensor network survey. Comput Netw 52(12):2292–2330.
[2] Akyildiz IF, Su W, Sankarasubramaniam Y, Cayirci E (2002) Wireless sensor networks: a survey. Comput Netw 38:393–422.
[3] Mohapatra S, Khilar PM (2016) Forest fire monitoring and detection of faulty nodes using wireless sensor network. In: Region 10 Conference (TENCON), 2016 IEEE.
[4] Mukherjee A et al (2019) A disaster management specific mobility model for flying ad-hoc network. In: Emergency and disaster management: concepts, methodologies, tools, and applications. IGI Global, pp 279–311.
[5] Das SK, Tripathi S (2018) Adaptive and intelligent energy efficient routing for transparent heterogeneous ad-hoc network by fusion of game theory and linear programming. Appl Intell 48(7):1825–1845.
[6] Das, SK, Tripathi S (2018) Intelligent energy-aware efficient routing for MANET. Wireless Netw 24(4):1139–1159.
[7] Fong S et al (2018) Predicting unusual energy consumption events from smart home sensor network by data stream mining with misclassified recall. J Ambient Intell Humanized Comput 9(4):1197–1221.
[8] Das SK, Tripathi S (2017) Energy efficient routing formation technique for hybrid ad hoc network using fusion of artificial intelligence techniques. Int J Commun Syst 30(16):e3340.
[9] Roy S et al (2016) Symmetric key encryption technique: a cellular automata based approach in wireless sensor networks. Proc Comput Sci 78:408–414.
[10] Design frameworks for wireless networks. Springer, Lecture Notes in Networks and Systems, pp 1–439. ISBN: 978-981-13-9573-4.
[11] Swain RR, Khilar PM (2017) Composite fault diagnosis in wireless sensor networks using neural networks. Wireless Pers Commun 95(3):2507–2548.
[12] Panda M, Khilar PM (2015) Distributed self fault diagnosis algorithm for large scale wireless sensor networks using modified three sigma edit test. Ad Hoc Netw 25:170–184.
[13] Sahoo MN, Khilar PM (2014) Diagnosis of wireless sensor networks in presence of permanent and intermittent faults. Wireless Pers Commun 78(2):1571–1591.
[14] Mourad E, Nayak A (2012) Comparison-based system-level fault diagnosis: a neural network approach. IEEE Trans Parallel Distrib Syst 23(6):1047–1059.

[15] Preparata FP, Metze G, Chien RT (1967) On the connection assignment problem of diagnosable systems. IEEE Trans Electron Comput 6:848–854.
[16] Malek M (1980) A comparison connection assignment for diagnosis of multiprocessor systems. In: Proceedings of the 7th annual symposium on computer architecture. ACM.
[17] Maeng J, Malek M (1981) A comparison connection assignment for self-diagnosis of multiprocessor systems. In: Proceedings of the 11th international symposium on fault-tolerant computing. ACM Press, New York.
[18] De Castro LN, Timmis J (2002) Artificial immune systems: a new computational intelligence approach. Springer Science & Business Media.
[19] Janeway CA et al (2001) The immune system in health and disease. Immunobiology. Current Biology Limited (2001).
[20] Rizwan R et al (2015) Anomaly detection in wireless sensor networks using immune-based bioinspired mechanism. Int J Distrib Sens Netw 11(10):684952.
[21] de Castro LN, Timmis J (2002) Artificial immune systems: a novel paradigm to pattern recognition. Artif Neural Netw Pattern Recogn 1:67–84.
[22] Dasgupta D, Gonzlez F (2002) An immunity-based technique to characterize intrusions in computer networks. IEEE Trans Evol Comput 6(3):281–291.
[23] Dasgupta D et al (2004) Negative selection algorithm for aircraft fault detection. Artif Immune Syst :1–13.
[24] Taylor DW, Corne DW (2003) An investigation of the negative selection algorithm for fault detection in refrigeration systems. In: International conference on artificial immune systems. Springer, Heidelberg.
[25] De Castro LN, Von Zuben FJ (1999) Artificial immune systems: Part I basic theory and applications. Universidade Estadual de Campinas, Dezembro de, Tech. Rep, vol 210, issue 1.
[26] Pinto JCL, Von Zuben FJ (2005) Fault detection algorithm for telephone systems based on the danger theory. In: International conference on artificial immune systems. Springer, Heidelberg.
[27] Kiang CC, Srinivasan R (2012) An artificial immune system for adaptive fault detection, diagnosis and recovery. In: Int J Adv Eng Sci Appl Math 4(1–2):22–31.
[28] De Castro LN, Von Zuben FJ (2002) Learning and optimization using the clonal selection principle. IEEE Trans Evol Comput 6(3):239–251.
[29] Forrest S et al (1994) Self-nonself discrimination in a computer. In: 1994 IEEE computer society symposium on research in security and privacy, Proceedings, IEEE.
[30] Greensmith J, Aickelin U (2009) Artificial dendritic cells: multi-faceted perspectives. Human centric information processing through granular modelling. Springer, Heidelberg, pp 375–395.
[31] Timmis J, Neal M, Hunt J (2000) An artificial immune system for data analysis. Biosystems 55(1–3):143–150.
[32] Jegadeeshwaran R, Sugumaran V (2015) Brake fault diagnosis using Clonal Selection Classification Algorithm (CSCA)—a statistical learning approach. Eng Sci Technol Int J 18(1):14–23.
[33] Mohapatra S, Khilar PM (2017) Artificial immune system based fault diagnosis in large wireless sensor network topology. In: Region 10 Conference (TENCON), 2017 IEEE.
[34] Gan Z, Zhao M-B, Chow TWS (2009) Induction machine fault detection using clone selection programming. Expert Syst Appl 36(4):8000–8012.
[35] Mohapatra S, Khilar PM, Swain RR (2019) Fault diagnosis in wireless sensor network using clonal selection principle and probabilistic neural network approach. Int J Commun Syst:e4138.
[36] Chen G, Zhang L, Bao J (2013) An improved negative selection algorithm and its application in the fault diagnosis of vibrating screen by wireless sensor networks. J Comput Theor Nanosci 10(10):2418–2426.
[37] Gao XZ, Wang X, Zenger K (2014) Motor fault diagnosis using negative selection algorithm. Neural Comput Appl 25(1):55–65.

[38] Laurentys CA et al (2010) Design of an artificial immune system for fault detection: a negative selection approach. Expert Syst Appl 37(7):5507–5513.
[39] Li D, Liu S, Zhang H (2015) Negative selection algorithm with constant detectors for anomaly detection. Appl Soft Comput 36:618–632.
[40] Zeeshan M et al (2015) An immunology inspired flow control attack detection using negative selection with R-contiguous bit matching for wireless sensor networks. Int J Distrib Sens Netw 11(11):169654.
[41] Alizadeh E, Meskin N, Khorasani K (2017) A negative selection immune system inspired methodology for fault diagnosis of wind turbines. IEEE Trans Cybern 47(11):3799–3813.
[42] de Abreu CCE, Duarte MAQ, Villarreal F (2017) An immunological approach based on the negative selection algorithm for real noise classification in speech signals. AEU-Int J Electron Commun 72:125–133.
[43] Aydin I, Karakose M, Akin E (2010) Chaotic-based hybrid negative selection algorithm and its applications in fault and anomaly detection. Expert Syst Appl 37(7):5285–5294.
[44] Alizadeh E, Meskin N, Khorasani K (2017) A dendritic cell immune system inspired scheme for sensor fault detection and isolation of wind turbines. IEEE Trans Ind Inf 14(2):545–555.
[45] Xiao X, Zhang R (2017) Study of immune-based intrusion detection technology in wireless sensor networks. Arab J Sci Eng 42(8):3159–3174.
[46] Jiang WK, Chen YJ, Zhang J (2013) A fault diagnosis method based on artificial immune network. In: Applied mechanics and materials, vol 385. Trans Tech Publications.
[47] Wang FZ, Shao SM, Dong PF (2014) Research on transformer fault diagnosis method based on artificial immune network and fuzzy c-means clustering algorithm. In: Applied mechanics and materials, vol 574. Trans Tech Publications.
[48] Ishiguro A, Watanabe Y, Uchikawa Y (1994) Fault diagnosis of plant systems using immune networks. In: Proceedings of IEEE international conference on MFI'94. Multisensor fusion and integration for intelligent systems, IEEE.
[49] Hao X, Cai-Xin S (2007) Artificial immune network classification algorithm for fault diagnosis of power transformer. IEEE Trans Power Deliv 22(2):930–935.

第三部分：群优化

第7章 基于非洲水牛优化的无线传感器网络智能路由

萨米尔·贝拉①，桑托什·库马尔·达斯②，阿里吉特·卡拉蒂③

7.1 引　　言

目前，无线传感器网络的应用迅速增加[1-3]。无线传感器网络是采用动态拓扑结构的多传感器节点集合，根据需要具有单个或多个基站，通常用于从其环境中感知和检测若干信息。每个节点直接或间接地与基站连接，基站是具有高能量和高处理能力的主协调系统[4]。无线传感器网络的现代设施之一是医疗系统中基于物联网的无线体域网（Wireless Body Area Network，WBAN）。物联网允许使用生物医学和物理参数在多种设施间进行通信、感知和处理等[5-6]，填补了传统医院就诊制度的空白。此外，云计算还为 WBAN 提供了巨大的处理和存储基础设施，因此，具有显著的优势，有助于通过身体传感器流离线或在线处理数据和信息[7-10]。除此之外，无线传感器网络还有以下几种应用。

（1）动物运动跟踪。
（2）土木结构监测系统。
（3）商业应用。
（4）消费者应用。
（5）娱乐应用。
（6）环境监测系统。

---

① 萨米尔·贝拉：印度理工学院（印度矿业学院）管理研究系，印度贾坎德邦丹巴德，邮编：826004；E-mail：samironbera@gmail.com。
② 桑托什·库马尔·达斯：国家科学技术学院（自主技术）计算机科学与工程学院，印度奥里萨邦贝汉布尔帕勒尔山学院公园，邮编：761008；E-mail：sunsantosh2014@gmail.com。
③ 阿里吉特·卡拉蒂：台湾中山大学计算机科学与工程系，中国台湾省高雄市，邮编：80424；E-mail：arijit.karati@gmail.com。

(7) 工业应用。

(8) 军事应用。

(9) 精准农业系统。

(10) 安全和监视系统。

(11) 智能楼宇应用。

(12) 智能电网与能源控制系统。

(13) 交通和物流。

(14) 城市地形跟踪系统。

尽管无线传感器网络已经在现实生活中有多种应用，但是还存在一些局限性。

(1) 电池问题。传感器节点由容量有限的电池组成，在执行某些任务或运行期间容易出现电池容量不足的问题，在一段时间间隔后需要充电。因此，其容量低于有线网络。

(2) 结构复杂。与有线网络相比，无线传感器网络的网络结构配置更为复杂。因此，对于某些故障或问题较难提供有效解决方案。

(3) 价格昂贵。它比有线网络更昂贵。因此，并不是任何需要无线传感器网络的地方都可用。

(4) 分散注意力。在现代情况下，该网络不断受到蓝牙等无线设备的干扰。

(5) 通信速度低。与有线网络相比，无线传感器网络的通信速度较低。因此，生存或收集信息需要更多的时间。

(6) 安全。与其他网络或有线网络相比，无线传感器网络安全性较低，很容易受到环境的干扰，黑客可以轻松地破解所需信息。

上述不足在隐私和安全性方面造成了不同类型的不确定性。隐私有助于保护用户信息或身份[11]，安全性为不同类型的数据集或不同的相关信息提供了安全防护。为了解决离群值/异常检测、故障诊断、入侵检测和移动预测等不同类型的问题，已经提出了多种方法[12-13]。在机器学习算法的帮助下，大多数离群值检测和预测算法的性能都优于机器学习算法[14-15]。值得注意的是，机器学习算法有助于以优化的方式增强关键态势[16-18]。机器学习算法遵循的一些基本步骤是：①特征选择和输出标记；②样本收集；③离线训练；④在线分类。

因此，有必要为无线传感器网络设计一种有效的路由算法，从而定性地优化网络及其度量。本章设计了一种基于非洲水牛优化（African Buffalo Optimization，ABO）算法的无线传感器网络智能路由协议，该算法起到了智能应用的作用,并基于自然启发优化,有助于有效地优化每个网络指标,提高网络寿命。

7.2 相关工作文献综述

在过去的十年中,众多研究人员已经为无线传感器网络设计了多种路由协议。Curry 和 Smith[19]对无线传感器网络的几种优化方法进行了详细的综述。在综述中,每一篇文献都描述了一种智能算法,直接或间接地使用一种或多种技术来有效地提高网络寿命或网络度量,另外,还对一些不切实际的情况及其在网络寿命和网络度量方面的最佳解决方案进行了说明。

Yan 等[20]提出了一种基于粒子群优化技术的低能量无线传感器网络节点定位系统,方案的基本目标是基于光学传感器节点粒子,以最小的能量消耗有效地优化传感器节点的动态位置。

Yu 等[21]提出了一种用于无线传感器网络的混合定位方法。该方法的基本关键词是鸡群优化(Chicken Swarm Optimization,CSO),将自然优化技术 CSO 应用于基于轮图的深度挖掘,有助于簇的转换,提高传感器节点的定位精度。

Phoemphon 等[22]提出了一种用于无线传感器网络定位系统的混合方法。该方法融合了模糊逻辑、机器学习和向量粒子群优化算法。采用混合结构有助于改进传统的质心定位系统,克服了估计精度的限制。

Ravi 和 Kashwan[23]为 Ad hoc 网络设计了一种称为 EASRP 的算法。使用了两种现有的方法,如 AFECA 和 Span,其中第一种是保真度方法,第二种是距离测量方法,并在该系统中设计了一个硬件电路来优化节点的能量消耗。

Sun 等[24]提出了一种无线传感器网络中的攻击定位系统,该方法的基本目的是允许使用二进制 POS 机制在网络中分配任务。整个过程基于三个目标函数:①负载平衡系统的最大化;②网络能耗的最小化;③执行时间成本的最小化。所述优化的组合有助于构造接收信号强度的约束并提高网络寿命。

Cao 等[25]提出了一种在分布式环境中使用 PSO 的无线传感器网络部署技术。在该方法中,使用两种类型的节点,例如传感器节点和中继节点,以延长生存期和最大化覆盖。该方法基本适用于三维工业无线传感器网络,同时有助于降低计算成本和提高网络寿命。

Das 和 Tripathi[26]提出了一种透明异构自组织网络(Transparent Heterogeneous Ad hoc Network,THANET)的路由技术。这项技术使用非合作博弈论优化来管理网络中几个相互冲突的策略。这种非合作博弈论优化使用模糊逻辑将刚性目标转化为模糊目标,因此,THANET 的动态环境得到了有效的管理。

Das 等[27]提出了一种多播 Ad hoc 网络路由协议，目的是在距离和能量等两个模糊参数的基础上创建一条从源节点到每个多播集的能量有效路径，但因为没有考虑其他参数，导致该方法存在一定局限性。因此，Yadav 等[28]加大了对多约束方法的研究力度。他们考虑了三个参数，即延迟、带宽和能量，支持利用模糊成本选择最优路径。这里也存在一些限制，因为它是基于点的隶属函数，无法保存模糊信息。此后，Das 和 Tripathi[29]通过考虑距离、能量、延迟、数据包和跳数等五个参数，提出了一种基于能量感知的路由协议，目标是通过考虑多准则决策和直觉模糊软集来寻找最优路由。由于没有使用任何优化方法，从而也导致了它的局限性。因此，使用上述技术可能无法优化几个相互矛盾的目标。后来，Das 和 Tripathi[30]又提出了一种基于非线性优化技术的路由技术，基于几何规划，它使用正多项式环境而不是多项式环境，有助于有效地确定非线性参数，提高网络寿命。

Gu 和 Zhu[31]设计了一个名为 RECI 的节能协议，该协议处理两个路由问题，如能量索引和最小跳数，这两个基本参数有助于设计有效的网络路由。通过在数据传输过程中消耗更少的能量，还有助于延长网络寿命。

Das 和 Tripathi[32]还设计了一种融合算法，用于管理混合自组织网络（Hybrid Ad Hoc Network，HANET）的动态和冲突环境。这种融合基于多种人工智能（Artificial Intelligence，AI）技术，如非线性几何规划、模糊逻辑、多目标优化、期望水平和优化集，基本目的是有效地管理网络的多个非线性冲突目标。因此，在多个过程场景中，网络生命周期和多个网络度量同时增加。

Zahedi 等[33]提出了一种用于集群式无线传感器网络的智能路由协议。这是一种基于模糊的路由协议，使用群集智能来管理无线传感器网络的所有簇头节点。在该路由协议中，Mamdani 推理系统用于模糊逻辑的决策，并利用萤火虫群算法来延长网络生命周期和平衡集群负载。

Shankar 等[34]提出了一种用于无线传感器网络能量效率的混合算法。该算法的目的是选择簇头，降低网络的能耗，这两种运算都是通过和声搜索算法（Harmony Search Algorithm，HSA）和 PSO 的融合来执行的。该算法的动态性能与网络拓扑结构有关，有助于判断活节点和死节点，提高吞吐量，减少网络剩余能量。

Azharuddin 和 Jana[35]提出了一种基于粒子群优化算法的无线传感器网络增强算法。PSO 是一种机器智能技术，用于选择簇头和簇成员。该技术有助于管理分布式流量负载，具有网络寿命增强和网络度量增强功能。

Sridhar 等[36]设计了一个名为 EN-AODV 的高效路由系统。在该协议中，由于在发送和接收数据包的过程中消耗了能量，因此，主要能量是通过接收和发送节点的数据包来测量的。在该路由协议中，通过保持节点的能量容量来延长网络寿命。

Ouchitachen 等[37]提出了一种用于加权聚类算法的无线传感器网络多目标优化技术。在该算法中，基于遗传算法（Genetic Algorithm，GA）的基站用于管理传感器节点消耗的能量。该算法有助于满足传感器节点的要求，还有助于通过交叉相邻节点改善发送节点和接收节点之间的通信。

Gholipour 等[38]提出了一种融合遗传算法和支持向量机的无线传感器网络拥塞控制技术。该方法利用遗传算法对支持向量机参数进行调整，并将实际数据与不同相位的电流进行匹配，其目的是提高能量效率和吞吐量，减少数据包丢失。

Bhatia 等[39]使用遗传算法为无线传感器网络设计了一种距离感知路由协议。在该协议中，随机概率被添加到遗传算法中，以改进簇头选择，并在簇头和基站之间建立有效的通信。最后，基于不同的度量提高了网络的生存期。

Ray 和 De[40]设计了一种基于群优化的无线传感器网络算法。该算法的主要目的是解决能量守恒和覆盖率两个问题。算法的主要关键词是萤火虫群优化（Glowworm Swarm Optimization，GSO）。作为一种仿生算法，它有助于减少传感器从一个地方到另一个地方的冗余覆盖，优化距离遍历并降低传感器节点的能耗。

Taherian 等[41]提出了一种基于 PSO 自然启发算法的无线传感器网络安全优化路由协议。该算法利用一种有效的技术将每个传感器划分为聚类方法，并将其应用于无线传感器网络中高效、安全的路由系统。

Barekatain 等[42]利用 k-均值和遗传算法的融合设计了一种无线传感器网络路由协议。在该路由协议中，簇头从所有集群成员（简单传感器节点）收集数据，并不时发送到基站，有助于将必要的信息聚合到单个位置。该路由协议的主要目的是降低能量消耗，延长网络寿命。

Dhivya 和 Sundarambal[43]提出了一种禁忌群优化（Tabu Swarm Optimization，TSO）技术，用于无线传感器网络中的网络寿命最大化。这是一种基于 QoS 的路由优化算法，将粒子群优化算法和禁忌搜索算法相融合而设计的，有助于提高无线传感器网络的生存时间，降低能耗。

Das 等[44]列出了一本关于无线传感器网络的详细书籍，它由无线网络、无线传感器网络和 Ad hoc 网络组成。文献［45-46］描述了使用模糊 petri 网的智能路由技术和使用非线性公式技术的策略管理，有助于估计网络的不确定性参数。

7.3 初步：非洲水牛优化

非洲水牛优化（African Buffalo Optimization，ABO）是一种群智能（Swarm Intelligent，SI）技术，属于元启发领域。该算法作为自然启发算法的一部分，在当前被广泛使用[47]，并被迅速应用于无线传感器网络以及自组织和无线体域网[48-52]，其灵感来自非洲水牛的运动。非洲水牛是大型食草动物，它们穿越森林、沙漠和大草原，寻找茂盛的绿草，即食物[53]。然而，在主要由干旱沙漠构成的地貌上生存是一个相当大的挑战。因此，非洲水牛已经适应了某些特征，即使在如此恶劣的环境中，它们也能生存并繁衍生息[54]。这些特征是：①沟通能力；②广泛的记忆能力；③有效的牧群管理结构[55]。三个特征的主要特点简述如下。

（1）沟通能力：非洲水牛通过"发声"与牧群交流。发声主要有两种类型：即"maa"和"waa"[56]。如果在当前位置看似有希望或安全时非洲水牛使用"maa"发声，这意味着牧群应该停留并放牧，即"利用"当前位置；如果在当前位置感知到不利或危险时使用"waa"发声，告知牧群缺少牧草或提醒牧群存在捕食者。这使得牧群保持警惕，并让某些个体寻找更安全/更好的放牧区域，即"探索"其他地点。因此，通过这些交流能力，非洲水牛合作寻找食物来源和更安全的牧场，并保护牛群免受捕食者的攻击。

（2）广泛的记忆能力：非洲水牛之所以能够追踪穿越森林、沙漠和大草原数千英里的路线，因为它们有广泛的记忆能力，能够在以下方面发挥作用。

① 比较当前位置与以前位置的安全性和有利性。

② 跟踪水牛在最有利/安全区域的放牧位置。

此外，它还增强了根据个体经验（来自自身先前位置）和群体经验（来自群体当前位置）做出决策的能力。因此，广泛的记忆能力非常重要，因为非洲水牛为了生存而选择从一个地方迁徙到另一个地方，即为了寻找食物和安全。

（3）有效的牧群管理结构：非洲水牛对群体当前位置的民主性质是另一个重要方面，使他们能够在勘探和开发抉择之间取得平衡。非洲水牛可以选择服从多数人的决定，即放牧，也可以选择其他成员不同的选择。牧群管理结构允许非洲水牛从牧群的集体智慧中获益。这意味着非洲水牛的搜索不受约束，而是通过牧群管理结构得到加强。因此，非洲水牛被认为是最有组织和最成功的食草动物之一。

总而言之，上述特征使非洲水牛能够起到如下作用。

① 逃离饥饿地区，搬到更好的牧场（通过"发声"操作符）。

② 通过比较当前和以前的位置，即基于牧群安全和放牧区质量（通过利用广泛的记忆容量），做出留在或离开当前位置的知情决定。

③ 在勘探和开采之间保持民主选择（通过有效的牧群管理结构）。

7.3.1 非洲水牛优化流程图

非洲水牛优化模仿非洲水牛的特征，通过如下的流程实现。

1. 初始化

非洲水牛优化通过将随机位置分配给搜索空间内的每个个体（即水牛），对牛群或种群（水牛群）的位置初始化。每个水牛的位置代表搜索空间中的一个解决方案。直观地说，一个多样化的群体可以更好地探索解决方案空间，更快地获得最优解。为此，根据问题特征考虑不同的概率分布，以初始化水牛在牛群中的位置。

2. 更新位置

非洲水牛优化根据每个水牛的个体最佳位置和最佳水牛的位置定期更新其位置。更新操作包括两种"发声"方法，即"maa"（用于勘探）和"waa"（用于开发）。

（1）使用"maa"发声："maa"操作符促进了对搜索空间的进一步探索。"maa"操作符由三个关键组成部分组成：

① 记忆。个体对迁移的意识，即从一个位置移动到另一个位置。

② 合作。跟踪牛群中最佳水牛的当前位置。

③ 情报。将当前位置与以前位置进行比较。

这三个部分使水牛在更新位置时能够做出明智的决定。此外，基于参数设置，即超参数，ABO 在搜索空间中实现了探索和开发之间的平衡。

（2）使用"waa"发声："waa"操作符促进搜索空间当前区域的开发。这是通过基于两个呼叫对个体进行实际调整："maa"和"waa"，从而产生个体的新位置。"waa"运算符由两部分组成。

① 调整。它表示位置的变化量，即基于"maa"和"waa"发声操作符的水牛运动。

② 调整程度。表示使用随机数确定的所需调整程度。

因此，"waa"发声技术在"waa"发声后进行必要的更改，以更新每头水牛的位置。

（3）更新全局和个体最佳位置：当前位置非洲水牛会记录访问过的地区，这有助于它比较每一次后续行动。基于适应度，即取决于当前位置的优点的解决方案的质量，个体水牛更新其经验。有关解决方案的质量信息有两种形式。

① 局部最佳。是每头水牛获得最佳空间的位置。
② 全局最佳。是所有水牛中获得最佳空间的位置。
注意，局部最佳解决方案可能不代表个体的当前位置，它可以存在于每个个体的记忆中，作为访问区域的经验。另外，全局最佳解决方案代表了目前在牧群中处于总体最佳位置的水牛。如果 ABO 满足终止标准，则报告全局最佳解的位置为最优解。

（4）重新初始化位置：为了保持充分的探索，如果最佳水牛（全局最佳水牛）的适应性在一定时间内未能改善，则整个牧群将重新初始化。这种机制允许 ABO 避开局部最优，从而防止停滞。

（5）终止：当满足以下一个或多个条件时，ABO 终止。
① 最长执行时间。预定义的 CPU/挂钟时间。
② 最大失速极限。在没有改进的情况下允许的迭代次数（即全局最佳解决方案）。
③ 最低标准。获得的解决方案在可接受范围内。
④ 解空间。访问整个解空间。

然而，除了上述标准外，还可以使用其他标准来解决该问题。

7.3.2 非洲水牛优化算法

本节分析文献［57］提出的非洲水牛优化算法。该算法由求解全局最优解的六个步骤组成：第一步是初始化水牛群，即它们的位置；第二步计算单个水牛的适应度；第三步中找到局部和全局最佳。根据从第三步获得的值，第四步 ABO 更新单个水牛的位置。第五步评估全局最佳的任何改进。基于第五步，ABO 在第六步确定是重新初始化还是终止算法。详细算法如算法 7.1 所示。

算法 7.1：非洲水牛优化
（1）在搜索空间中随机初始化每个水牛的位置。
（2）计算牛群中每头水牛的适合度。
（3）更新每头水牛的局部最佳解决方案和牛群的全局最佳解决方案。
（4）使用式（7.1）和式（7.2）更新每头水牛的位置。

$$m_{n(t+1)} = m_{nt} + C_1(x^g - x_{nt}) + C_2(x_n^p - x_{nt}) \tag{7.1}$$

$$w_{n(t+1)} = \frac{w_{nt} + m_{nt}}{\lambda} \tag{7.2}$$

式中：w_{nt} 和 m_{nt} 为搜索空间的探索和利用；C_1 为社会学习参数；C_2 为认知学习参数；λ 为在［0,1］区间内的随机数；x^g 和 x_n^p 分别为具有全局和个体最佳解的水牛位置。

(5) 如果全局最佳解决方案在 t 次迭代中没有改善，并且当前迭代小于最大迭代（如终止标准），则转到 (1)。否则，继续 (6)。

(6) 检查终止条件。如果不满足终止条件，则返回 (2)。否则，报告全局最佳并停止。

7.3.3　非洲水牛优化算法优点

开发非洲水牛优化的目的是为了解决一些现有算法存在的运算速度慢、早熟收敛、使用多参数和复杂的 DFITN 函数问题，包括遗传算法[58]、模拟退火算法[59]、蚁群优化[60]和粒子群优化[61]等。非洲水牛优化算法的优点如下。

(1) 简单性、灵活性和稳定性：非洲水牛优化算法使用简单的操作符（如模拟交流和协作方法）有效地解决复杂的优化问题，并可以很容易地根据问题的特点进行调整，使其能够灵活地处理不同的问题和调整大小。此外，与其他元启发技术相比，非洲水牛优化可以通过在一段时间内重新初始化群体来避免局部最优，使其具有高度稳健性。

(2) 更快的收敛性：非洲水牛优化算法通过调整由"maa"和"waa"操作符调节的社会认知学习参数，确保与其他元启发技术相比更快的收敛速度。非洲水牛优化通过"发声"技术，在勘探和开发之间寻求最佳解决方案。

(3) 参数少：参数调整对于快速收敛是非常关键的。但是，随着参数数量的增加，调整所需的时间会增加。此外，如果未正确调整，可能会导致收敛速度变慢，并随着参数数量的增加而再次增加。因此，要优选具有较少数量的参数（要调整）的算法。与其他元启发算法相比，ABO 算法使用较少的参数（即学习参数），供群体根据算法的进度进行探索或利用。因此，ABO 可以被认为是一个适合于大量优化问题的候选者。

7.3.4　非洲水牛优化算法应用

非洲水牛优化算法的基础是元启发算法，而元启发算法属于随机算法，克服了传统启发式算法的缺点。启发式技术是一种确定性技术，而元启发技术是启发式技术和随机化技术的结合。非洲水牛优化算法适用于全局搜索系统，它广泛应用于参数不精确和复杂的任何领域。下面给出了使用该算法的一些应用领域。

(1) 多目标优化：此优化用于处理多个目标函数，其中每个目标的性质相互冲突。非洲水牛优化算法在优化过程中起着至关重要的作用，既能保持目标，又能保持约束。这种优化是基于约束以最小化或最大化两种方式定义的。最后，算法生成了一组解决方案，帮助定义冲突目标之间的最佳权衡。

（2）约束优化：此优化用于根据约束中存在的一些决策变量优化一个特定目标，所有约束都表示目标函数的条件。

（3）离散优化：此优化基于最小化或最大化，也被称为组合优化，在可数有限次迭代中产生最优解。

（4）二元整数规划优化：二进制整数规划也称为 0~1 整数规划或 BIP。在此优化中，所有替代决策变量的变量都是 0 或 1。

非洲水牛优化的应用与元启发的应用相同，例如：①它用于机器学习、特征选择、自动聚类等许多应用中的搜索问题；②它还用于流水作业调度、最大团问题、p-中值问题等 NP 难优化问题，旅行推销员问题。因此，采用非洲水牛优化算法使搜索更具可控性和系统性，使性能更具可扩展性。该算法在 C、C++、Java、python、MATLAB、Octave、ScILAB 等软件简单实现。

7.4 提出的方法

本节将详细说明所提出的方法。非洲水牛优化是一种基于自然启发的元启发算法。本节将该算法应用于无线传感器网络路由问题中，以提高网络性能。本节在设计和部署方面分为两个小节。

典型的网络模型如图 7.1 所示，该图包含几种类型的传感器节点。不同类型节点的描述如下。

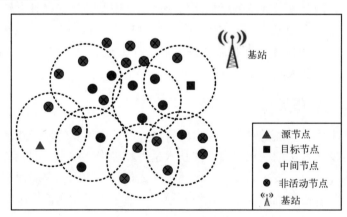

图 7.1　网络模型

定义 7.1（源节点）：源节点是发送信息数据包的主要发起方。

定义 7.2（接收节点）：接收节点是接收信息数据包的主要接收器。

定义 7.3（中间节点）：中间节点表示所有节点，并连接源节点和接收

第 7 章　基于非洲水牛优化的无线传感器网络智能路由

节点。

定义 7.4（非活动节点）：与源节点、接收器节点和中间节点不同，非活动节点不参与路由。

定义 7.5（基站）：基站是无线传感器网络的主协调器，用于管理和控制整个网络。它充当网络的网关，用于从所有传感器节点收集数据和信息并传输到服务器节点。

信息从信源到目的地的传输通过中间节点进行中继（以圆形显示）。这形成了一个节点序列，从源节点（以三角形显示）开始，到目标节点（以正方形显示）结束。

中间节点序列表示为每头水牛的属性（使用连续或二进制变量）。对于一群水牛，存在不同的路径，即中间节点序列。每头水牛都有一个不同于其他水牛的节点序列，这就是群集智能技术的特点。需要注意的是，所有中间节点、子集或任何中间节点都不能视为单个水牛的属性。根据节点序列，即源节点—中间节点—目标节点，评估适应度值，即能量损失。

图 7.2 表示一个具有 7 个节点和 11 条边的单向网络。节点 1 表示源节点，节点 7 表示目标节点，其余节点充当中间节点，本例中不存在非活跃节点。网络图相当复杂，因为每个节点都有多个传入边（即从一个或多个节点接收信息）和多个传出边（向一个或多个节点传输信息）。因此，存在从源节点到目标节点的多条可能路径，可以用下面提供的组合树来表示。

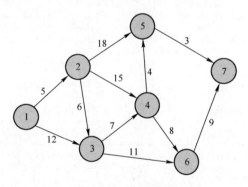

图 7.2　网络拓扑图

在图 7.3 中可以观察到从源节点向目标节点传输数据的所有可能的节点组合，如表 7.1 所列。根节点表示源节点（节点 1），然后是分支上的中间节点（节点 2 到节点 6），目标节点（节点 7）表示树节点。可以很容易地推断，随着网络规模的增加，组合树将呈指数增长，这意味着具有大量节点的问题无法使用经典方法解决。因此，元启发算法，如 ABO 的实施以有效地解决大规模的问题。

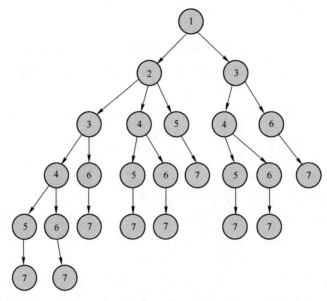

图 7.3　组合树图

表 7.1　从源节点到接收器节点的备选路径列表

序　号	可能路径	能量损失
1	1→2→3→4→5→7	5+6+7+4+3=25
2	1→2→3→4→6→7	5+6+7+8+9=35
3	1→2→3→6→7	5+6+11+9=31
4	1→2→4→5→7	5+15+4+3=27
5	1→2→4→6→7	5+15+8+9=37
6	1→2→5→7	5+18+3=26
7	1→3→4→5→7	12+7+4+3=26
8	1→3→4→6→7	12+7+8+9=36
9	1→3→6→7	12+11+9=32

ABO 将节点序列（表 7.1 所列的可能路径）表示为变量，并评估其适合度。即使随着问题规模的增加，ABO 通过在合理的时间内只评估所有可能路径（或解空间）的一小部分来实现最优解。

7.4.1 问题表述

目标函数：信息通过中间节点从源节点传输到目标节点，中间节点在边缘产生能量。这是由 c_{ij}（数据传输时从节点 i 到 j 的能量损失）和 x_{ij}（连接两个节点的二进制变量）的乘积之和获得的，目标是使传输过程中的能量损失最小化，用 Z_1 表示为

$$\text{最小化}: Z_1 = \sum_{i=1}^{N} \sum_{j=1}^{N} (c_{ij} x_{ij}) \tag{7.3}$$

受制于以下的约束条件。

(1) 源约束：

$$\sum_{j=1}^{N} x_{ij} = 1, \quad \forall i = 1 \tag{7.4}$$

式（7.4）确保将来自源节点（由 $i=1$ 表示）的信息传递给节点 j。

类似地，

$$\sum_{i=1}^{N} x_{ij} = 1, \quad \forall j = N \tag{7.5}$$

式（7.5）捕获传输到接收节点（由 $j=N$ 表示）的信息，其中 N 为目的地。

(2) 流量约束：

$$\sum_{i=1}^{N} x_{ij} = \sum_{h=1}^{N} x_{jh}, \quad \forall j = 2, 3, 4, \cdots, N-1 \tag{7.6}$$

式（7.6）确保传入节点数等于传出节点数。这意味着从节点 j 处的节点（如 i）接收的任何信息被中继到另一个节点（如 h）。

相反，它还意味着节点 j 在没有任何传入信息的情况下不中继任何信息。

(3) 子回路消除约束：

$$T_j = 0, \quad \forall j = 1 \tag{7.7}$$

$$T_j = \sum_{i=1}^{N} \{x_{ij}(T_i + c_{ij})\}, \quad \forall j = 1, 2, \cdots, N \tag{7.8}$$

式（7.7）和式（7.8）为约束集。

确保子回路中的不连续性，即防止不相交图。这是使用变量 T（表示能量损失）捕获的，该变量随传输边缘的增加而增加。上述约束，等式（7.8）为非线性的，可通过简单引入麦考密克包络线线性化。

(4) 分配约束：如果节点 i 没有来自节点 j 的可能路径，则 $x_{ij} = 0$。因此，仅当信息通过边 i-j 传输时 $x_{ij} = 1$，即

$$x_{ij} \leq c_{ij} - C', \quad \forall i = 1, 2, 3, \cdots, N \tag{7.9}$$

式中：假设 C' 是一个很大的数字。

(5) 二元和非负性约束：下面提供的条件确保变量 x_{ij} 为二进制，T_j 为非负，有

$$x_{ij}=\{0,1\}, \quad T_j=R^+, \quad \forall j=1,2,3,\cdots,N \tag{7.10}$$

7.5 性能评估

该方法在 Octave 5.1.0 中进行了设计和仿真，所提出方法的模拟参数如表7.2 所示。

表7.2 模拟参数

参 数	版 本
操作系统	Windows 7 Professional 32 位
操作系统类型	32 位
处理器	英特尔（R）奔腾（R）CPU G4400@ 3.30GHz
内存	4GB
硬盘	300GB
显示器	联想
鼠标	联想
键盘	联想
编程环境	Octave 5.1.0
微软 Word	2013
微软 Excel	2013

将提出的路由协议与如表 7.3 所列的现有三种路由方法如 EASRP[23]、RECI[31] 和 EN-AODV[36] 进行了比较。EASRPI 基于区域路由协议，采用远程激活交换系统。RECI 路由方法处理两个问题，如网络的能量指数和跳数，使用路由度量进行路由发现和维护。路由协议 EN-AODV 在两次期间管理每个节点的能量：第一次是发送数据包时间；第二次是接收数据包时间。本章所提方法基于元启发 ABO 技术，它比现有的三种方法更有效，因为它有效地优化了几个冲突的参数。本章提出的路由方法与现有的三种路由方法一起启动，因此，这种路由方法和所提出的方法是避免路由环路。源启动表示在通信过程中，只有当源节点想要传输数据包时，通信才会开始；否则，将无法保持传输。路由循环问题表示路由请求包，即 RREQ，由于重复的 RREQ 数据包生成，所以仅连续路由少数几个路由。

表 7.3 该方法与现有方法的特征比较

特 征	提议的方法	EN-AODV	RECI	EASRP
路由环路避免	可以	可以	可以	可以
源启动	可以	可以	可以	可以
接收器启动	不可以	不可以	不可以	不可以
服务质量支持	很好	中等	中等	好
剩余能量	高	很低	低	中等
网络生存期	很高	低	中等	高
延迟	很低	高	中等	低
分组传送率	很高	低	中等	高
通信开销	很低	高	中等	低
吞吐量	很高	低	中等	高
丢包	很低	高	中等	低
可扩展性	极端	较低	中等	较好
带宽	很高	低	中等	高
健壮性	更多	较低	中等	较好
连接状态	很好	差	中等	好
处理高机动性	很好	差	中等	好
处理高交通负荷	很好	差	中等	好
处理相互干扰	很好	差	中等	好
处理不精确信息	很好	差	中等	好

然而,网络中存在多条可行路径或一条最优路径。虽然现有的方法比本章提出的方法效率低,但都是基于环路避免的。由于 ABO 元启发方法,容易处理不精确信息。所以,它能够管理网络的相互干扰,有效地处理无线传感器网络的高移动性和高流量负载。因此,本章提出的方法能够很好地处理高移动性、高流量负载、相互干扰和低精度信息。EASRP 基于区域路由协议,该协议具有主动式和反应式路由协议等混合特性,它的一些特性小于所提出的路由方法,但高于两种路由协议,即 RECI 和 EN-AODV。RECI 同时维护路由发现和路由维护,并且使用了一些额外的网络参数,因此,它比 EN-AODV 更有效。

7.5.1 迭代的变化

为了说明收敛曲线的性质,考虑一个由 20 个节点组成的大规模问题,如

图7.4所示。20个节点的问题有20!（20×19×18×…×3×2×1）条可能的路线，随着节点数量和节点间边数的增加，网络问题变得越来越难以解决。因此，使用ABO进行优化是合理的。

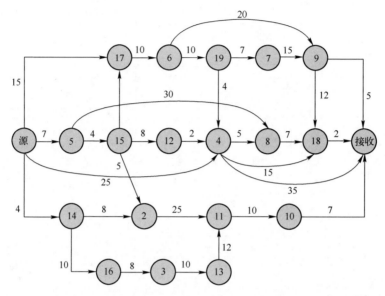

图7.4 具有20个节点的网络图（源节点+中间节点+非活动节点+接收节点）

为了简化表示，图7.4表示在能量损失最小的边缘上沿一个方向的信息流，未显示剩余存在的边（用于双向信息流）。接下来，对通过优化得到的收敛曲线进行简要讨论。

在该路由协议中，剩余能量在五轮（如第1轮到第5轮）中实现最小化。当解决方案在连续10次迭代中没有得到进一步改善时，该轮终止。数据速率的变化可以从图7.5~图7.9中观察到。其中 x 轴表示迭代次数，y 轴表示任何改进，即能量损失的变化。这里，数据速率表示无线传感器网络生命周期的剩余能量点。

实际上，任何数据速率都显示了路径提供的实际服务。在本方案中，剩余能量表示服务期间使用的能量。

图7.5显示了第1轮模拟，其中 x 轴（表示迭代次数）由1~31组成，y 轴（表示目标函数的值）分别对应于74~60。因此，在第一轮迭代中节省了14个单元。

第1轮。由于该解决方案在从22次到31次的10次迭代中都没有改进，ABO重新初始化了第2轮的羊群。

第 7 章 基于非洲水牛优化的无线传感器网络智能路由

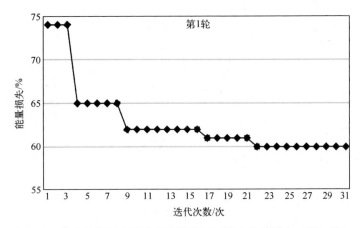

图 7.5 描述能量损失随迭代次数增加而最小化的图表（第 1 轮）

图 7.6 显示了第 2 轮模拟。它从目标值 58 开始，从而提高了 60 以上（这是第 1 轮的优化值）。随着迭代次数的增加，能量损失优化为 53，这是一种改进。

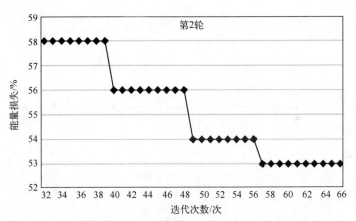

图 7.6 描述能量损失随迭代次数增加而最小化的图表（第 2 轮）

在 35 次迭代中使用 7 个单元。与第 1 轮类似，第 2 轮在目标值未能在 10 次迭代中改善时终止，即从 57 次提高到 66 次。

图 7.7 显示了第 3 轮迭代。它从目标值 46 开始，从而改善了 53（这是第 2 轮的优化值）。随着迭代次数的增加，能量损失优化为 38，实现了在 20 次迭代中改进了 15 个单元。与前几轮类似，当目标值在 10 次迭代中未能改善时（从 77 次提高到 86 次），第 3 轮终止。

图 7.8 显示了第 4 轮模拟。它从目标值 35 开始，从而改善了 38（这是第

135

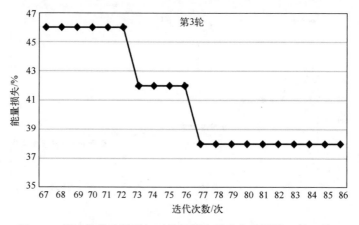

图 7.7 描述迭代次数增加时能量损失最小化的图表（第 3 轮）

3 轮中的优化值）。随着迭代次数的增加，能量损失保持在 35，这意味着在 10 次迭代中没有改善。与前几轮类似，当目标值在 10 次迭代（从 87 次提高到 96 次）后，第 4 轮终止。

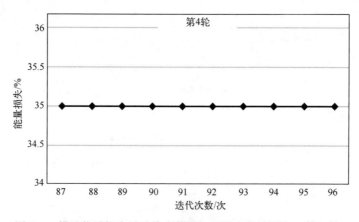

图 7.8 描述能量损失随迭代次数增加而最小化的图表（第 4 轮）

图 7.9 显示了第 5 轮迭代。它从目标值 35 开始，因此与上一轮相比没有任何改进。随着迭代次数的增加（限制为最多 100 次迭代），在剩余 4 次，即第 97 迭代时，能量损失的最佳值保持在 35，如图 7.9 所示。

需要注意的是，每轮的迭代次数是不同的，即第 1、2、3、4 和 5 轮的迭代次数分别为 31、35、20、10 和 4。这是因为每轮的终止条件基于改进，即目标函数值在预定义迭代次数上的变化，如果解决方案的质量在预定义的迭代次数内得到改善，则轮数将增加。

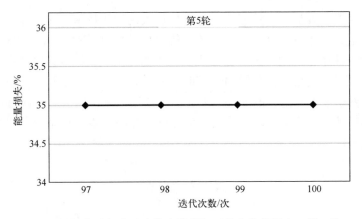

图 7.9　描述能量损失随迭代次数增加而最小化的图表（第 5 轮）

7.5.2　迭代的独特变化

图 7.10 显示了建议的路由协议的独特变化。如图 7.5 至图 7.9，迭代轮不同于分布在四个部分的迭代轮。在每一轮中，除第 3 轮和第 4 轮外，解决方案各不相同，因为这两轮都是卡滞模式轮。因此，图 7.10 唯一地表示数据速率的每个不同迭代，它清楚地显示了解决方案的实际独特变化。最后，它还表示全局最优值，全局最小值为 35。如图 7.10 所示。

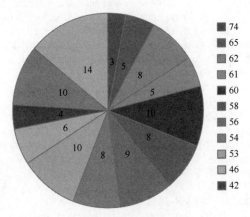

图 7.10　唯一变化中的能级类型

7.6　小　　结

在本章介绍的路由协议中，采用了基于元启发的优化技术，即非洲水牛优化算法。与其他元启发方法相比,它是最强大的优化技术。这种优化技术由多组迭代组成,其中每组又包含多个子迭代。这是 ETA 启发式方法的独特特性,在启发式方法中不可用。这种优化技术有效地优化了无线传感器网络的不同网络参数,填补了传统方法的空白。有助于在全局范围内减少网络流量,降低无线传感器网络节点和链路的能耗。因此,在数据传输期间,网络通过选择最佳路径来估计其能量消耗。未来的工作是分析该算法,并与其他元启发方法进行数学和仿真比较。

参 考 文 献

[1] Watt AJ, Phillips MR, Campbell CA, Wells I, Hole S (2019, June 1) Wireless sensor networks for monitoring underwater sediment transport. Sci Tot Env 667:160–165.

[2] Skiadopoulos K, Tsipis A, Giannakis K, Koufoudakis G, Christopoulou E, Oikonomou K, Stavrakakis I (2019, June 1) Synchronization of data measurements in wireless sensor networks for IoT applications. Ad Hoc Netw 89:47–57.

[3] Fong S, Li J, Song W, Tian Y, Wong RK, Dey N (2018, Aug) Predicting unusual energy consumption events from smart home sensor network by data stream mining with misclassified recall. J Ambient Intell Hum Comput 9(4):1197–1221.

[4] Jain PK, Quamer W, Pamula R (2018) Electricity consumption forecasting using time series analysis. In: International conference on advances in computing and data sciences. Springer, Singapore, pp 327–335.

[5] Karati A, Biswas GP (2019) Provably secure and authenticated data sharing protocol for IoT based crowdsensing network. Trans Emerg Telecommun Technol 30(4):e3315, 1–22.

[6] Karati A, Islam SH, Karuppiah M (2018) Provably secure and lightweight certificateless signature scheme for IIoT environments. IEEE Trans Ind Inf 14(8):3701–3711.

[7] Panda SK, Jana PK (2019) An energy-efficient task scheduling algorithm for heterogeneous cloud computing systems. Clust Comput 22(2):509–527.

[8] Panda SK, Jana PK (2018) Normalization-based task scheduling algorithms for heterogeneous multi-cloud environment. Inf Syst Front 20(2):373–399.

[9] Panda SK, Pande SK, Das S (2018) Task partitioning scheduling algorithms for heterogeneous multi-cloud environment. Arab J Sci Eng 43(2):913–933.

[10] Karati A, Amin R, Islam SH, Choo KKR (2018, May 8) Provably secure and light weight identity-based authenticated data sharing protocol for cyber-physical cloud environment. IEEE Trans Cloud Comput, IEEE 1–14. https://doi.org/10.1109/TCC.2018.2834405.

[11] Karati A, Islam SH, Biswas GP (2018) A pairing-free and provably secure certificateless signature scheme. Inf Sci 450:378–391.

[12] Jain PK, Pamula R (2019) Two-step anomaly detection approach using clustering algorithm. International conference on advanced computing networking and informatics. Springer, Singapore, pp 513–520.

[13] Mishra G, Agarwal S, Jain PK, Pamula R (2019) Outlier detection using subset formation of clustering based method. International conference on advanced computing networking and informatics. Springer, Singapore, pp 521–528.

[14] Kumari P, Jain PK, Pamula R (2018) An efficient use of ensemble methods to predict students academic performance. In: 4th international conference on recent advances in information technology (RAIT), IEEE, pp 1–6.

[15] Punam K, Pamula R, Jain PK (2018) A two-level statistical model for big mart sales prediction. In: 2018 international conference on computing, power and communication technologies (GUCON), IEEE, pp 617–620.

[16] Das SP, Padhy S (2018) A novel hybrid model using teaching–learning-based optimization and a support vector machine for commodity futures index forecasting. Int J Mach Learn Cybernet 9(1):97–111.

[17] Das SP, Padhy S (2017) Unsupervised extreme learning machine and support vector regression hybrid model for predicting energy commodity futures index. Memet Comput 9(4):333–346.

[18] Das SP, Padhy S (2017) A new hybrid parametric and machine learning model with homogeneity hint for European-style index option pricing. Neural Comput Appl 28(12):4061–4077.

[19] Curry RM, Smith JC (2016) A survey of optimization algorithms for wireless sensor network lifetime maximization. Comput Ind Eng 101:145–166.

[20] Yan Z, Goswami P, Mukherjee A, Yang L, Routray S, Palai G (2019) Low-energy PSO-based node positioning in optical wireless sensor networks. Optik 181:378–382.

[21] Yu X, Zhou L, Li X (2019) A novel hybrid localization scheme for deep mine based on wheel graph and chicken swarm optimization. Comput Netw 154:73–78.

[22] Phoemphon S, So-In C, Niyato DT (2018) A hybrid model using fuzzy logic and an extreme learning machine with vector particle swarm optimization for wireless sensor network localization. Appl Soft Comput 65:101–120.

[23] Ravi G, Kashwan KR (2015) A new routing protocol for energy efficient mobile applications for ad hoc networks. Comput Electr Eng 48:77–85.

[24] Sun Z, Liu Y, Tao L (2018) Attack localization task allocation in wireless sensor networks based on multi-objective binary particle swarm optimization. J Netw Comput Appl 112:29–40.

[25] Cao B, Zhao J, Lv Z, Liu X, Kang X, Yang S (2018) Deployment optimization for 3D industrial wireless sensor networks based on particle swarm optimizers with distributed parallelism. J Netw Comput Appl 103:225–238.

[26] Das SK, Tripathi S (2018) Adaptive and intelligent energy efficient routing for transparent heterogeneous ad-hoc network by fusion of game theory and linear programming. Appl Intell 48(7):1825–1845.

[27] Das SK, Yadav AK, Tripathi S (2017) IE2M: design of intellectual energy efficient multicast routing protocol for ad-hoc network. Peer-to-Peer Netw Appl 10(3):670–687.

[28] Yadav AK, Das SK, Tripathi S (2017) EFMMRP: design of efficient fuzzy based multi-constraint multicast routing protocol for wireless ad-hoc network. Comput Netw 118:15–23.

[29] Das SK, Tripathi S (2018) Intelligent energy-aware efficient routing for MANET. Wirel Netw 24(4):1–21.

[30] Das SK, Tripathi S (2019) Energy efficient routing formation algorithm for hybrid ad-hoc network: a geometric programming approach. Peer-to-Peer Netw Appl 12(1):102–128.

[31] Gu C, Zhu Q (2014) An energy-aware routing protocol for mobile ad hoc networks based on route energy comprehensive index. Wirel Pers Commun 79(2):1557–1570.

[32] Das SK, Tripathi S (2017) Energy efficient routing formation technique for hybrid ad hoc network using fusion of artificial intelligence techniques. Int J Commun Syst 30(16):e3340.

[33] Zahedi ZM, Akbari R, Shokouhifar M, Safaei F, Jalali A (2016) Swarm intelligence based fuzzy routing protocol for clustered wireless sensor networks. Expert Syst Appl 55:313–328.

[34] Shankar T, Shanmugavel S, Rajesh A (2016) Hybrid HSA and PSO algorithm for energy efficient cluster head selection in wireless sensor networks. Swarm Evol Comput 30:1–10.

[35] Azharuddin M, Jana PK (2016) Particle swarm optimization for maximizing lifetime of wireless sensor networks. Comput Electr Eng 51:26–42.

[36] Sridhar S, Baskaran R, Chandrasekar P (2013) Energy supported AODV (EN-AODV) for QoS routing in MANET. Proc Soc Behav Sci 73:294–301.

[37] Ouchitachen H, Hair A, Idrissi N (2017) Improved multi-objective weighted clustering

algorithm in wireless sensor network. Egypt Inf J 18(1):45–54.

[38] Gholipour M, Haghighat AT, Meybodi MR (2017) Hop-by-hop congestion avoidance in wireless sensor networks based on genetic support vector machine. Neurocomputing 223:63–76.

[39] Bhatia T, Kansal S, Goel S, Verma AK (2016) A genetic algorithm based distance-aware routing protocol for wireless sensor networks. Comput Electr Eng 56:441–455.

[40] Ray A, De D (2016) An energy efficient sensor movement approach using multi-parameter reverse glowworm swarm optimization algorithm in mobile wireless sensor network. Simul Model Pract Theor 62:117–136.

[41] Taherian M, Karimi H, Kashkooli AM, Esfahanimehr A, Jafta T, Jafarabad M (2015) The design of an optimal and secure routing model in wireless sensor networks by using PSO algorithm. Proc Comput Sci 73:468–473.

[42] Barekatain B, Dehghani S, Pourzaferani M (2015) An energy-aware routing protocol for wireless sensor networks based on new combination of genetic algorithm & k-means. Proc Comput Sci 72:552–560.

[43] Dhivya M, Sundarambal M (2012) Lifetime maximization in wireless sensor networks using Tabu swarm optimization. Proc Eng 38:511–516.

[44] Das SK, Samanta S, Dey N, Kumar R (2020) Design frameworks for wireless networks. Lecture notes in networks and systems. Springer, Singapore, pp 1–439. ISBN: 978-981-13-9573-4.

[45] Samantra A, Panda A, Das SK, Debnath S (2020) Fuzzy petri nets-based intelligent routing protocol for Ad Hoc network. In: Design frameworks for wireless networks, Springer, Singapore, pp 417–433.

[46] Das SK, Sachin T (2020) A nonlinear strategy management approach in software-defined ad hoc network. In: Design frameworks for wireless networks. Springer, Singapore, pp 321–346.

[47] Dey N, Ashour AS, Bhattacharyya S (2019) Applied nature-inspired computing: algorithms and case studies, pp 1–275.

[48] Dey N, Ashour AS, Shi F, Fong SJ, Sherratt RS (2017) Developing residential wireless sensor networks for ECG healthcare monitoring. IEEE Trans Consum Electron 63(4):442–449.

[49] Elhayatmy G, Dey N, Ashour AS (2018) Internet of things based wireless body area network in healthcare. In: Internet of things and big data analytics toward next-generation intelligence. Springer, Cham, pp 3–20.

[50] Mukherjee A, Dey N, Kausar N, Ashour AS, Taiar R, Hassanien AE (2019) A disaster management specific mobility model for flying ad-hoc network. In: Emergency and disaster management: concepts, methodologies, tools, and applications. IGI Global, pp 279–311.

[51] Roy S, Karjee J, Rawat US, Dey N (2016) Symmetric key encryption technique: a cellular automata based approach in wireless sensor networks. Proc Comput Sci 78:408–414.

[52] Das SK, Tripathi S, Burnwal AP (2015) Intelligent energy competency multipath routing in wanet. In: Information systems design and intelligent applications. Springer, New Delhi, pp 535–543.

[53] Odili JB, Kahar MNM (2016) African buffalo optimization. Int J Soft Eng Comput Syst 2(1):28–50.

[54] Paul JD, Roberts GG, White N (2014) The African landscape through space and time. Tectonics 33(6):898–935.

[55] Lorenzen ED, Heller R, Siegismund HR (2012) Comparative phylogeography of African savannah ungulates 1. Mol Ecol 21(15):3656–3670.

[56] Odili JB, Kahar MNM, Anwar S, Ali M (2017) Tutorials on African buffalo optimization for solving the travelling salesman problem. Int J Softw Eng Comput Syst 3(3):120–128.

[57] Odili JB, Kahar MNM, Anwar S (2015) African buffalo optimization: a swarm-intelligence technique. Proc Comput Sci 76:443–448.

[58] Mokshin AV, Mokshin VV, Sharnin LM (2019) Adaptive genetic algorithms used to analyze

behavior of complex system. Commun Nonlinear Sci Numer Simul 71:174–186.
[59] Franzin A, Stützle T (2019) Revisiting simulated annealing: a component-based analysis. Comput Oper Res 104:191–206.
[60] Jia ZH, Wang Y, Wu C, Yang Y, Zhang XY, Chen HP (2019, May) Multi-objective energy-aware batch scheduling using ant colony optimization algorithm. Comput Ind Eng 131:41–56.
[61] Latchoumi TP, Balamurugan K, Dinesh K, Ezhilarasi TP (2019) Particle swarm optimization approach for waterjet cavitation peening. Measurement 141:184–189.

第8章 基于改进群智能的无线传感器网络能量高效分布式信源定位算法

哈里克鲁什纳·甘塔亚特①，特里洛坎·帕尼格拉希②

8.1 引 言

在无线传感器网络中，具有环境感知、信息处理和无线通信能力的小型低成本传感器节点可任意部署用于特定应用[1]。文献［2］提供了设计无线传感器网络的基本框架。在无线传感器网络中，精确的波达方向（Direction of Arrival，DOA）（也称为到达角）估计是定位信源所必需的要素。传感器阵列上信号的 DOA 可由一组传感器的输出来确定。在相关研究文献中，已经报道了大量阵列信号处理方法，但所有算法都是在集中式处理器中完成数据处理[3]。

信源定位问题在无线传感器网络中有许多应用场景，如车辆定位与跟踪、环境监控、污染源定位、灾害救援等，这可能也是基于物联网的医疗保健系统中的一项重要任务[4]。然而，总的来说，目前无线传感器在上述领域的应用依然是一个难题。首先，无线传感器网络中的传感器节点采用密集部署。动态无线传感器网络的拓扑结构变化非常频繁，如何以有效的方式部署和组织这些传感器节点，以便进行信源定位是个难题。另外，无线传感器网络还使用飞行自组织网络进行灾害管理[5]。毫无疑问，这在无线传感器网络中也是一个具有挑战性的问题。而且，无线传感器网络中的传感器节点在功率、计算能力和内存方面受到限制。因此，传感器节点的资源管理是另一个重要问题。一些研究人员提出了传感器布置、传感器选择、传感器配对、数据聚合等有效方法[2]。

---

① 哈里克鲁什纳·甘塔亚特：国家科学技术学院，印度奥里萨邦贝汉布尔；E-mail：harifranky2006@gmail.com。

② 特里洛坎·帕尼格拉希：果阿国家理工学院，印度果阿邦庞达；E-mail：tpanigrahi80@gmail.com。

网络中的分布式传感器节点用于测量有用信息,如接收信号强度、波达方向、声、射频(RF)、地震或热信号的到达时差等[6],而所有传感器都由电池供电,能量有限且分布在无人值守的区域。因此,这也是无线传感器网络应用存在的一个问题。事实上,传感器节点之间数据通信消耗的能量最大。但是,如果估计算法执行分布式信息处理,则比执行需要大量通信的中央处理更节能,从而降低网络能源消耗[7]。

本章讨论基于 DOA 的信源定位技术。文献报道,最大似然(Maximum Likelihood, ML)是一种有效的 DOA 估计统计方法[8]。在最大似然方法中,代价函数由数据模型、阵列输入数据向量的协方差矩阵和噪声分布来表示。在优化过程中,当估计的波达方向等于实际方向时,得到最大似然的全局极大值。利用标准迭代方法解决非线性最大似然优化问题通常具有巨大的计算复杂性[9]。因此,提出使用群智能算法对最大似然进行优化[10]。

事实上,单靠一个传感器无法估计波达方向,而是需要一个传感器阵列(在传感器网络中,传感器本身与邻近节点形成子阵列)利用阵列信号处理算法来估计 DOA。另一种方法是将整个网络视为一个任意阵列,中央处理器可以在积累每个传感器节点的数据后估计 DOA。但是,中央处理方法存在两个主要问题:一是网络中过度的通信开销问题;二是在大型传感器网络中难以保证从广泛分离的传感器接收到的信号之间的一致性问题[11]。

信源波达方向的分布式估计是近年来的研究热点,这是因为分布式方法具有对环境变化的适应性和节能性。在传感器与其所有邻近节点通信的情况下,使用合作扩散模式[12]。需要特殊考虑的是,其中网络中的每个节点根据其局部定义的对数似然代价函数来估计特定节点的 DOA。

传感器网络中的每个节点与相邻节点形成一个任意阵列来估计 DOA。在收集空间上不相关的数据后,每个节点在一次实验中与其相邻节点共享一次其相对位置,以形成局部最大似然代价函数。然后,在每个传感器节点中使用进化算法局部优化代价函数,节点按照扩散操作模式进行协作。对估计的参数进行扩散,以便进一步估计,并通过局部优化实现全局 DOA。根据分辨率概率(Probability of Resolution, PR)和均方根误差(Root Mean Square Error, RMSE)对分布式算法的性能进行评估。结果表明,分布式估计算法在每个传感器节点上的性能都优于无协作估计算法。但是当网络稀疏时,性能会降低,即连通性降低。尤其是边缘节点受影响最大,因为其连通性非常小,导致无法正确估计 DOA。

为了克服分布式 DOA 估计中的问题,使用标准的聚类方法来实现高效且可扩展的性能。聚类方法节省了能源,并进一步减少了网络通信开销[13]。这是因为传感器通过单跳或多跳通信方式将其数据在较短距离内传输到各自的簇头。本章的研究继承了聚类思想，提出了分布式 DOA 估计技术。每个传感器在每个实验中向簇头共享一次观测数据，每个集群相互协作，类似于分布式网络方案实现全局估计[10]。

本书章节的组织如下。8.2 节介绍了相关工作的文献综述；8.3 节详细介绍了窄带远场信号的最大似然 DOA 估计，描述了分布式 DOA 估计方法。8.4 节说明了扩散粒子群算法用于传感器网络中的 ML-DOA 估计方法；8.5 节介绍了扩散粒子群优化算法；8.6 节介绍了扩散 PSO 算法在传感器网络 ML-DOA 估计中的应用；8.7 节介绍了无线传感器网络中基于聚类的分布式 DOA 估计；8.8 节对本章进行了总结；8.9 节提供了研究工作的未来发展方向。

8.2 相关工作文献综述

本节简要介绍在分布式 DOA 估计领域所做的相关研究工作，重点介绍基于群智能的波达方向估计算法。

在文献中，迭代搜索方法用于从最大似然代价函数估计 DOA。例如，交替投影近似最大似然（Alternating Projection-Approximated Maximum Likelihood，AP-AML）[14]、期望最大化（Expectation Maximization，EM）和空间交替广义期望最大化（Space Alternating Generalized Expectation-Maximization，SAGE）算法[15]被应用于线性函数的优化。由于最大似然函数的自然属性是多模态的，因此，数学技术会陷入局部极小。然而，在另一些文献中，已经提出了基于多智能体的群集智能算法，如遗传算法（Genetic Algorithm，GA）、粒子群优化算法（Particle Swarm Optimization，PSO）和模拟退火算法（Simulated Annealing，SA）等可以轻松处理多模态代价函数。粒子群优化算法已应用于天线阵列综合[16]，电磁优化[17-18]。同时，与其他启发式方法（如遗传算法）相比，粒子群优化算法以更快的方式提供了具有竞争力甚至更好的结果。许多研究人员使用遗传算法和粒子群优化及其变体[9,19-20]来估计 DOA。ML-PSO DOA 估计方法的效率大约是 GA-EM 方法的 20 倍[9]。

在无线传感器网络研究文献中，为了克服集中式处理的通信开销和计算负担，提出了分布式方法。分布式方法减少了通信量，适应了环境的变化。长期以来，人们还提出了一种分散的方法，将大阵列划分为子阵列用于 DOA 估计[21]。本地处理器使用子阵列信息检测信源及其位置，并共享给中央处理器。类似地，在文献[22]中提出了两种使用 MODE 的分散阵列处理算法，利用理论结合所有局部阵列的估计，以获得全局最优。

通过在无线传感器网络中的每个传感器节点[6,23-25]处使用天线阵列测量DOA来估计源位置的方法称为分散方法,其中任务分布在不同的传感器组中,但结构上并不分布。这是因为在分布式估计中,每个传感器节点局部估计参数,并在每次迭代时在相邻节点之间共享以实现全局DOA。

文献[11]阐述了分布式DOA估计,每个传感器节点和邻近节点形成子阵列。然后,采用扩散式合作模式,每个子阵通过优化一个局部最大似然来协同定位信源DOA。此外,基于聚类的方法应用于无线传感器网络[10]。为了使DOA估计算法完全分布式,可采用另一种搜索技术对最大似然进行优化。粒子群优化算法在其扩散分布式版本用于估计波达方向。

8.3 窄带远场信号的最大似然DOA估计

考虑一个具有N个任意分布节点的传感器网络。有$M(M>N)$个窄带远场源信号进入传感器网络。假设未知源的真实位置为$\theta=[\theta_1,\theta_2,\cdots,\theta_M]$。设$a(\theta)\in C^{N\times 1}$为传感器阵列在$\theta$方向对源的复杂响应。由传感器网络$A(\theta)=[a(\theta_1),a(\theta_2),\cdots,a(\theta_M)]$形成的传感器阵列的响应矩阵取决于传感器节点的位置。设λ为信源的波长。作为矩阵$A(k,l)$的第(k,l)个元素的第k个节点(相对于参考节点)处的l信号的复增益为[26]

$$A(k,l)=\exp\left\{j\frac{2\pi}{\lambda}[x_k\sin\theta_l+y_k\cos\theta_l]\right\},\quad k=1,2,\cdots,N,\quad l=1,2,\cdots,M \tag{8.1}$$

式中:(x_k,y_k)为第k个传感器的位置。

由整个传感器网络构成的传感器阵列输出$y_i\in C^{N\times 1}$[27],即

$$y_i=A(\theta)s(i)+v(i),\quad i=1,2,\cdots,L \tag{8.2}$$

式中:$s(i)\in C^{M\times 1}$源信号。噪声向量$v(i)$为复杂的正态分布,均值为零,协方差矩阵为$\sigma^2 I_N$,其中I_N为N阶单位矩阵,σ^2为噪声方差,L为快照数。

进一步假设信号和噪声向量为不相关,并且根据互不相关信号向量的标准特性在下面提供它们的协方差矩阵,即

$$\begin{cases} E[s(i)s(j)^H]=S\delta_{ij} \\ E[s(i)s(j)^T]=0 \\ E[v(i)v(j)^H]=\sigma^2 I\delta_{ij} \\ E[v(i)v(j)^T]=0 \end{cases} \tag{8.3}$$

式中:$S=E[s(i)s^H(i)]$为信源信号协方差矩阵;$(\cdot)^H$为复合共轭转置;

$E(\cdot)$ 为检测算子。

阵列协方差矩阵为

$$R = E[y(i)y^H(i)] = A(\theta)SA^H(\theta) + \sigma^2 I_N \tag{8.4}$$

表 8.1 中描述了算法使用的符号。

表 8.1 符号及其描述

符 号	含 义
N	节点数
M	来源数量
λ	源信号波长
$s(i)$	源信号
$v(i)$	噪声矢量
I_N	N 阶单位矩阵
σ^2	噪声方差
L	快照数
S	源信号协方差矩阵
$()^H$	复共轭转置
$E()$	期望算子
R	阵列协方差矩阵
A	阵列响应矩阵
$\hat{R}$	样本协方差矩阵
$tr[\ ]$	矩阵的迹
P_A	矩阵 A 的投影
N_k	第 k 个节点邻域中的传感器节点集合
n_k	第 k 节点度
$A_k()$	转向矩阵
$v_k(i)$	第 k 子阵的噪声过程
$\hat{R}_k$	第 k 个子阵处测量数据的样本协方差矩阵
$f_k(\theta)$	第 k 个传感器的最大似然代价函数
$A_k(\theta)$	第 k 个子阵的响应矩阵
$p_k(y_k(i)|\theta)$	第 k 个子阵单次快照的概率密度函数（pdf）
$p_k(y_k|\theta)$	联合概率密度函数为 L 个独立快照

续表

符 号	含 义
$f(\theta)$	全局对数似然函数
c_{kl}	节点 k 和 l 之间的组合器系数
$\hat{\theta}_j$	相邻传感器的波达方向估计
$\boldsymbol{P}_{jk}^i$	第 k 个传感器的第 j 个粒子的位置向量
$\boldsymbol{v}_{jk}^i$	第 k 个传感器的第 j 个粒子的速度矢量
n_k 和 n_l	节点 k 和 l 的阶数
K	最大迭代次数

8.3.1 ML-DOA 估计问题的表述

在文献中,研究人员提出了两种最大似然模型,分别是条件模型和无条件模型。在条件模型中,信号被假定为确定性的,而在无条件模型中,信号本质上是随机的。文献[28]中已经证明,无条件模型的性能明显更好。因此,这里使用无条件方法。

在文献[27]之后,通过使用阵列响应矩阵 $\boldsymbol{A}$ 和信号协方差矩阵获得任意传感器阵列的 DOA 无条件估计为

$$\hat{\boldsymbol{R}} = \frac{1}{L} \sum_{i=1}^{L} \boldsymbol{y}(i) \boldsymbol{y}^{\mathrm{H}}(i)$$

全局最大似然函数为

$$f(\theta) = \lg \left| \boldsymbol{P}_A \hat{\boldsymbol{R}} \boldsymbol{P}_A^{\mathrm{H}} + \frac{\boldsymbol{P}_A^{\perp}}{N-M} \mathrm{tr}[\boldsymbol{P}_A^{\perp} \hat{\boldsymbol{R}}] \right| \tag{8.5}$$

式中:tr[ ]为矩阵的迹; $\boldsymbol{P}_A = \boldsymbol{A}(\boldsymbol{A}_g^{\mathrm{H}} \boldsymbol{A})^{-1} \boldsymbol{A}^{\mathrm{H}}$ 为矩阵 $\boldsymbol{A}$ 的投影, $\boldsymbol{P}_A^{\perp} = \boldsymbol{I} - \boldsymbol{P}_A$ 为正交互补。

8.4 分布式 DOA 估计

需要关注的问题是根据观测值 $\{\boldsymbol{y}(i)\}_1^L$ 以分布式方式预测波达角 θ。在无线传感器网络中,如果它们能够立即相互作用,就可以看出两个节点是链接的,无线传感器网络中的数据通信遵循一种路由算法。此外,当网络是混合网络时,路由是一项具有挑战性的任务。文献[29-30]中给出了一种几何规划和许多更智能的方法,用于路由此类 Ad hoc 网络,节点始终链接到自身,令

N_k 为第 k 个节点邻域中的传感器节点集合。链接到节点 k 的节点数被称为第 k 个节点的度，记为 n_k。

8.4.1 用于 DOA 估计的局部代价函数

网络中的每个传感器可以通过形成一个具有一跳邻近节点的局部阵列来估计 DOA，每个节点及其即时邻近节点创建一个随机数组[11]。第 k 个子阵列输出的复数 n_k 阶向量 $\mathbf{y}_k(i)$ 变为

$$\mathbf{y}_k(i) = \mathbf{A}_k(\theta)\mathbf{s}(i) + \mathbf{v}_k(i), \quad i = 1, 2, \cdots, L \tag{8.6}$$

式中：$\mathbf{A}_k(\theta) \in \mathbf{C}^{n_k \times M}$ 为导向矩阵；向量 $\mathbf{v}_k(i) \in \mathbf{C}^{n_k}$ 为第 k 个子阵列处的噪声过程。

现在，可以使用基于子空间的算法（如 MUSIC、ESPIRIT、Capon 波束形成器等）来估计第 k 个子阵中的 DOA。

对于任何一种算法，首先要估计测量数据的协方差矩阵，有

$$\hat{\mathbf{R}}_k = \frac{1}{L} \sum_{i=1}^{L} \mathbf{y}_k(i) \mathbf{y}_k^{\mathrm{H}}(i) \tag{8.7}$$

对于 MUSIC 算法，可求出 $\hat{\mathbf{R}}_k$ 的特征值和相应的特征向量。假设噪声子空间与信号空间正交，确定噪声子空间以给出空间谱的估计，然后利用空间谱估计波达方向。

但是，由于子阵的规模较小，这些方法可能无法提供最佳估计，并且子空间方法需要更多的样本来保证有效估计 DOA。通过提高传感器网络中传感器节点的连接性，可以增大网络的规模。但是，在时间有限的传感器网络中，快照的数量可能并不能满足要求。因此，选择了统计上有效的算法，即最大似然算法。该算法可以提供最佳估计，即使快照的数量较少且阵列规模较小。现在，第 k 个传感器的最大似然成本函数为

$$f_k(\theta) = \lg \left| \mathbf{P}_{\mathbf{A}_k} \hat{\mathbf{R}}_k \mathbf{P}_{\mathbf{A}_k}^{\mathrm{H}} + \frac{\mathbf{P}_{\mathbf{A}_k}^{\perp}}{N-M} \mathrm{tr}[\mathbf{P}_{\mathbf{A}_k}^{\perp} \hat{\mathbf{R}}_k] \right| \tag{8.8}$$

式中：$\mathbf{A}_k$ 为第 k 个子阵列的响应矩阵；$\hat{\mathbf{R}}_k$ 为（8.7）中定义的样本协方差矩阵；$\mathbf{P}_{\mathbf{A}_k} = \mathbf{A}_k (\mathbf{A}_k^{\mathrm{H}} \mathbf{A}_k)^{-1} \mathbf{A}_k^{\mathrm{H}}$ 为矩阵 $\mathbf{A}_k$ 的投影；$\mathbf{P}_{\mathbf{A}_k}^{\perp} = \mathbf{I} - \mathbf{P}_{\mathbf{A}_k}$ 为 $\mathbf{P}_{\mathbf{A}_k}$ 的正交互补。

式（8.8）中定义的局部代价函数 $f_k(\theta)$ 是通过将（8.5）中定义的整个阵列的最大似然代价函数中的 $\mathbf{A}$ 替换为 $\mathbf{A}_k$ 和样本协方差矩阵 $\hat{\mathbf{R}}$ 替换为 $\hat{\mathbf{R}}_k$ 而获得的。

8.4.2 使用局部最大似然的分布式 DOA 估计

在分布式估计中，每个传感器都应该具有相同目标的局部代价函数。网络

第8章 基于改进群智能的无线传感器网络能量高效分布式信源定位算法

中的每个传感器节点与邻近节点形成子阵列,由于阵列因子不同,从而导致不同的局部最大似然 $f_k(\theta)$。每个节点都尝试通过迭代优化方法来估计 DOA。但是,要实现利用最大似然代价函数的多峰特性确定信源 DOA 这个共同的目标,则很难进行估计,数学技术在这里可能行不通。因此,文献中提出了类似于基于粒子群优化的最大似然解的进化算法[9],这里使用称为扩散 PSO 的分布式 PSO。在估计局部 DOA 后,每个节点与其邻近节点共享其估计值,将节点接收到的所有估计值合并后,更新自己的估计值。

现在,我们的目标是建立分布式最大似然。根据分布式估计理论,全局成本函数应表示为局部成本函数之和[31-33]。事实上,每个传感器节点在累积从信源接收到的数据后,形成自己的最大似然代价函数。传感器节点连接到任何其他相邻节点,因此,子阵列之间存在公共节点。为了将全局函数近似为局部最大似然之和,需要考虑数据在时间和空间上独立的假设。

1. 分布式 ML-DOA 估计问题公式

让我们考虑第 k 个传感器上积累的数据(k 子阵列)。对于多变量数据,第 k 个子阵列处单个快照的概率密度函数(Probability Density Function,PDF)为

$$p_k(\mathbf{y}_k(i)|\theta) = \frac{1}{\det[\pi R_k]}\exp\{-\mathbf{y}_k^H R_k^{-1}\mathbf{y}_k\} \tag{8.9}$$

由于每个阵列都会接收到 L 个独立快照,因此联合概率密度函数 $p_k(\mathbf{y}_k(i)|\theta)$ 的定义为

$$p_k(\mathbf{y}_k|\theta) = \prod_{i=1}^{L}\frac{1}{\det[\pi R_k]}\exp\{-\mathbf{y}_k^H(i) R_k^{-1}\mathbf{y}_k(i)\} = 1 \tag{8.10}$$

对于 L 独立快照,传感器 DOA 估计的对数似然代价函数定义为

$$f(\theta) = \ln\prod_{i=1}^{L}p(\mathbf{y}(i)|\theta) = \sum_{i}\ln p(\mathbf{y}(i)|\theta) \tag{8.11}$$

式中:$p(\mathbf{y}(i)|\theta)$ 为整个传感器阵列的联合概率密度函数。

由于假设测量的快照是相互独立的,因此这里使用概率的简单乘积。然后,为了将乘积转换为求和,考虑了对数似然函数。此外,对数函数将高斯概率密度函数中的指数函数转化为对数似然函数。为了使 ML-DOA 估计成为分布式的,在式(8.12)中进行的近似是有效的,即

$$p(\mathbf{y}_k(i)|\theta) \approx \prod_{i=1}^{L}p_k(\mathbf{y}_k(i)|\theta), \quad k = 1,2,\cdots,N \tag{8.12}$$

那么,有

$$p(\mathbf{y}(i)|\theta) \approx \prod_{k=1}^{N}p_k(\mathbf{y}_k(i)|\theta) \tag{8.13}$$

由于每个传感器节点都将观测到的数据发送给其相邻节点，因此每个子阵列的数据并不是独立的。为了使其完全独立，提出了基于聚类的方法[10]。但某些假设可以通过在式（8.11）中替换式（8.13）得到近似值为

$$f(\theta) \approx \sum_{k=1}^{N} \left\{ \sum_{i=1}^{L} \ln p_k(\mathbf{y}(i) | \theta) \right\} \tag{8.14}$$

现在，该代价函数可用于分布式优化，因为全局代价函数近似等于每个子阵列的局部代价函数之和[32]。事实上，式（8.14）中的这种近似将在其性能上有一些损失，这将在数值模拟结果中实现。全局函数可表示为

$$f(\theta) = \text{minimize} \sum_{k=1}^{N} f_k(\theta) \tag{8.15}$$

式中：每个 $f_k(\theta)$ 为仅第 k 个传感器节点已知的局部代价函数。

第 k 个子阵的局部代价函数为

$$f_k(\theta) \approx \sum_{i=1}^{N} \ln p_k(\mathbf{y}(i) | \theta) \tag{8.16}$$

在式（8.8）中给出的局部最大函数可以表示为式（8.16）的右侧部分。因此，全局对数似然函数可以近似为

$$f(\theta) \approx \sum_{k=1}^{N} \lg \left| \mathbf{P}_{A_k} \hat{\mathbf{R}}_k \mathbf{P}_{A_k}^{H} + \frac{\mathbf{P}_{A_k}^{\perp}}{N-M} \text{tr}\left[\mathbf{P}_{A_k}^{\perp} \hat{\mathbf{R}}_k \right] \right| \tag{8.17}$$

在传感器网络中，每个传感器的布设角度不同，并且传感器是随机分布的。因此，形成的每个子阵列的大小和几何形状与其他子阵列完全不同。结果表明，取决于传感器网络的拓扑结构和传感器节点的位置不同，每个传感器都具有不同的目标函数。事实上，所有这些都是基于实际信源方向形成局部最大似然函数。因此，函数的形状可能不同，但全局最优是常见的。

2. 迭代优化算法的需求

对数似然函数中的问题本质上是非凸的多峰问题。但是，所有传感器节点在各自的最大似然代价函数中共享一个共同的全局最大值。因此可以假设，在所有局部最大似然中，在该全局最大值周围的一个小区域内近似凸的[7]。如果迭代多智能体搜索算法搜索成本函数为凸的凸区域，则可以应用分布式估计理论[32]。

进化优化算法具有这样的优点，它可以在多峰代价函数中搜索全局最大值。由于目前的方法是分布式估计 DOA，现在可以在单个传感器与其他相邻传感器交互的情况下使用扩散 PSO，以使搜索过程更快、更准确[34]。在扩散方法中，每个传感器节点与邻近节点相互作用，借助局部观测和代价函数更新估计参数。该算法以分布式方式最小化多模代价函数式（8.15）来估计到达

方向。

简单地说,我们可以通过以下方式理解这个过程。每个传感器节点从未知变量 $\theta_k(0)$ 的初始估计开始,并在离散时间 $i=1,2,\cdots$,采用 PSO 学习算法。设 $\theta_k(i)$ 表示第 k 个传感器在该时刻估计的 DOA 矢量。每个传感器首先从邻近的 $j \in N_k$ 接收估计的 DOA。然后,传感器节点将其当前估计与从其邻近节点接收到的估计相结合。有

$$\theta_k(i+1) = \sum_{j \in N_k} c_{kj}(i)\theta_j(i) \tag{8.18}$$

式中:组合器系 $c_{kj}(i)$ 是相邻传感器的 DOA 估计 $\theta_j(i)$ 的因子,$j \in \mathbb{N}_k$ 归因于第 k 个传感器。

组合器系数取决于传感器节点的连接性,当相邻传感器 j 与 k 连接时,该传感器节点被指定为一个位置或零值。如果相邻传感器 j 未与 k 通信,则该系数为零。在文献中,根据网络拓扑提出了不同的方法来计算这些权重[12]。在估计时间内,假定网络的系数为常数。8.5 节将详细介绍扩散粒子群优化算法。

8.5 扩散粒子群优化

粒子群优化(PSO)是 1995 年开发的一种多智能体启发式搜索技术[35-36]。在粒子群优化算法中,每个粒子代表解空间中的随机高斯,称为粒子位置。每个粒子的位置随其关联的随机速度而更新,粒子有它自己的最佳经验记忆,粒子根据自己和团队的经验(分别称为个体最优 pbest 和全局最优 gbest)迭代更新其速度。

让我们考虑每个传感器上的一组 P 粒子。每个粒子都有 M 维位置和速度向量。对于第 k 个传感器节点的第 j 个粒子,位置和速度分别地表示为 $x_{jk}^i = [x_{jk1}^i, x_{jk2}^i, \cdots, x_{jkM}^i]^T$ 和 $v_{jk}^i = [v_{jk1}^i, v_{jk2}^i, \cdots, v_{jkM}^i]^T$。这些粒子在超空间(即 $\mathbb{R}^M$)中的位置变化有两个最佳估计,即 pbest 和 gbest。让 $p_{jk}^i = [p_{jk1}^i, p_{jk2}^i, \cdots, p_{jkM}^i]$ 表示第 k 个节点处第 j 个粒子的 pbest,而 gbest 的 pbest 表示为 $p_{gk}^i = [p_{gk1}^i, p_{gk2}^i, \cdots, p_{gkM}^i]$。在搜索过程中,每个粒子根据以下更新方程更新其速度和位置向量,即

$$v_{jk}^{i+1} = \omega^i v_{jk}^i + c_1 r_1^i \odot (p_{jk}^i - x_{jk}^i) + c_2 r_2^i \odot (p_{gk}^i - x_{jk}^i) \tag{8.19}$$

$$x_{jk}^{i+1} = x_j^i + v_{jk}^{i+1} \tag{8.20}$$

式中:$\odot$ 为元素乘积;$j=1,2,\cdots,P$ 为粒子指数;$i=1,2,\cdots,N$,表示迭代编号;$k=1,2,\cdots,N$,用作传感器编号。

在加权粒子群优化算法中，每个粒子的速度根据惯性权重 ω 缩放的当前速度进行更新。每一个粒子总是试图朝着自己最好，即个体最优 pbest 和全局最优 gbest 的方向移动。常数 c_1 和 c_2 是用于确定最佳和最佳相对拉力的加速系数。这些常数分别称为认知参数和社会参数[17,36]。两个独立的随机向量 r_1 和 r_2（M 维）均匀分布在 0 和 1 之间。这些随机向量随机确定 pbest 和 gbest 的相对拉力[17]。粒子群优化算法的性能可以通过对更新方程进行一定的修改来提高。例如，针对 ML-DOA 估计的可变粒子群优化算法，如自适应粒子群优化算法[20]和综合学习粒子群优化算法[19]。

在分布式 DOA 估计中进行优化时，在每次迭代中，传感器节点与相邻节点相互共享其 gbest。为此，在传统的粒子群优化算法中引入了传感器节点间的扩散协作策略，称为扩散粒子群优化算法（DPSO）。DPSO 中的步骤如下：

（1）每个粒子从相邻粒子接收 gbest 并将其组合；
（2）每个传感器更新其粒子速度；
（3）然后更新粒子位置；
（4）然后，更新一个最佳，即 pbest；
（5）所有粒子一起找到它们的 gbest；
（6）与相邻粒子共享其 gbest 向量。

参数 pbest 和 gbest 是用局部代价函数最大似然来度量的，节点有两种方法可以利用接收到的 gbest。在每个传感器上，共识机制来组合从相邻传感器接收到的 gbest 估计值为

$$p_{gk}^{(i-1)} = \sum_{l \in N_k} c_{kl} p_{gk}^{(i-1)} \tag{8.21}$$

在扩散过程中，每个传感器节点从邻近节点接收估计的到达方向。这些估计值与加权系数组合，其中系数之和为 1。等权重是选择系数的最简单方法。但在 metropolis 算法中，更多的权重被赋予具有更多传感器（即更多度）的阵列，并且事实上具有更多传感器的阵列具有更好的到达方向估计能力。metropolis 权重用于计算系数 c_{kl}，表示为

$$c_{kl} = \begin{cases} \dfrac{1}{\max(n_k, n_l)}, & k \neq l \text{ 且已链接} \\ 0, & k \text{ 和 } l \text{ 未链接} \\ 1 - \sum_{l \in N_k/k} c_{kl}, & k = l \end{cases} \tag{8.22}$$

式中：n_k 和 n_l 为节点 k 和 l 的阶数。

每个传感器节点根据式（8.22）中定义的 metropolis 权重融合从邻近节点

接收到的 DOA 估计。融合 DOA $p_{gk}^{(i-1)}$ 帮助节点进行局部优化，使其具有全局 DOA。在每一次迭代中，全局估计的 DOA 与其邻近节点共享节点，用于进一步的扩散过程。

8.6 扩散 PSO 算法在无线传感器网络 ML-DOA 估计中的应用

在分布式估计中，网络中的每个传感器节点利用局部代价函数对所需信息进行局部估计。然后与邻近节点共享估计值，以便进一步处理。在这里，网络中的每个传感器节点形成一个任意大小的阵列，其大小等于其与其邻近节点的度。在每个子阵列上，传感器节点累积来自子阵列所有参与节点的数据，然后形成其局部最大似然代价函数。通过跟踪网络中的扩散一致性，每个传感器节点尝试通过与网络中的其他传感器节点协作来局部估计 DOA。为此，每个传感器节点使用扩散 PSO 算法来计算局部最大似然函数。分布式 DPSO 算法首先在搜索范围为 $0\sim\pi$ 的每个节点上初始化预定义数量的粒子，并在每个维度上使用随机位置。然后，在 $0\sim\pi$ 的范围内随机初始化每个粒子的关联速度。第 k 个传感器节点和第 j 个粒子的位置向量定义为 $x_{kj}=[\theta_{kj1},\cdots,\theta_{kjM}]$。

使用适当的映射从问题空间中的粒子位置向量确定候选解。在算法的第一次迭代中，粒子的随机位置被视为 pbest。每个粒子通过使用局部最大似然式（8.8）计算其在每个节点上的适应度。再根据每个节点上所有粒子的适应度计算 gbest。出于扩散目的，每个节点与其邻近节点共享 gbest。在每个节点上，使用式（8.21）中给出的扩散机制 gbest 来融合从网络中邻近节点接收到的消息。融合后的 gbest 用于随后使用等式（8.19）和式（8.20）更新速度和位置向量。

在扩散粒子群优化算法中，搜索过程中的关键方程是速度更新方程。可以看出，有三个分量促成了当前速度向新速度的变化，更新后的速度进一步用于更改粒子的位置，速度更新方程的第一部分与当前速度成正比，这将引导每个粒子沿同一方向前进。DPSO 算法的收敛行为由惯性权重 ω 定义，惯性权重 ω 乘以过去的速度[37]。在初始迭代期间，较大的 ω 值有助于全局开发。在某些迭代之后，较小的 ω 有助于在优化过程结束时所需的当前搜索区域中进行局部开发。这是因为在后期迭代期间，粒子对全局解决方案的环集性很强。在常规加权 PSO 中，在优化过程中，ω 减小。

设 ω 的最大值和最小值分别为 $\omega_{\max}$ 和 $\omega_{\min}$，$\omega_{(i)}$ 的迭代更新如下：

$$\omega^i = \begin{cases} \omega_{\max} - \dfrac{\omega_{\max}-\omega_{\min}}{rK}(i-1), & 1 \leqslant i \leqslant [rK] \\ \omega_{\min}, & [rK]+1 \leqslant i \leqslant K \end{cases} \quad (8.23)$$

式中：$[rK]$ 为权重重量减少的迭代次数；r 为比率 $0<r<1$；K 为最大迭代次数；$[\cdot]$ 表示舍入运算符。

如果查阅文献［38］中的 PSO 算法，上述各参数被选择为 $\omega_{\max}=0.9$，$\omega_{\min}=0.4$ 和 $r=0.4\sim0.8$。

现在看看速度更新方程的第二部分和第三部分。这些项促使粒子向粒子自身的最佳位置（即 pbest）和组的最佳位置（即 gbest）移动。常数 c_1 和 c_2 分别用于使粒子搜索偏向两个最佳位置 pbest 和 gbest。此外，速度不应超过一定的限制，以避免集群发散[39]。速度限制在每个节点上定义为

$$v_{jk}^i = \begin{cases} V_{\text{MAX}}, & v_{jk}^i > V_{\text{MAX}} \\ V_{\text{MIN}}, & v_{jk}^i < V_{\text{MIN}} \end{cases} \quad (8.24)$$

V_{MAX} 的值应限制为动态范围的一半。使用式（8.20）更新粒子的新位置。类似于速度限制在其最大值和最小值之间一样，位置也限制在其实际范围内。如果新位置向量的任何维度超出了介于 0 和 π 之间的边界，则将其调整为仅位于该范围内。此处定义的终止标准是最大迭代次数 K。K 次迭代完成后，最终的 gbest p_{kg} 是源 DOA 的 ML 估计。算法 8.1 概述了 ML-DPSO 算法的主要步骤。

算法 8.1：扩散 PSO 算法的主要步骤

设置问题：
① 定义传感器网络的拓扑结构。
② 计算扩散过程的 metropolis 权重。
③ 在每个节点及其近邻处设置随机阵列。
④ 在每个节点处定义局部适应度函数。
⑤ 选择 PSO 参数。

每个节点的群集初始化：
① 随机位置。
② 随机速度。

每次迭代都要这样做
  或者每个节点都这样做
   每个粒子都这样做
    将粒子位置映射到解空间中的解向量，根据节点的局部最大似然函数式（8.8）

评估节点当前迭代的目标函数；
根据适应度值更新粒子最佳位置 p_k^i 和组最佳位置 g_k^i；
根据式（8.19）更新粒子速度；
如果速度超过了极限，那么
　　使用式（8.24）来限制粒子的速度；
结束
使用式（8.20）更新粒子的位置；
如果粒子位于解空间边界之外，则调整颗粒位置；
结束
结束
将其状态共享给所有相邻节点；
结束
按照（式8.21）进行局部扩散；
检查终止标准；
结束

8.6.1 性能评估

DOA 估计算法的性能可以用两种方法来评估：一个是均方根误差（RMSE），另一个是分辨概率（PR）。RMSE 提供估计角度与真实值的接近程度，PR 为我们提供了算法解析密集源的能力，这些参数定义如下。

（1）均方根误差（RMSE）为

$$\text{RMSE} = \sqrt{\frac{1}{MN_{\text{run}}} \sum_{i=1}^{N_{\text{run}}} \sum_{l=1}^{N} (\hat{\theta}_l(i) - \theta_l)^2} \qquad (8.25)$$

式中：M 为信源的数量；$\hat{\theta}_l(i)$ 为第 i 次运行中实现第 j 次 DOA 的估计；θ_l 为第 l 个信源的真实 DOA。

（2）分辨率概率（PR）：PR 是 DOA 估计算法解算近空间源的能力。如果 $|\hat{\theta}_1 - \theta_1|$ 和 $|\hat{\theta}_2 - \theta_2|$ 都小于 $\Delta\theta/2$，则表示两个信源之间为分离，可以在特定运行中解析两个源。其中，$\Delta\theta = |\theta_1 - \theta_2|$ 是两个信源之间的分离。

8.6.2 示例

在此示例中，验证了针对连通性较小的网络提出的分布式估计方法的性能，并与 ML-PSO 和 MUSIC 等分散算法进行了比较，平均连通度较低，网络拓扑如图 8.1 所示。该网络可以扩展到任意数量的传感器节点，但为了证明所提出的分布式 ML-DOA 估计算法的有效性，以 18 个节点的传感器网络为例，选择认知参数 c_1 和 c_2 为 2，DPSO 算法运行 200 次迭代。

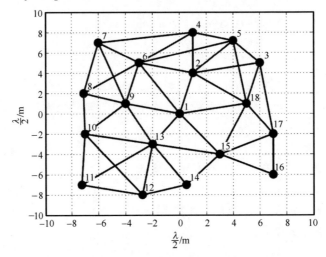

图 8.1　示例 1 中使用的网络拓扑

模拟结果如图 8.2 和图 8.3 所示，用于描述图中算法的索引如表 8.2 所列。由于算法的性能取决于噪声，加性随机噪声相对于信号功率的功率由信噪

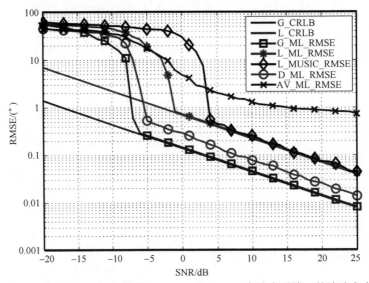

图 8.2　全局 ML-PSO、扩散 ML-PSO 和 MUSIC 方法在子阵 1 的波达方向（有和没有合作）估计中的 RMSE 与 SNR 图

比（SNR）定义。因此，所有的数值结果都是通过改变信噪比得到的。信噪比在-20~30dB之间变化，步长为1dB。图中显示了使用中心化ML-PSO、分布式ML-DPSO和中心化MUSIC算法的模拟结果，并绘制了MUSIC算法的平均500多个蒙特卡罗模拟结果。MUSIC算法中使用了数百个快照，其中RMSE渐近接近称为Cramer-Rao下界（CRLB）的理论界。然而，分布式ML-DPSO和集中式ML-PSO算法通过仅选择20个快照来重复100次蒙特卡罗模拟，以减少分布式估计中的通信开销。

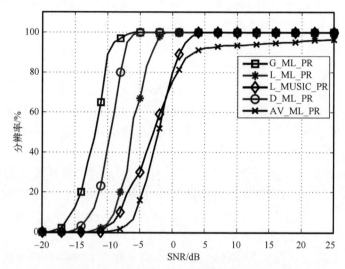

图8.3 通过全局粒子群优化、扩散粒子群优化和子阵列1上的MUSIC方法（有和没有合作）进行预测

表8.2 图8.2和图8.3中使用的索引及其说明

指 数	描 述
G_CRLB	用于全局阵列的CRLB
L_CRLB	局部子阵CRLB
G_ML_RMSE	全局阵列ML-PSO的RMSE性能
L_ML_RMSE	无扩散局部子阵ML-PSO的RMSE性能
MUSIC	RMSE在本地子阵列上的MUSIC表演
D_ML_RMSE	ML-DPSO在子阵1的RMSE性能
AV_ML_RMSE	所有子阵列上ML-DPSO的平均RMSE性能
G_ML_PR	全局阵列ML-PSO的PR性能
L_ML_PR	无扩散局部子阵ML-PSO的PR性能

续表

指　数	描　述
L_MUSIC_PR	局部子阵列 MUSIC 的 PR 性能
D_ML_PR	ML-DPSO 在子阵 1 的 PR 性能
AV_ML_PR	ML-DPSO 在所有子阵列上的平均 PR 性能

从图 8.3 中观察到，在传感器 1 上的分布式 ML-DPSO 在 PR 方面的性能与集中式 ML PSO 的性能相当。在集中式 ML-PSO 中，通过形成全局阵列，使用网络中的所有传感器节点进行估计。现在，如果我们比较子阵列 1 在传感器 1 上的性能，协作性能要比没有协作的性能好得多。事实上，快照数量更多的全局 MUSIC 并没有更好的表现。

可以使用图 8.2 中的 RMSE 性能进行类似的分析。传感器 1 处 ML-DPSO 的 RMSE 性能介于集中式 ML-PSO 和子阵列 1 之间，其他子阵列之间没有协作。在较低的信噪比（于 $-20\sim-7$ dB）下，在传感器 1 处，ML-DPSO 和集中式 ML-PSO 的总体性能几乎相同。

当子阵 1 在没有任何合作的情况下估计 DOA 时，最佳可实现性能将是 CRLB。但当采用分布式方式进行估计时，同一个子阵提供了更好的性能。这是因为，在分布式估计中，每个子阵列都试图获得全局估计。因此，在子阵列 1 处，DPSO 低于子阵列 1 的 CRLB。

图 8.4 和图 8.5 所示为 10dB SNR 下示例子阵列 1 处和 16 处的最大似然。

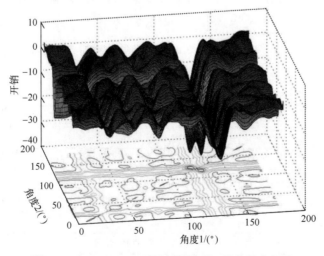

图 8.4　在 10dB SNR 下示例子阵列 1 处的最大似然

第8章 基于改进群智能的无线传感器网络能量高效分布式信源定位算法

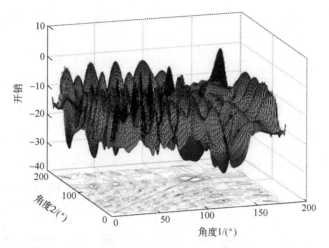

图 8.5 在 10dB SNR 下示例子阵列 16 处的最大似然

在特定实验中，PSO 算法在 10 dB SNR 下的收敛性能如图 8.6 和图 8.7 所示。从图中可以看出，全局 PSO（集中式方法）比分布式 PSO 具有更好的性能。但在集中式方法中，通信开销更大。分布式方法需要较少的迭代次数来实现 PR 为 1，这从图 8.6 中可以明显看出。类似地，RMSE 也比图 8.7 所示的非分布方法更快地渐近接近 CRLB。分布式方法中 RMSE 的稳态值介于全局阵列的 CRLB 和子阵列 1 之间。

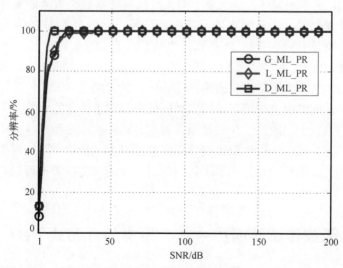

图 8.6 全局 ML-PSO 和扩散 ML-PSO 方法在子阵 1 的波达方向估计中的 PR 与迭代图

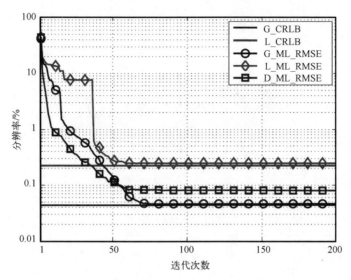

图 8.7 RMSEVERS 迭代图在子阵列 1 上通过全局 ML PSO 和扩散
ML PSO 方法进行 DOA 估计,有无合作

通常,传感器阵列的 DOA 估计能力随着阵列中出现的传感器数量的增加而提高。如果一个传感器节点的阶数为 2,并且试图估计两个源的 DOA,那么无论使用何种算法,性能都将非常差。从传感器 16 和图 8.5 中绘制的最大似然可以看出,局部极小值主导全局极小值。但是,在图 8.4 中绘制的传感器节点 1 处的 ML 成本函数中,全局最小值支配所有局部最小值。如果在节点 1 处看到全局最大似然,全局极小值看起来就像量子阱(特别是在信号完全控制噪声的高信噪比下)。有时,PSO 算法也无法搜索到解,PSO 的变体(如自适应 PSO 和 CLPSO)用于处理该问题。

实际上,与位于网络边缘的传感器相比,位于网络内部的传感器具有两个以上的度。在网络中,如果节点的平均度较小,则整体性能较差。但同时,整体通信开销也较少。因此,我们必须在通信开销和性能之间进行折中。对于任何连接性,分布式算法的性能比在每个传感器上生成的单个子阵列更好。除了独立问题外,在推导分布式成本函数的同时,使用聚类技术也可以克服连通性问题。

8.7 无线传感器网络中基于聚类的分布式 DOA 估计

与非合作方法相比,合作的单个传感器获得的性能有所提高(稍后将从仿真结果中看到),但低于将整个传感器网络视为任意传感器阵列的全局估计,这源于分布式最大似然公式的假设(图 8.16)。事实上,将集中成本函数表示为每个子阵列的成本函数之和本身就是一个问题,这对于智能传感器网络中的一致性算法是必需的。此外,网络中传感器的连通性也会影响分布式算法的性能,这是因为阵列的大小是阵列找到 DOA 能力的关键因素。对于较小的子阵列,代价函数不能提供更好的性能。在无线传感器网络中,边缘的连通性较差。因此,基于集群的扩散合作是克服上述问题的最佳解决方案。

传感器将自己组织成称为集群的组,并协作定位多个信源,每个集群都被视为一个任意数组,单个集群可以尝试通过使用优化其局部最大似然来估计 DOA,结合集群间的扩散合作模式,得到全局估计。事实上,无线传感器网络中的集中式算法通常会给出更准确的估计,但由于通信开销较大,不具有能量效率。对于连通性较差的传感器网络,分布式网络算法可能无法提供准确的估计。然而,分布式集群算法的优点是,它最适合当应用程序需要能源效率时,性能几乎与集中式算法相当。

与之前讨论的分布式 in-network 算法相比,基于聚类的分布式方法减少了单个传感器节点的计算负担。在网络算法中,每个传感器都使用 PSO 优化局部最大似然函数。而在分布式 in-cluster 算法中,PSO 算法只在簇头运行。此外,通过使用文献 [40] 中的块概念,集群之间的通信数量可以最小化。最初,PSO 算法需要从全局网络中获取更多信息,以在其局部代价函数中搜索全局最优解。经过一定次数的迭代后,集群可以在固定的间隔后共享其估计信息,以减少通信开销,从而使算法更节能。这种基于聚类的源定位是家庭应用的一个很好的解决方案[41]。

8.7.1 基于聚类的分布式 DOA 估计

在这一部分中,我们开发了集群间的分布式 DOA 估计算法,将整个传感器网络划分为 N_c 个簇。

(1) N_j^c 属于第 j 个集群的一组传感器。
(2) n_j^c 是第 j 个集群中的传感器数量。
(3) n_c 是平均群集大小。

在使用任何常规聚类算法对传感器节点进行聚类后,每个传感器节点通过使用单跳或多跳通信模式(图 8.8)将接收到的数据共享给簇头。

设 $y_j^c(i)$ 为在第 j 个集群形成的传感器阵列的数据向量,有

$$y_j^c(i) = A_j^c(\theta)s(i) + v_j^c(i), i = 1, 2, \cdots, L \tag{8.26}$$

式中:$A_j^c(\theta)$ 为第 j 个集群任意阵列的阵列响应矩阵,向量 $v_j^c(i)$ 为随机噪声。

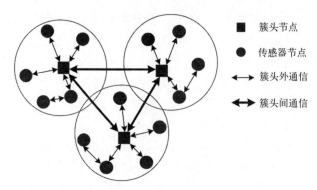

图8.8 在每个簇上形成随机阵列簇头估计 DOA[26]

该数据模型与子阵列的式（8.6）数据模型相似。这里的不同之处在于，每个传感器只与一个簇头共享，而与前一种情况下的所有相邻传感器不同。

L 个快照的联合概率密度函数 $p_c(y_c(i)|\theta)$ 定义为

$$p_j^c(\mathbf{y}_j^c|\theta) = \prod_{i=1}^{L} \frac{1}{\det[\pi R_{y_j^c}(\theta)]} \exp\{-(\mathbf{y}_j^c(i))^H R_{y_j^c}^{-1} \mathbf{y}_j^c(i))\} \quad (8.27)$$

第 j 个簇的对数似然代价函数为

$$f_j^c(\theta) = \ln \prod_{i=1}^{L} p_j^c(\mathbf{y}_c(i)|\theta) = \sum_i \ln p_j^c(\mathbf{y}_j^c(i)|\theta) \quad (8.28)$$

对于分布式 DOA 估计，全局联合 pdf 分解为

$$p_g(\mathbf{y}_g(i)|\theta) = \prod_{j=1}^{N_c} p_j^c(\mathbf{y}_j^c(i)|\theta) \quad (8.29)$$

由于每个传感器都与簇头共享其观测结果，不进行近似。由于传感器网络中的观测值在空间上和暂时上是独立的，因此，数据在簇之间显然是不相关的。函数的对数似然为

$$f_g(\theta) = \sum_{j=1}^{N_c} \left\{ \sum_{i=1}^{L} \ln p_j^c(\mathbf{y}(i)|\theta) \right\} \quad (8.30)$$

最后，使用式（8.28）将全局成本函数分解为局部单个集群成本函数之和，有

$$f_g(\theta) = \sum_{j=1}^{N_c} f_j^c(\mathbf{y}_j^c(i)|\theta) \quad (8.31)$$

式中：$f_j^c(\mathbf{y}_j^c(i)|\theta)$ 为第 j 个簇的波达方向的最大似然估计，可定义为

$$f_j^c(\theta) = \lg \left| P_{A_j^c} \hat{R}_j^c P_{A_j^c}^H + \frac{P_{A_j^c}^\perp}{N-M} \text{tr}[P_{A_j^c}^\perp R_j^c] \right| \quad (8.32)$$

式中：$P_{A_j^c} = A_j^c (A_j^{cH} A_j^c)^{-1} A_j^{cH}$ 为矩阵 A_j^c 和 $P_{A_j^c}^\perp = I - P_{A_j^c}$ 的正交互补。簇 $\hat{R}_j^c$ 的样本协

方差矩阵为

$$\hat{R}_j^c = \frac{l}{L} \sum_{i=1}^{L} \boldsymbol{y}_j^c(i) \boldsymbol{y}_j^c(i)^H \qquad (8.33)$$

就像分布式网络一样，每个传感器的每个子阵列都有一个本地成本函数，每个集群都有自己的传感器节点集，这使得每个集群的成本函数 $f_j^c(\theta)$ 对于不同的集群是不同的。由于最大似然具有多模态性质，因此，使用基于 PSO 的最大似然解决方案[9,42]来克服这一问题，每个簇头将其估计的 DOA 共享给其他簇，以便于扩散。

1. 使用群集的分布式 DOA 估计

通常假设簇头具有高能量，并且它们通过簇间路径相互通信[43]。所要解决的问题是实现全局代价函数 $f_g(\theta)$ 的最小化。

$$f_g(\theta) = \sum_{j=1}^{N_c} f_j^c(\theta) \qquad (8.34)$$

式中：$\theta \in R^M$。

使用扩散 PSO 算法的分布式版本来求解式（8.34）。每个集群分别运行 PSO 算法来局部估计 DOA。同时，在每次迭代中，每个簇头都将最佳解决方案共享给其他簇头。假设第 j 个簇的 DOA 估计向量为 $\boldsymbol{\theta}_j(i)$。每个簇组合当前估计值和从其他簇接收到的估计值。扩散方程为

$$\boldsymbol{\theta}_j^c(i+1) = \sum_{l=1}^{N_c} \frac{1}{N_c}(i) \boldsymbol{\theta}_l^c(i) \qquad (8.35)$$

其他集群的估计值对当前集群的贡献系数为 $\frac{1}{N_c}$。这是因为，所有集群都是相互链接的。

2. 示例

在这个例子中，基于聚类的 DOA 估计比不使用聚类的 DOA 估计更具优势。对于不同的网络，使用相同的扩散 PSO 算法，但对于分布式网络内 DOA 估计算法，粒子群优化算法的参数保持不变。

考虑在 20×20 个单元中随机分布的 $N=24$ 个同类传感器节点。假定传感器节点位置坐标已知，网络中传感器节点的连接性如图 8.9 所示。分布式聚类算法独立于连通性，但聚类可能依赖于连通性。采用最简单的 K-均值聚类算法将网络划分为三个非重叠聚类，如图 8.10 所示，传感器节点 8、18 和 16 是簇头。簇头的选择应使簇头间距离最小化，这取决于所使用的聚类算法。但是，在目前的情况下，集群的中心节点选择作为簇头。如果没有选择合适的簇

头,则可能需要更多的多跳通信来与其他簇头交互。

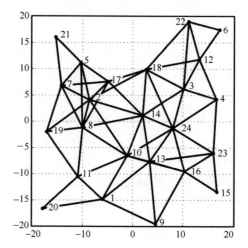

图 8.9　基于聚类的 DOA 估计示例中使用的网络拓扑[10]

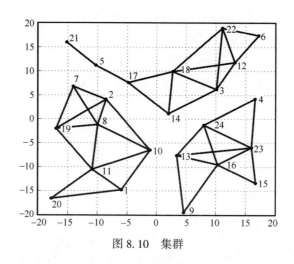

图 8.10　集群

　　两个不相关且相等的信号源进入网络。信源的真实位置是 130 和 138。拍摄的快照数量：对于 ML-PSO 和 ML-DPSO，$L=20$；对于 MUSIC 算法，$L=100$。性能参数是通过改变信噪比来测量的 $-20\sim20\mathrm{dB}$，步长为 1dB。100 蒙特卡罗模拟的平均值如图所示。分簇分布的估计 RMSE 算法，集中式 ML-PSO 与 Cramer-Rao 下限（CRLB）相比，图 8.11 中绘制了分布在网络中的 MU-SIC[27]。传感器阵列的任何估计算法的最佳性能是 CRLB。类似地，所有算法相对于 SNR 的 PR 性能如图 8.12 所示。

第8章 基于改进群智能的无线传感器网络能量高效分布式信源定位算法

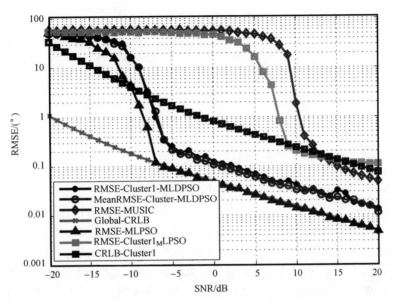

图 8.11 集中式 ML-PSO、集中式 MUSIC、分布式聚类、分布式网络算法和 CRLB 在 DOA 估计中的 RMSE 与 SNR 图

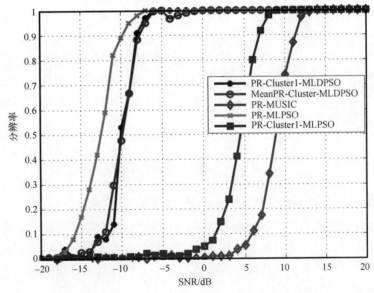

图 8.12 通过集中式 ML-PSO、集中式 MUSIC 和分布式集群分布式网络

从图 8.11 和图 8.12 可以看出，当使用整个网络作为传感器阵列（集中式 ML-PSO）来测量 DOA 时，与其他算法相比，它总是提供更好的 RMSE 和 PR 性能。基于聚类的分布式 DOA 估计算法的性能更接近全局性能，该算法的性能明显优于分布式网络算法。

8.8 小　　结

本章讨论了基于 DOA 估计的信源定位算法，研究了无线传感器网络中的分布式 DOA 估计问题。传感器网络中的每个传感器节点与其邻近节点形成子阵列，每个传感器节点建立其局部极大似然函数，在邻近节点传送数据后，通过与网络中的其他传感器协作，分别尝试估计 DOA。在每个传感器处使用扩散粒子群优化（DPSO）算法来估计 DOA。在 DPSO 算法的每次迭代中，单个节点上的每个粒子使用局部最大似然计算其适应度，并借助于来自邻近节点的融合信息更新其位置和速度。通过这种方式，每个节点使用其自身的局部适应度函数在局部运行 PSO，但由于融合机制，它们最终尝试实现全局估计。在此基础上，将分布式 in-network 算法扩展为基于聚类的分布式 DOA 估计算法。分布式 in-clustering 算法独立于网络中的节点连通性，减少了计算和通信开销。

通过蒙特卡罗仿真，比较了分布式 ML-DPSO 算法、集中式 ML-PSO 算法和 MUSIC 算法的 RMSE 和 PR 性能。从结果可以看出，与分布式网络和非协作算法相比，分布式 in-clustering 算法提供了最好的性能。与集中式算法相比，分布式算法的性能有所提高。比较了所有算法的通信开销，发现在最糟糕的情况下，分布式算法需要更少的消息来通信，以达到网络的稳定状态。这使得算法具有较高的能量效率。

8.9 未来的发展方向

本章讨论了用于不相关远场信源定位和跟踪的分布式 DOA 估计。网络中的传感器节点之间采用扩散协作策略对全局 DOA 进行局部估计，采用扩散粒子群优化算法，通过邻域间的协作优化对数似然函数，进一步将分布式网络算法扩展到分布式聚类，使代价函数在簇间独立，但在每个集群中使用了相同的扩散 PSO 算法。

如果信号是相关的，则必须根据相关数据模型[44]开发算法。特别注意或要求如何实现近场和远场信号的混合[25,45]。这种情况通常是通过无线通信来定位移动用户的位置，现有的算法大多是集中式的，但在无线传感器网络中，

第8章 基于改进群智能的无线传感器网络能量高效分布式信源定位算法

为了使网络能量有效,同时最小化相位误差问题,最好采用分布式算法。

此外,可以看出,消息通信的数量取决于在网络中获得稳态性能所需的最大迭代次数,其目的始终是减少网络中的通信开销,因为通信消耗了大部分功率。最好搜索 PSO 算法的变体或其他进化算法,如调和搜索、灰狼优化器,可以进一步减少收敛算法所需的迭代次数[46-47]。

最近,研究人员提出了不同的扩散算法,以提高估计性能并减少通信开销[48]。扩散算法也应适用于不利的网络环境,如脉冲噪声或动态网络。在稀疏传感器网络的情况下,可以使用多跳扩散来克服连通性问题[49]。有效的分簇方法也可用于优化簇的大小,并最小化簇头和传感器节点之间的簇间多跳通信。

致谢:本章研究工作得到了印度政府科学和工程研究委员会(SERB)的部分支持(参考编号 SB/S3/EECE/210/2016,日期为 2016 年 11 月 28 日)。

参 考 文 献

[1] Akyildiz IF, Su W, Sankarasubramaniam Y, Cayirci E (2002) A survey on sensor networks. IEEE Commun Mag 40(8):102–114.
[2] Das SK, Samanta S, Dey N, Kumar R (eds) (2020) Design frameworks for wireless networks. Springer, Lecture Notes in Networks and Systems.
[3] Krim H, Viberg M (1996) Two decades of array signal processing research: the parametric approach. IEEE Signal Process Mag 13(4):67–94.
[4] Elhayatmy G, Dey N, Ashour AS (2018) Internet of things based wireless body area network in healthcare. In: Dey N, Hassanien AE, Bhatt C, Ashour AS, Satapathy SC (eds) Internet of things and big data analytics toward next-generation intelligence. Springer International Publishing, Cham, pp 3–20.
[5] Dey N, Mukherjee A, Kausar N, Ashour AS, Taiar R, Hassanien AE (2016) A disaster management specific mobility model for flying ad-hoc network. Int J Rough Sets Data Anal 3(3):72–103.
[6] Chen JC, Yao K, Hudson RE (2002a) Source localization and beamforming. IEEE Signal Process Mag 30–39.
[7] Prasad MS, Panigrahi T (2019) Distributed maximum likelihood doa estimation algorithm for correlated signals in wireless sensor network. Wirel Pers Commun 105(4):1527–1544.
[8] Stoica P, Sharman KC (1990) Maximum likelihood methods for direction-of-arrival estimation. IEEE Trans Acoust, Speech Signal Process 38(7):1132–1143.
[9] Minghui L, Lu Y (2008) Maximum likelihood DOA estimation in unknown colored noise fields. IEEE Trans Aerosp Electron Syst 44(3):1079–1090.
[10] Trilochan P, Ganapati P, Bernard M, Babita M (2013) Distributed DOA estimation using clustering of sensor nodes and diffusion pso algorithm. Swarm Evol Comput 9:47–57.
[11] Panigrahi T, Panda G, Mulgrew B (2012a) Distributed bearing estimation technique using diffusion particle swarm optimisation algorithm. IET Wirel Sens Syst 2(4):385–393.
[12] Xiao L, Boyd S, Lall S (2005) A scheme for robust distributed sensor fusion based on average consensus. In: Proceedings of 4th international symposium on information processing in sensor networks. Loss Angles, CA, pp 63–70.
[13] Abbasi A, Younis M (2007) A survey on clustering algorithms for wireless sensor network. Comput Commun 30:2826–2841.

[14] Ziskind I, Wax M (1988) Maximum likelihood localization of multiple sources by alternating projection. IEEE Trans Acoust, Speech Signal Process 36(10):1553–1560.

[15] Chung PJ, Böhme JF (2002) DOA estimation using fast EM and SAGE algorithms. Signal Process 82(11):1753–1762. ISSN 0165-1684.

[16] Boeringer DW, Werner DH (2004) Particle swarm optimization versus genetic algorithms for phased array synthesis. IEEE Trans Antennas Propag 52(3):771–779.

[17] Robinson J, Rahmat-Samii Y (2004) Particle swarm optimization in electromagnetics. IEEE Trans Antennas Propag 52(2):397–407.

[18] Panigrahi BK, Pandi VR, Das S (2008) Adaptive particle swarm optimization approach for static and dynamic economic load dispatch. Energy Convers Manag 49(6):1407–1415.

[19] Trilochan P, Srinivas R, Harikrishna G (2016) Application of comprehensive learning particle swarm optimization algorithm for maximum likelihood doa estimation in wireless sensor networks. Int J Swarm Intell 2(2–4).

[20] Panigrahi T, Rao DH, Panda G, Mulgrew B, Majhi B (2011a) Maximum likelihood DOA estimation in distributed wireless sensor network using adaptive particle swarm optimization. In: The proceeding of ACM international conference on communication, computing and security (ICCCS2011), pp 134–136.

[21] Wax M, Kailath T (1985) Decentralized processing in sensor array. IEEE Trans Acoust, Speech Signal Process 33:1123–1129.

[22] Stoica P, Nehorai A, Söderström T (1995) Decentralized array processing using the MODE algorithm. Circuits Syst Signal Process 14(1):17–38. ISSN 0278-081X. https://doi.org/10.1007/BF01183746.

[23] Moses RL, Moses OL, Krishnamurthy D, Patterson R (2002) A self-localization method for wireless sensor networks. EURASIP J Appl Signal Process 4:348–358.

[24] Chen JC, Hudson RE, Yao K (2002b) Maximum-likelihood source localization and unknown sensor location estimation for wideband signals in the near-field. IEEE Trans Signal Process 50(8):1843–1854.

[25] Abedin MJ, Sanagavarapu AM (2008) Localization of near-field radiating sources with an arbitrary antenna array. In: Antennas and propagation society international symposium, ed NA. Marrakech, Morocco (2008) IEEE Computer Soc San Diego, USA, pp 572–577.

[26] Panigrahi T (2012) On the development of distributed estimation estimation techniques in wireless sensor networks. PhD thesis, National Institute of Technology Rourkela, India.

[27] Van Trees HL (2002) Optimum array processing. Wiley-Inter science Publication.

[28] Stoica P, Nehorai A (1990) Performance study of conditional and unconditional direction-of arrival estimation. IEEE Trans Acoust, Speech Signal Process 38(10):1783–1795 Oct.

[29] Dash SK, Tripathi S (2019) Energy efficient routing formation algorithm for hybrid ad-hoc network: a geometric programming approach. Peer-To-Peer Netw Appl 12(1):102–128.

[30] Das SK, Tripathi S (2018) Adaptive and intelligent energy efficient routing for transparent heterogeneous ad-hoc network by fusion of game theory and linear programming. Appl Intell 48(7):1825–1845.

[31] Marano S, Matta V, Willett P (2008) Distributed estimation in large wireless sensor networks via a locally optimum approach. IEEE Trans Signal Process 56(2):748–756.

[32] Nedic A, Ozdaglar A (2008) Cooperative distributed multi-agent optimization. In: Eldar Y, Palomar D (eds) Convex optimization in signal processing and communications. Cambridge University Press, pp 340–386.

[33] Nedic A, Ozdaglar A (2009) Distributed subgradient methods for multi-agent optimization. IEEE Trans Autom Control 54(1):48–61.

[34] Majhi B, Panda G, Mulgrew B (2009) Distributed identification of nonlinear processes using incremental and diffusion type pso algorithms. In: CEC'09: proceedings of the eleventh conference on congress on evolutionary computation. Piscataway, NJ, USA. IEEE Press, pp

2076–2082. ISBN 978-1-4244-2958-5.
[35] Kennedy J, Eberhart R (1995) Particle swarm optimization. IEEE Int Conf Neural Netw 4:1942–1948.
[36] Eberhart, Shi Y (2001) Particle swarm optimization: developments, applications and resources. In: Proceedings of the 2001 congress on evolutionary computation, vol 1, pp 81–86.
[37] Parsopoulos KE, Vrahatis MN (2002) Recent approaches to global optimization problems through particle swarm optimization. Nat Comput 1:235–306.
[38] Shi Y, Eberhart RC (1998) Parameter selection in particle swarm optimization. In: EP '98: Proceedings of the 7th international conference on evolutionary programming VII. Springer Verlag, London, UK, pp 591–600. ISBN 3-540-64891-7.
[39] Clerc M, Kennedy J (2002) The particle swarm - explosion, stability, and convergence in a multidimensional complex space. IEEE Trans Evol Comput 6(1):58–73.
[40] Panigrahi T, Pradhan PM, Panda G, Mulgrew B (2012b) Block least-mean square algorithm over distributed wireless sensor network. J Comput Netw Commun, 2012.
[41] Simon F, Jiaxue L, Wei S, Yifei T, Wong Raymond K, Nilanjan D (2018) Predicting unusual energy consumption events from smart home sensor network by data stream mining with misclassified recall. J Ambient Intell HumIzed Comput 9:1197–1221.
[42] Panigrahi T, Panda G, Mulgrew B, Majhi B (2011b) Maximum likelihood source localization in wireless sensor network using particle swarm optimization. In: The proceeding of international conference on electronics systems (ICES-11), pp 111–115.
[43] Younis O, Krunz M, Ramasubramanian S (2006) Node clustering in wireless sensor networks: recent developments and deployment challenges. IEEE Netw 20(3):20–25.
[44] Shree Prasad M, Panigrahi T (2017) Computationally efficient near-field source localization algorithm using single snapshot. In: Accepted 14th edition of the IEEE India council international conference INDICON-2017.
[45] Shree Prasad M, Panigrahi T, Dubey A (2017) Computationally efficient near-field source localization algorithm using single snapshot. In: Accepted 14th edition of the IEEE India Council International Conference INDICON-2017.
[46] Panigrahi BK, Ravikumar Pandi V, Das S, Cui Z, Sharma R (2011c) Economic load dispatch using population-variance harmony search algorithm. Trans Inst Meas Control.
[47] Faris H, Aljarah I, Al-Betar MA, Mirjalili S (2017) Grey wolf optimizer: a review of recent variants and applications. Neural Comput Appl. https://doi.org/10.1007/s00521-017-3272-5.
[48] Kong J-T, Lee J-W, Kim S-E, Shin S, Song W-J (2017) Diffusion lms algorithms with multi combination for distributed estimation: Formulation and performance analysis. Digit Signal Process, 71(Supplement C):117 – 130, 2017.
[49] Nayak M, Panigrahi T, Sharma R (2015) Distributed estimation using multi-hop adaptive diffusion in sparse wireless sensor networks. In: International conference on microwave, optical and communication engineering (ICMOCE), pp 318–321 https://doi.org/10.1109/ICMOCE.2015.7489756.

第9章 自组网网络和无线传感器网络的准对立和声搜索算法

香登·库马尔·希瓦[①]，里特什·库马尔[②]

9.1 引　言

目前，由于嵌入式计算设备的技术进步和其具有的低功耗性能，促使无线传感器网络正朝着商业化的方向发展。无线传感器网络由多个作为节点的分布式、小型化、低功耗应用设备组成[1]。在实时应用中，传感器节点的作用是测量温度、湿度、振动等环境条件的变化，也可作为数据存储和信号调节装置。在制造过程中，目前采用的无线传感器网络技术大多基于低成本处理器。由于无线传感器网络应用于极端环境时充电和/或更换电源装置相当困难[2]。因此，在许多应用中，人们期望传感器节点能够持续工作较长时间。无线传感器网络由多个小型电池供电的传感器组成，这些传感器通过节点相互连接，传感器节点之间可以相互通信，也可以与基站通信。无线传感器网络的基本目标是：①监测特定的选定区域；②记录事件的发生；③测量所需的参数[2]。无线传感器网络的示意图如图9.1所示。文献［3］中提出了一种智能节能组播路由协议。本章的研究工作表明，智能节能组播路由协议比按需组播路由协议具有更好的性能。为了控制无线移动 ad hoc 网络中的不确定性问题，文献［4］研究了模糊逻辑工具，以节约网络资源。在这个过程中，将路由的所有可用网络度量转换为模糊成本矩阵或通信成本。在移动 ad hoc 网络中设计一种节能路由协议是一项具有挑战性的任务。为此，文献［5］研究了一种智能能量感知高效路由协议。文献［6］提出了基于几何规划的节能路由协议在

[①] 香登·库马尔·希瓦：瓦朗加尔高级工程学院电气和电子工程系，印度特伦甘纳邦瓦朗加尔哈桑帕蒂阿南塔沙迦，邮编：506371；E-mail：chandankumarshiva@gmail.com。

[②] 里特什·库马尔：瓦朗加尔高级工程学院电气和电子工程系，印度特伦甘纳邦瓦朗加尔哈桑帕蒂阿南塔沙迦，邮编：506371；E-mail：riteshraj3336@gmail.com。

混合 ad hoc 网络中的应用，并优化了两组目标，即网络寿命最大化和数据包丢失和路由开销最小化。

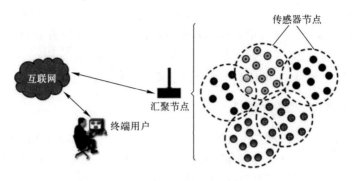

图 9.1　无线传感器网络

上述研究表明，优化技术对于提高 ad hoc 网络和传感器网络的性能至关重要。一些强大的混合优化技术应用可能进一步展示出 ad hoc 网络和传感器网络的实质性改进。因此，在这一领域探索新的优化技术可能是一个研究案例。

本章概述了无线传感器网络中存在的问题，介绍了准对立和声搜索（Quasi-oppositional Harmony Search，QOHS）算法及其在无线传感器网络应用中的适用性；9.2 节简要讨论了优化的必要性；9.3 节为无线传感器网络的优化算法；9.4 节简要介绍了不同算法的性能评估；最后，9.5 节总结了本章的总体工作。

9.2　优化的必要性

从目前的前景来看，优化的概念已经应用于工程的各个领域，无论是应用工程、医学、经济学还是基础科学，根本原因是它能够根据设计师的要求提供更好的解决方案或最佳解决方案。具体取决于程序的性质和大小，术语"最优"可以理解为最大值或最小值。对于优化问题，解决给定问题是优化任务的重要组成部分，因此需要制定问题的数学模型。然而，在大多数情况下，由于各种不确定性、系统约束和环境条件，很难建立模型的物理实现[7]。而优化技术的优点是它不依赖于模型的结构和问题的大小。在上述交互作用中，研究人员开发此类模型并使用优化任务解决问题是非常有趣的，网络优化是提高外围设备和网络性能的基本需求之一。在目前的无线传感器网络工作中，利用强大的优化技术可以改善网络的生命周期并降低能耗[8]。基于人工智能的功率优化技术的应用如文献［9-12］所述。

QOHS 算法是和声搜索算法（Harmony Search Algorithm，HSA）的改进形式。通过应用基于对立学习的 HAS 改进算法，被称为基于对立和声搜索算法（Opposition-based HAS，OHSA）。OHSA 通过添加基于准位置 HSA 算法的概念做进一步改进，称为准对立和声搜索算法（Quasi Opposition-based HAS，QOHS）。HSA、OHSA 和 QOHS 算法的详细说明如下。

9.2.1 基本和声搜索算法

音乐家总是努力找到最佳的调音过程，以使音乐更和谐，和声搜索算法就是类似于对音乐即兴创作过程的探索。它是一种无导数的算法，与遗传算法相比，数据量小，计算时间短，能够以较少的时间找到高性能区域，并且容易在大多数问题中应用，这是优化问题在大多数工程学科中得到应用的重要原因[13,14]。与其他进化优化技术类似，和声搜索算法从称为和声向量的随机群向量开始，并存储在和声记忆库（Harmony Memory，HM）中。随后，生成的群向量由记忆库考虑规则、基音调整规则和群向量的随机重新初始化临时生成。音乐中的和声被称为解向量，改进向量被称为局部和全局解。和声搜索算法的最终解被称为和声，可以由 n 维解向量表示。准对立和声搜索算法在不同应用领域的应用如文献［15-17］所述。

为了提高其优化能力、收敛速度和算法速度，经常对和声搜索算法实施改进。由于大多数问题过于复杂，因此，已采取措施提高算法的调整效率。在文献［14］中，通过修改算法的控制变量，提出了一种改进的和声搜索算法。文献［18］研究了使用群智能概念改进的和声搜索算法。文献［19］研究了用于解决优化问题的自适应全局最佳和声搜索算法。和声搜索算法的步骤可解释如下。

1）阶段 1：问题初始化

一般来说，全局优化问题可以表示为

$$\min f(x), \quad 当 x_j \in [\text{para}_j^{\min}, \text{para}_j^{\max}] \quad (9.1)$$

式中：$j=1,2,\cdots,n$

在式（9.1）中，$f(x)$ 为需要最小化或最大化的目标函数，$X=[x_1,x_2,\cdots,x_n]$ 是控制变量集合；n 是控制变量的数量，$\text{para}_j^{\min}$，$\text{para}_j^{\max}$ 分别是设计变量的最小值和最大值。设置 HSA 的参数并确定终止条件。

QOHS 算法的终止条件对于确定受 QOHS 算法终止影响的和声向量非常重要。当解决方案在运行结束接近最优值时，通常需要终止条件，可采用以下终止条件：

(1) 当给定迭代的总体没有改善时。
(2) 当达到指定的代数时。
(3) 当适应度值达到某个预定义值时。

2) 阶段2：初始解生成

创建初始随机生成的群向量作为优化任务的初始解。这对于解决方案向量的即兴创作至关重要。式（9.1）表示在 $[\text{para}_j^{\min}, \text{para}_j^{\max}]$ 范围内随机生成的和声向量。和声记忆库矩阵的位置如下。

$$X_j = [x_1^j, x_2^j, \cdots, x_n^j] \tag{9.2}$$

式中：$j = 1, 2, \cdots, \text{HMS}$。

$$\text{HM} = \begin{bmatrix} x_1^1 & x_2^1 & \cdots & x_n^1 \\ x_1^2 & x_2^2 & \cdots & x_n^2 \\ \vdots & \vdots & \ddots & \vdots \\ x_1^{\text{HMS}} & x_2^{\text{HMS}} & \cdots & x_n^{\text{HMS}} \end{bmatrix} \tag{9.3}$$

3) 阶段3：随机创作解决方案

改进的和声向量是通过随机创作过程生成的，该过程包括记忆考虑、音调调整和随机选择。最初，在[0,1]范围内生成均匀随机数 r_1，如果 $r_1 <$ HMCR，则生成设计变量 x_j^{new}；否则，生成随机变量。在记忆库方面，x_j^{new} 是从和声向量中选择的。其次，每个决策变量 x_j^{new} 都以一个 PAR 概率进行基音调整。节距调整规则为

$$X^{\text{new}} = [x_1^{\text{new}}, x_2^{\text{new}}, \cdots, x_n^{\text{new}}] \tag{9.4}$$

$$x_j^{\text{new}} = x_j^{\text{new}} \pm r_3 \times \text{BW} \tag{9.5}$$

式中：r_3 为[0,1]之间的均匀随机数。

4) 阶段4：解向量更新

和声记忆库可以通过拟合向量在 X^{new} 和最差和声向量 X^{worst} 之间的关系来更新。如果 X^{new} 的适度值优于 X^{worst}，则 X^{new} 由 X^{worst} 更新。

5) 阶段5：计算过程

基于上述计算过程，算法9.1给出了HSA的伪码。

算法9.1　和声搜索算法

(1) 设置和声搜索算法的参数。
(2) 生成和声记忆库，并为每个和声向量查找适度函数值。
(3) 使用新的和声向量 X^{new} 产生和声记忆库：

```
for(j=0; j<n; j++)
    if(r₁<HMCR) then
        x_j^new = x_j^α                          //α ∈ (1,2,⋯,HMS)
        if(r₂<PAR) then
            x_j^new = x_j^new ± r₃×BW            //r₁,r₂,r₃ ∈ [0,1]
        end if
    else
        x_j^new = para_j^min + r×(para_j^max - para_j^min)   //r ∈ [0,1]
    end if
end for
```

(4) 更新和声记忆库 $X^{worst} = X^{new}$ if $f(X^{new}) < f(X^{worst})$。

(5) 如果满足终止条件,则返回最佳和声向量 X^{best},否则返回步骤(3)。

9.2.2　改进的和声搜索算法

改进的和声搜索算法应用了存储器考虑、音调调整和随机选择,更新式(9.6)和式(9.7)中所示的 PAR 和 BW 的值,分别为[14]

$$PAR(gn) = PAR^{min} + \frac{PAR^{max} - PAR^{min}}{NT} \times gn \quad (9.6)$$

$$BW(gn) = BW^{max} \times e^{\left(\frac{\ln\left(\frac{BW^{min}}{BW^{max}}\right)}{NT} \times gn\right)} \quad (9.7)$$

在式(9.6)中,PAR(gn)是当前际代中的音高调整率,PAR^{min} 和 PAR^{max} 分别是最小和最大调整率。在式(9.7)中,BW(gn)是生成时的距离带宽,BW^{min} 和 BW^{max} 分别是最小和最大带宽。

9.2.3　基于反向学习

大多数优化技术都是通过初始化随机生成的解决方案,一步一步地向最优解决方案逼近来执行的。通过引入基于反向学习(Opposition-based Learning,OBL)的概念可以改进最初随机生成的解决方案。它以人类社会革命为基础,是提高各种优化技术收敛速度和响应速度的有力优化工具之一。反向学习概念表明,可以通过顺序测试相反的解决方案来改进随机生成的解决方案[20-21]。据此可以选择两种情况中较好的一种作为起始解决方案,类似的方法可应用于当前人群中的每个解决方案。反向学习的思想如文献[20]所述,该方法已应用于不同的工程领域,如文献[21-24]所述。在和声记忆库初始化过程中,可以引入相反数的概念,也可以用于生成新的改进解决方案,相对数和相对点的定义如下。

1. 相对数和相对点的定义

$x \in [ub, lb]$ 为一个实数。x 的相反数可定义为

$$\check{x} = ub + lb - x \tag{9.8}$$

相反点可定义为

$$\check{x}_i = ub_i + lb_i - x_i \tag{9.9}$$

式中:lb 和 ub 为控制变量的下限和上限。

2. 反向优化

在本章中,反向学习的概念分两步介绍。选择 HSA 作为父算法,并结合基于对立的思想来改进初始解。算法 9.2 展示了 OHSA 的实现。

算法 9.2 和声搜索算法

(1) 设置参数 HMS,HMCS,PAR^{min},PAR^{max},BW^{min},BW^{max} 以及 NI。

(2) 使用 X_0 初始化和声记忆库。

(3) 基于和声记忆库的反向学习初始化。
  for($i=0$; $i<$HMS; i++)
    for($j=0$; $j<n$; j++)
      $OX_{0_{i,j}} = para_j^{min} + para_j^{max} - X_{0_{i,j}}$ //OX_0 为 X_0 的反向初始值
    end for
  end for   //基于和声记忆库的反向学习初始化结束

从集合 $\{X_{0_{i,j}}, OX_{0_{i,j}}\}$ 中选择 HMS 最适合值作为和声记忆库的初始值;和声记忆库为适度值 X 向量的矩阵。

(4) 按照如下程序产生一个新的和声 X^{new}:

利用公式 (6) 和 (7) 分别更新 $PAR(gn)$ 和 $BW(gn)$:
  for($i=0$; $i<$HMS; i++)
    for($j=0$; $j<n$; j++)
      if($r_1<$HMS) **then**
        $X_{i,j}^{new} = X_{i,j}^{\alpha}$ //$\alpha \in (1, 2, \cdots, HMS)$
      if($r_2<PAR(gn)$) **then**
        $x_{i,j}^{new} = x_{i,j}^{new} \pm r_3 \times BW(gn)$ //$r_1, r_2, r_3 \in [0, 1]$
      end if

        else
        $x_{i,j}^{new} = \text{para}_{i,j}^{min} + r \times (\text{para}_{i,j}^{max} - \text{para}_{i,j}^{min})$ // $r \in [0,1]$
        end if
    end for
end for

算法 9.3 准反向数伪代码

$M = (\text{para}^{min} + \text{para}^{max})/2$
if($OX_0 < M$)   % OX_0 初始值 X_0 的反向数
    $QOX_0 = M + (OX_0 - M) \times r_1$ % $r_1 \in [0,1]$
else
    $QOX_0 = OX_0 + (M - OX_0) \times r_1$
end if

9.2.4 准反向学习的概念

种群初始化是优化算法性能的关键概念，一个好的初始化方法可能有助于得到更好的解并提高收敛速度。早期研究表明，在种群初始化和种群动态跳跃中利用反向数可以提高优化算法的性能[25]。准反向的种群动态跳跃的概念被用于和声搜索算法中。为了从当前的解中生成准反向的种群，利用了准反向的跳跃率。这种新的和声搜索算法被称为准对立和声搜索（Quasi-Oppositional HS，QOHS）算法。

关于准反向学习，在接下来的 9.2.4.1 节和 9.2.4.2 节中给出了两个重要定义（准反向数和准反向点）的描述。

1. 准反向数

准反向数被定义为搜索空间中心和反向数之间的数字，有

$$QOX_0 = \text{rand}\left(\frac{\text{para}^{min} + \text{para}^{max}}{2}, \text{para}^{min} + \text{para}^{max} - X_0\right) \quad (9.10)$$

算法 9.4 显示了准反向数的实现。

算法 9.4 准反向点伪代码

$M_j = (\text{para}_j^{min} + \text{para}_j^{max})/2$
if($OX_{0_j} < M_j$)   % OX_0 初始值 X_0 的反向数
    $QOX_{0_j} = M_j + (OX_{0_j} - M_j) \times r_1$ % $r_1 \in [0,1]$

else
$$QOX_{0_j} = OX_{0_j} + (M_j - OX_{0_j}) \times r_1$$
end if

2. 准反向点

准反向点是搜索空间中心和反向数之间的点，有

$$QOX_{0i} = \text{rand}\left(\frac{\text{para}_i^{\min} + \text{para}_i^{\max}}{2}, \text{para}_i^{\min} + \text{para}_i^{\max} - X_i\right), i = 1, 2, \cdots, d \quad (9.11)$$

式中：d 为问题的维度。

算法 9.5 显示了准对立和声搜索算法的实现。

算法 9.5　准对立和声搜索算法的伪代码

(1) 设置参数 HMS，HMCS，$PAR^{\min}$，$PAR^{\max}$，$BW^{\min}$，$BW^{\max}$ 以及 NI。

(2) 使用 $X_{0_{i,j}}$ 初始化和声记忆库。

(3) 准对立和声记忆库的初始化。

　　　for($i=0$；$i<$HMS；i++)

　　　　　for($j=0$；$j<d$；j++)

　　　　　　　$OX_{0_{i,j}} = para_j^{\min} + para_j^{\max} - X_{0_{i,j}}$　　　//OX_0 是 X_0 的反向初始值

　　　　　　　$M_{i,j} = (para_{i,j}^{\min} + para_{i,j}^{\max})/2$

　　　　　　　if($OX_{0_{i,j}} < M_{i,j}$)

　　　　　　　　　$QOX_{0_{i,j}} = M_{i,j} + (OX_{0_{i,j}} - M_{i,j}) \times r_1$　　%$r_1 \in [0,1]$

　　　　　　　end if

　　　　　　　else

　　　　　　　　　$QOX_{0_{i,j}} = OX_{0_{i,j}} + (M_{i,j} - OX_{0_{i,j}}) \times r_1$

　　　　　　　end else

　　　　　end for

　　　end for　　　　　　　　　　　　　　　　　//准对立和声记忆库初始化结束

从集合 $\{X_{0_{i,j}}, QOX_{0_{i,j}}\}$ 中选择 HMS 最适合值作为和声记忆库的初始值；和声记忆库为适度值 X 向量的矩阵。

(4) 按照如下程序产生一个新的和声向量 X^{new}：

　　更新 PAR(gn) 和 BW(gn)：

　　　for($i=0$；$i<$HMS；i++)

```
        for(j=0; j<n; j++)
            if(r_2<HMCR)   then
```
$$X_{i,j}^{new} = X_{i,j}^{\alpha} \qquad //\alpha \in (1,2,\cdots,HMS)$$
```
                if(r_3<PAR(gn))   then
```
$$x_{i,j}^{new} = x_{i,j}^{new} \pm r_4 \times BW(gn) \quad //r_2,r_3,r_4 \in [0,1]$$
```
            end if
                else
```
$$x_{i,j}^{new} = para_{i,j}^{min} + r_5 \times (para_{i,j}^{max} - para_{i,j}^{min}) \qquad //r_5 \in [0,1]$$
```
                end else
            end if
        end for
    end for
```

(5) 更新和声记忆库 $X^{worst} = X^{new}$ if $f(X^{new}) < f(X^{worst})$。

(6) 基于准反向代跳跃

```
    if(r_6<J_r)        %r_6 ∈ [0,1], J_r 为跳跃率
      for(i=0; i<HMS; i++)
        for(j=0; j<n; j++)
```
$$OX_{i,j} = para_{i,j}^{min}(gn) + para_{i,j}^{max}(gn) - X_{i,j}$$

%$para_{i,j}^{min}(gn)$ 是指在当前代际（gn）第 i 个参数的第 j 个变量最小值

%$para_{i,j}^{max}(gn)$ 是指在当前代际（gn）第 i 个参数的第 j 个变量最大值

3. 准对立种群初始化

可以利用 HSA 中的准位置概念临时生成随机生成的群向量。首先，在解空间内生成一组初始总体，针对单个解决方案评估适应度函数值，利用对立学习概念生成对立的群向量。然后，利用跳跃率计算并实现生成拟对向种群的拟数。

4. 准对立代际跳跃

优化过程通过某种机制对一个新的候选解取得了有效性。在 QOHS 算法中，基于跳跃率（J_r）的概念，生成了一个新的群向量[27]。QOHS 算法的伪码

可在算法9.6中显示，其流程图如图9.2所示。

算法9.6　准对立和声搜索算法的伪代码

$$M_{i,j} = (para_{i,j}^{min}(gn) + para_{i,j}^{max}(gn))/2$$

　　if ($X_{i,j} < M_{i,j}$)

　　　　$QOX_{0_{i,j}} = M_{i,j} + (OX_{0_{i,j}} - M_{i,j}) \times r_7$　　　　%$r_7 \in [0,1]$

　　end if

　　else

　　　　$QOX_{0_{i,j}} = OX_{0_{i,j}} + (M_{i,j} - OX_{0_{i,j}}) \times r_7$

　　end else

　end for

end for　　　　　　　　　　　　　　//准对立和声记忆库初始化结束

end if

从集合$\{X_{0_{i,j}}, QOX_{0_{i,j}}\}$中选择HMS最适合值作为和声记忆库的初始值；

如果满足终止条件，则返回最佳和声向量X^{best}，否则返回步骤(4)。

(5) 更新和声记忆库$X^{worst} = X^{new}$ **if** $f(X^{new}) < f(X^{worst})$。

(6) 基于反向的代跳跃

if(rand$_2 < J_r$)　　　%rand$_2 \in [0,1]$，J_r为跳跃率

　for($i=0$; $i<$HMS; i++)

　　for($j=0$; $j<n$; j++)

　　　　$OX_{i,j} = \min_j(gn) + \max_j(gn) - X_{i,j}$

%$\min_i(gn)$是指在当前代际(gn)的第j个变量最小值。

%$\max_i(gn)$是指在当前代际(gn)的第j个变量最大值。

　　end for

　end for

end if

从集合$\{X_{i,j}, OX_{i,j}\}$中选择HMS最适合值作为当前的和声记忆库；

(7) 如果满足终止条件，则返回最佳和声向量X^{best}，否则返回(4)。

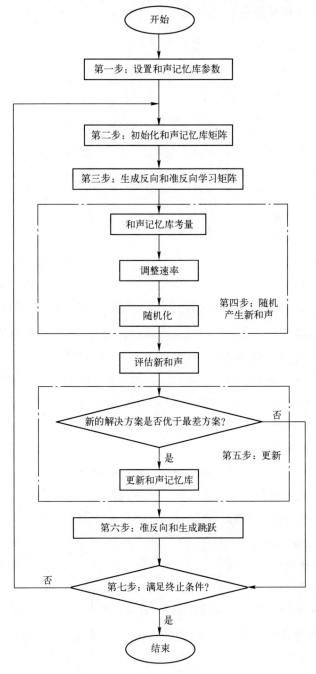

图 9.2 QOHS 算法流程图

5. 基准函数的质量保证

本节使用五个基准函数测试 QOHS 算法的性能。QOHS 算法用于这些函数,相应的平均值和标准偏差如表 9.1 所示[28-29]。QOHS 算法的参数如附录部分所示。基于 QOHS 的数值结果已与使用 GA、PSO、组搜索优化器[29]、连续快速 GSO(CQGSO)和基于随机转移向量变异的实数编码 GA 方法(RCGA-RTVM)获得的结果相比较并制成表格。表 9.2 显示 QOHS 算法收敛到更好的结果。

表 9.1 基准函数

基准函数	n	搜索空间	全局极小值
$f_1(x) = \sum_{i=1}^{n-1}(100(x_{i+1}-x_i^2))^2+(x_i-1)^2$	30	$[-30,30]^n$	0
$f_2(x) = \sum_{i=1}^{n}\left(\sum_{j=1}^{i}x_j\right)^2$	30	$[-100,100]^n$	0
$f_3(x) = \sum_{i=1}^{n}([x_i+0.5])^2$	30	$[-100,100]^n$	0
$f_4(x) = 4x_1^2-2.1x_1^4+\frac{1}{3}x_1^6+x_1x_2-4x_2^2-4x_2^4$	2	$[-5,5]^n$	-1.0316285
$f_5(x) = \max_j\{|x_i|, 1\leq i\leq n\}$	30	$[-100,100]^n$	0

表 9.2 基准函数均值和标准差不同算法的比较

算法	度量单位	$f_1(x)$	$f_2(x)$	$f_3(x)$	$f_4(x)$	$f_5(x)$
GA[28]	均值	338.5516	9749.9145	3.697	-1.0298	7.9610
	标准差	361.497	2594.9593	1.9517	3.1314Std.10^{-3}	1.5063
PSO[23]	均值	37.3582	1.1979 ×10^{-3}	0.146	-1.0160	0.4123
	标准差	32.1436	2.1109 ×10^{-3}	0.4182	1.2786 ×10^{-2}	0.2500
GSO[28]	均值	49.8359	5.7829	1.6000×10^{-2}	-1.0316280	0.1078
	标准差	30.1771	3.6813	0.1333	0	3.9981×10^{-2}
CQGSO[27]	均值	34.4281	0.0404	0.0040	NaN	NaN
	SD	24.5366	0.0291	0.0015	NaN	NaN
RCGA-RTVM[30]	均值	28.988454719	7.5456×10^{-242}	0.0002	-1.0316284535	7.4950 ×10^{-24}
	标准差	0.6739399580	0	0.0141421356	2.8796 ×10^{-11}	1.0434 ×10^{-23}
QOHS [本章提出的]	均值	26.1428	6.1714× 10^{-245}	0.0001	-1.0112	6.1211×10^{-23}
	标准差	0.5114	0	0.0112	2.1458 ×10^{-12}	1.0112 ×10^{-21}

优化 QOHS 算法的步骤总结如下。

步骤（1）：初始化。与其他基于群体的优化技术类似，先创建随机生成的和声向量群体并存储在 HM 中，然后初始化基于对立和准对立的 HM。问题中的每个参数称为和声，HM 由和声组成，代表问题的解决方案。

步骤（2）：随机产生新和声。通过采用和声记忆库考虑规则、音调调整规则和随机重新初始化，为和声记忆库中的所有解决方案生成新的候选和声。

步骤（3）：更新和声记忆库。解决方案的适应度通过为其赋值来限定，这是通过为问题定义适当的适应度函数来实现的。通过比较新的候选和声向量和最差和声向量来更新和声记忆库，如果和声记忆库中的最差和声向量优于 HM 中的最差和声向量，则用新的候选向量替换最差和声向量。此后，该算法实现了基于准位置的生成跳跃的概念。重复上述过程，直到满足某一终止条件。

蚁群优化的基本概念。蚁群优化技术出现于 1990 年初，它是一种受蚂蚁觅食行为启发的强大优化技术。这种技术有助于找到一个近似的解决方案，使问题从离散优化到连续优化，有助于优化电信中出现的问题，如路由和负载平衡。

粒子群优化的基本概念。粒子群优化是由 Kennedy 和 Eberhart 基于鸟或鱼的集群发现的，用来通过迭代的方法来寻找问题的最优解，该方法试图根据给定的测量从群体（称为群）中改进候选解（称为粒子）。它有助于使用位置和速度这两个关键词来解决问题。每个粒子的运动都受局部位置的影响，而且，速度只不过是粒子搜索最优解位置的移动。

模糊逻辑的基本概念。模糊逻辑在 1965 年由 Lotfi Zadeh 提出模糊集理论时首次被称为模糊逻辑。它基于决策，如真（1）和假（0）。该技术能够将复杂的非线性输出——输入关系感知为多个简单输入——输出关系的综合。许多研究人员正在使用模糊理论、模糊集、模糊逻辑和模糊测度来识别、操作、解释和利用数据和信息来获得适当的解决方案，该技术可应用于控制理论和人工智能等许多领域。

9.3　无线传感器网络中的优化技术

无线传感器网络用于监控环境主节点的工作，其创新研究者面临着通信信道中断、记忆库和计算限制以及能量受限等诸多困难。许多问题被表述为多维优化问题，并通过各种改进优化技术进行访问，包括模糊逻辑、粒子群优化、蚁群优化等。

Mazinani 等[31]提出了一种用于无线传感器网络的多簇路由方法。该方法使用的基本工具是模糊逻辑，名称为模糊多簇路由协议（Fuzzy Multi-cluster-based Routing Protocol，FMRP）。作者使用了一个阈值来利用和集群使用无线传感器网络基站的多跳系统，在无线传感器网络参数冲突的情况下，该方案有助于减少网络中的死节点，提高网络寿命。

Taherian 等[32]提出了一种基于粒子群优化的无线传感器网络安全优化路由方法（Secure Optimal Routing Method，SORM）。该方法利用无线传感器网络的聚合和发现任务来增强网络的自定向节点，通过使用粒子群优化节点的电池电量来帮助管理节点的电池电量，由于粒子群算法是人工智能技术的一种，有助于智能地管理网络参数。

Arya 和 Sharma[33]提出了一种用于无线传感器网络的优化高效分析方法（Optimized Efficient Analysis Method，OEAM）。该方法使用蚁群优化算法对无线传感器网络的性能指标进行优化，传感器节点的用途是广播、处理和感知环境数据和信息，通过优化无线传感器网络的不同资源来平衡网络的能量利用，有助于在源节点、汇节点和不同跳节点之间生成可行的路由解决方案。QOHS 算法是一种有效、简单、计算量小且高效的计算优化算法，易于执行和实现、解决方案的质量、计算效率和收敛速度。该算法可以应用于无线传感器网络的通信问题，如网络的生存期优化、无线传感器网络的覆盖和生存期优化、无线传感器网络的动态部署优化、大规模无线传感器网络的通信协议等。接下来将讨论以下优化场景。

场景（1）：无线传感器网络中的网络生存期优化。

场景（2）：大规模无线传感器网络通信协议优化。

场景（3）：具有覆盖和生存期的无线传感器网络优化。

场景（4）：无线传感器网络动态部署优化。

9.3.1 无线传感器网络中的网络生存期优化

在能量受限无线传感器网络的关键指标设计中，网络寿命（Network lifetime，NL）起着至关重要的作用[34]。在这种优化方法中，可以探索介质访问控制（MAC）、物理层和寻址层的优化设计的结合点，以最大化具有能量多源单接收（Multiple Sources of the Single Sink，MSSS）无线传感器网络的网络寿命。利用自适应时分多址（Time Division Multiple Access，TDMA）技术中的能量优化问题可以解释网络寿命最大化问题。当放松整数的约束以捕捉实质性的值时，问题可能会被带入一个凸问题，并且结果会达到更大的限制。为了在一般平面拓扑中为无线传感器网络的未受干扰 NLM 问题提供一个方法参考框架，首先抑制小规模平面网络的拓扑，特别是规则四边形和三角形拓扑。将 QOHS 算法与 D&C 方法相结合可以处理大规模平面网络，因为 QOHS 算法能够以最佳性能处理扩展的大规模平面网络。

9.3.2 大规模无线传感器网络通信协议的优化

无线传感器网络因其持续的故障、可靠的和充满活力的设计方案既具有挑战性，又是一个热门的研究领域。在这种情况下，可以设想并使用优化技术调整 Middleton 服务参数，以提供优化结果[35]。优化方法以仿真为基础，对噪声误差面进行估计。QOHS 是一种优化算法技术，可以使用生成树算法作为示例，即使不对称节点之间存在任何链路，也可以有效地运行。在未来，大规模传感器网络将发挥嵌入式系统的重要作用，用于应对与航空和航天相关的挑战，如智能表面、智能灰尘、安全关键系统的监控，并可用于使日常生活更加舒适，这种传感器网络经常以服务（称为中间件）的方式在分布式操作系统中使用。与无线通信协议（包括自适应可持续故障）相比，动态网络拓扑的设计对于中间件服务的架构师是不公正的。由于传感器资源有限，因此，与有线通信中使用的协议相比，所使用的协议是基本且简单的，而且环境的不可预测性也起着至关重要的作用，使设计更加复杂。

9.3.3 具有覆盖率和生存期的无线传感器网络优化

无线传感器网络的功能是使用传感机制，根据长周期应用的要求，在固定的时间间隔内传感数据。无线传感器网络的主要限制是覆盖范围和寿命，这是延长电池寿命的基本原因。之前所做的工作是基于随机生成的传感器分布，这对于 WSN 的更好性能来说并不那么精确。在本章中，对无线传感器网络的覆盖范围和生存期进行了分析。QOHS 算法可以有效地提高无线传感器网络的使用寿命。

9.3.4 无线传感器网络中的动态部署优化

在无线传感器网络的研究中，传感器部署是人们关注的重点之一。动态部署机制对于提高无线传感器网络不稳定和稳定节点性能是非常有效的[15]。在各种不确定性条件下，不稳定节点在最佳部署路径上进行自我调整，以覆盖最大面积。该工作是找到不稳定节点的最佳位置，通过 QOHS 算法实现的，QOHS 算法是一种非常权威的优化技术，可用于解决多目标多维优化问题，该算法也适用于多节点应用，这些节点可以根据需要进行自我调整。

9.4　性能评估

QOHS 算法使用 HSA 的概念，可广泛用于寻找全局搜索或真近似方法。表 9.3 显示了 QOHS 算法相对于蚁群优化、粒子群优化和模糊逻辑方法的特点。在本章中，方法 QOHS 算法与研究的现有方法（如 OEAM[33]、SORM[32] 和 FMRP[31]）进行了比较。OEAM 方法基于蚁群算法，SORM 方法基于粒子群算法，FMRP 方法基于模糊逻辑。QOHS 算法与其他特征比较如表 9.4 所列。

表 9.3　与三种现有方法相比，所提出方法的不同特征

QOHS	蚁群优化	粒子群优化	模糊逻辑
可以改进随机生成的群体初始化	需要消耗大量的计算时间才能得到解	控制变量初始化难	涉及许多逻辑，降低了更好初始化的机会
数学计算量少，收敛性好	收敛时间不确定	散射问题影响	不同于随机技术和概率技术
可以避免获得局部解决方案的机会	每次迭代都可以改变概率分布	过早地收敛于大问题	

9.5　小　　结

在本章中，通过不同的案例研究，展示了 QOHS 算法在解决无线传感器网络现有问题中的应用。可以看到，无线传感器网络存在一些需要解决的限制，如能源和通信等问题。为了避免这些限制，需要消耗更少能量的最优设备。因此，需要一种有效的技术来解决无线传感器网络的优化问题。在本案例研究中，分别比较了 QOHS 算法、蚁群优化算法、粒子群优化算法和模糊逻辑方法。对比研究表明，QOHS 算法对该无线传感器网络问题是非常有效的。基于对所示基准函数的不同算法的比较，所提出的 QOHS 方法与所研究的三种现有方法的计算效率和优化能力比较也验证了这一点。QOHS 方法与研究方法的特征比较也表明 QOHS 算法具有更好的性能，混合优化技术可用于无线传感器中的优化以获得更好的性能。本章从无线传感器网络的不同方面对 QOHS 算法进行了概述，这表明基于 QOHS 的方法可能是解决无线传感器网络问题的有效方法。

表 9.4 该方法与现有方法的特征比较

特 征	QOHS	OEAM[25]	SORM[24]	FMKP[23]
路由环路	具备	具备	具备	具备
初始化信源	具备	具备	具备	具备
初始化接收机	不具备	不具备	不具备	不具备
QoS 支持	非常高	高	中	低
剩余能量	非常高	高	中	低
网络生存期	非常高	高	中	低
延迟	低	中	高	非常高
数据包交付率	非常高	高	中	低
通信开销	低	中	高	非常高
吞吐量	非常高	高	中	低
数据包丢失	低	中	高	非常高
可扩展性	非常高	高	中	低
带宽	非常高	高	中	低
健壮性	非常高	高	中	低
连接状态	非常高	高	中	低
处理高移动性	非常高	高	中	低
处理流量负载	非常高	高	中	低
处理相互干扰	非常高	高	中	低

附录 QOHS 参数

参数数量取决于问题变量，群体规模 = 50，迭代总数 = 100，HMCR = 0.9，PAR_{min} = 0.45，PAR_{max} = 0.98，BW_{min} = 0.0005，BW_{max} = 50，J_r = 0.8。

参考文献

[1] Kulkarni RV, Venayagamoorthy GK (2010) Particle swarm optimization in wireless-sensor networks: a brief survey. IEEE Trans Syst Man Cybern Part C Appl Rev 41(2):262–267.
[2] Aggarwal R, Mittal A, Kaur R (2016) Various optimization techniques used in wireless sensor networks. Int Res J Eng Technol 3(6):2085–2090.
[3] Das SK, Yadav AK, Tripathi S (2017) IE2M: design of intellectual energy efficient multicast routing protocol for ad-hoc network. Peer-to-Peer Netw Appl 10(3):670–687.
[4] Yadav AK, Das SK, Tripathi S (2017) EFMMRP: design of efficient fuzzy based multi-constraint multicast routing protocol for wireless ad-hoc network. Comput Netw 118:15–23.
[5] Das SK, Tripathi S (2018) Intelligent energy-aware efficient routing for MANET. Wirel Netw

24(4):1139–1159.
[6] Das SK, Tripathi S (2019) Energy efficient routing formation algorithm for hybrid ad-hoc network: a geometric programming approach. Peer-to-Peer Netw Appl 12(1):102–128.
[7] Seifi H, Sepasian MS (2011) Electric power system planning: issues, algorithms and solutions. Springer, Berlin.
[8] Engelbrecht AP (2007) Computational intelligence: an introduction. Wiley, London.
[9] Chatterjee S, Hore S, Dey N, Chakraborty S, Ashour AS (2017) Dengue fever classification using gene expression data: a PSO based artificial neural network approach. In: Proceedings of the 5th international conference on frontiers in intelligent computing: theory and applications. Springer, Singapore, pp 331–341.
[10] Jagatheesan K, Anand B, Samanta S, Dey N, Ashour AS, Balas VE (2017) Particle swarm optimisation-based parameters optimisation of PID controller for load frequency control of multi-area reheat thermal power systems. Int J Adv Intell Paradigms 9(5–6):464–489.
[11] Kaliannan J, Baskaran A, Dey N, Ashour AS (2016) Ant colony optimization algorithm based PID controller for LFC of single area power system with non-linearity and boiler dynamics. World J Model Simul 12(1):3–14.
[12] Jagatheesan K, Anand B, Dey KN, Ashour AS, Satapathy SC (2018) Performance evaluation of objective functions in automatic generation control of thermal power system using ant colony optimization technique-designed proportional–integral–derivative controller. Electr Eng 100(2):895–911.
[13] Geem ZW, Kim JH, Loganathan GV (2001) A new heuristic optimization algorithm: harmony search. Simulations 76:60–68.
[14] Mahdavi M, Fesanghary M, Damangir E (2007) An improved harmony search algorithm for solving optimization problems. Appl Math Comput 188:1567–1579.
[15] Lee KS, Geem ZW (2004) A new structural optimization method based on the harmony search algorithm. Comput Struct 82:781–798.
[16] Kim JH, Geem ZW, Kim ES (2001) Parameter estimation of the nonlinear Muskingum model using harmony search. J Am Water Resour Assoc 37:1131–1138.
[17] Geem ZW, Kim JH, Loganathan GV (2002) Harmony search optimization: application to pipe network design. Int J Model Simul 22:125–133.
[18] Omran MGH, Mahdavi M (2008) Global-best harmony search. Appl Math Comput 198:643–656.
[19] Pan QK, Suganthan PN, Tasgetiren MF, Liang JJ (2010) A self-adaptive global best harmony search algorithm for continuous optimization problems. Appl Math Comput 216:830–848.
[20] Tizhoosh HR (2005) Opposition-based learning: a new scheme for machine intelligence. In: Proceedings of international conference on computational intelligence for modelling, control and automation, vol 1, pp 695–701.
[21] Tizhoosh HR (2005) Reinforcement learning based on actions and opposite actions. In: Proceedings of ICGST international conference on artificial intelligence and machine learning, Egypt.
[22] Tizhoosh HR (2006) Opposition-based reinforcement learning. J Adv Comput Intell Inf 10:578–585.
[23] Ventresca M, Tizhoosh HR (2006) Improving the convergence of backpropagation by opposite transfer functions. In: Proceedings of IEEE world congress on computational intelligence, Vancouver, BC, Canada, pp 9527–9534.
[24] Rahnamayan S, Tizhoosh HR, Salama MMA (2008) Opposition-based differential evolution. IEEE Trans Evol Comput 12:64–79.
[25] Nandi M, Shiva CK, Mukherjee V (2017) TCSC based automatic generation control of deregulated power system using quasi-oppositional harmony search algorithm. Eng Sci Technol 20(4):1380–1395.

[26] Shiva CK, Mukherjee V (2016) Automatic generation control of hydropower systems using a novel quasi-oppositional harmony search algorithm. Electr Power Compon Syst 44(13):1478–1491.

[27] Shiva CK, Mukherjee V (2015) A novel quasi-oppositional harmony search algorithm for automatic generation control of power system. Appl Soft Comput 35:749–765.

[28] Moradi-Dalvand M, Mohammadi-Ivatloo B, Najafi A, Rabiee A (2012) Continuous quick group search optimizer for solving non-convex economic dispatch problems. Electr Power Syst Res 93:93–105.

[29] He S, Wu QH, Saunders J (2009) Group search optimizer: an optimization algorithm inspired by animal searching behavior. IEEE Trans Evol Comput 13(5):973–990.

[30] Haghrah A, Mohammadi-ivatloo B, Seyedmonir S (2015) Real coded genetic algorithm approach with random transfer vectors-based mutation for short-term hydro-thermal scheduling. IET Gener Trans Distrib 9:75–89.

[31] Mazinani A, Mazinani SM, Mirzaie M (2019) FMCR-CT: an energy-efficient fuzzy multi cluster-based routing with a constant threshold in wireless sensor network. Alex Eng J 58(1):127–141.

[32] Taherian M, Karimi H, Kashkooli AM, Esfahanimehr A, Jafta T, Jafarabad M (2015) The design of an optimal and secure routing model in wireless sensor networks by using PSO algorithm. Proc Comput Sci 73:468–473.

[33] Arya R, Sharma SC (2015) Analysis and optimization of energy of sensor node using ACO in wireless sensor network. Proc Comput Sci 45:681–686.

[34] Wang H, Agoulmine N, Ma M, Jin Y (2010) Network lifetime optimization in wireless sensor networks. IEEE J Sel Areas Commun 28(7):1127–1137.

[35] Simon G, Volgyesi P, Maróti M, Ledeczi A (2003) Simulation-based optimization of communication protocols for large-scale wireless sensor networks. In: IEEE aerospace conference, vol 3, pp 31339–31346.

第四部分：多目标优化

第10章　无线传感器网络智能路由协议

纳比尔·萨博尔[①]，穆罕默德·阿博-扎哈德[②]

10.1 引　　言

近年来，无线传感器网络已成为一种重要的工具被广泛应用于实时多媒体通信、医疗监控和家庭监控等领域。无线传感器网络通常包含大量低成本且功率有限的传感器节点[1-3]，这些节点可用于感知、处理和传输数据。每个节点的架构由四个主要单元组成，如图10.1所示。第一单元是处理所有数据并控制其他单元操作的处理器。第二单元是感知单元，用于使用传感器感测事件，并通过模数转换器（Analog-to-Digital Converter，ADC）将其转换为数字形式。

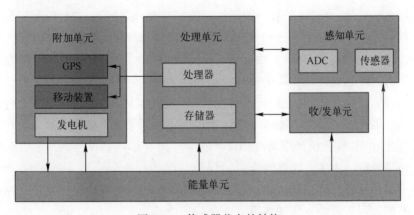

图10.1　传感器节点的结构

---

①　纳比尔·萨博尔：阿西乌特大学工程学部电气与电子工程系，埃及阿西乌特，邮编：71516；E-mail: nabil_sabor@aun.edu.eg。

②　穆罕默德·阿博-扎哈德：埃及-日本科技大学电子与通信工程系，埃及新博格阿拉伯；E-mail: mohammed.zahhad@ejust.edu.eg。

第三单元是用于在有限传输范围内发送和接收数据的收/发器。最后，能量单元负责向所有单元供电[4]。

传感器节点的小尺寸限制了其内部资源，如存储、处理、功率和传输范围等。因此，需要高效的机制来有效地利用无线传感器网络有限的资源。路由是其中一种机制，它通过减少通信中的能量消耗来控制数据传输，从而提高网络寿命。一般来说，已开发的路由协议可分为基于分层、基于平面和基于位置的路由协议[1]。根据文献[2,3]，基于分层的路由协议比其他类型的路由协议更好的节约能源，并延长无线传感器网络的使用寿命。基于分层的路由体系结构由两层组成：第一层负责选择簇头；第二层负责构建路由。在分层路由中，网络被划分成多个簇，每个集群有一个簇头节点和多个簇成员节点。簇成员节点的任务是感测数据并将其转发到其簇头，而簇头负责收集和聚合其簇成员的数据并将聚合数据传输到接收器。因此，分层路由协议可以称为集群协议。

基于分层的路由减少了冗余数据传输，并根据平衡网络负载的能力为每个传感器节点分配不同的任务。分层路由协议包括非智能或基于智能的路由。在非智能分层路由协议中，使用定时器功能随机选择簇头，这导致不同簇头中的流量不均匀。尽管这种方法适合于无线传感器网络的应用，但仍然面临许多挑战，如可扩展性、负载平衡、连接性、覆盖范围、容错性和健壮性等。而在基于智能的路由中，采用不同的优化算法，基于多准则（即适应度函数）确定簇头，以达到 QoS 的要求。由于适应度函数对路由协议的性能起着重要作用[4-11]，因此它是优化算法进化过程中最重要的问题。

目前，已经开发了大量基于智能的分层结构路由协议，以提高静态和移动无线传感器网络的性能。在本章中，我们重点回顾了基于粒子群优化（PSO）、蚁群优化（ACO）、模糊逻辑（FL）、遗传算法（GA）、神经网络（NNs）和人工免疫算法（AIA）的智能路由协议体系结构操作。然后，根据图 10.2 所示的不同指标对上述不同协议进行分类。此外，还对各种协议在延迟、网络大小、节能、可扩展性、优缺点等方面进行了比较。

本章组织如下：10.2 节解释了用于智能分层路由协议的分类标准；10.3 节介绍了基于智能的分层路由协议；10.4 节对已提出的方案进行了比较，并进行了讨论；10.5 节提供了一些结论和未来的工作。

第10章 无线传感器网络智能路由协议

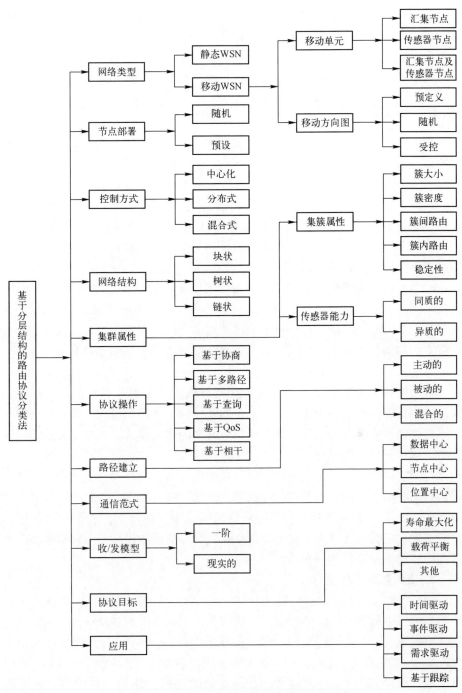

图 10.2　WSN 中基于层次结构的路由协议的分类法

10.2 分类标准

本节将解释用于对智能分层路由协议进行分类的不同指标。

10.2.1 网络类型

无线传感器网络由大量的传感器节点和一个或多个接收器组成,取决于不同的应用设置接收器的数量。无线传感器网络分为静态无线传感器网络(Static WSN, SWSN)和移动无线传感器网络(Mobile WSN, MWSN)两种类型。在静态无线传感器网络中,网络的所有元件(即传感器节点和接收器节点)都是静态的。而在移动无线传感器网络中,传感器节点可以与静态或移动接收器节点一起移动。因此,应根据移动元件和移动模式对移动无线传感器网络的路由协议进行分类。

移动元件:无线传感器网络由大量传感器节点和一个或多个接收器组成。根据不同应用的特点,传感器感知区域可以包含移动传感器节点或/和移动接收器节点。因此,移动无线传感器网络的路由协议可以分为三类:协议支持汇聚节点的移动、协议支持传感器节点的移动以及协议支持传感器节点和汇聚节点的移动。

移动模式:确定移动元件(即传感器节点或接收器节点)的移动模式是移动无线传感器网络路由中的一个重要问题。预定义移动模式、控制移动模式和随机移动模式是移动无线传感器网络中著名的移动模式。在预定义的移动模式中,移动元件的路径被预先定义。因此,移动元件知道其路径和沿传感器场内路径的逗留位置,此模式适用于移动接收器。而在受控移动模式中,移动元件的移动是基于不同的因素进行控制的,例如,提高寿命、负载平衡、避免热点问题[12],以及提高连接性。在随机移动模式中,移动元件在传感器场中以随机速度和随机方向移动,这种随机移动性可以使用随机航路点移动模型和参考点群移动模型进行建模和仿真[13-15]。

1. 随机航路点模型

随机航路点(Random Waypoint, RWP)移动模型以其简单性在移动无线传感器网络中得到了广泛的应用。在该模型中,网络中的移动元件均匀随机地选择恒定速度(V)从$\{[V_{min}, V_{max}], V_{min} \geqslant 0\}$,其中$V_{min}$和$V_{max}$分别为最小和最大允许速度}和随机方向$(\theta)$。在选择$V$和$\theta$时,移动元件从初始位置$(x_0, y_0)$向目的地(航路点)$(x_1, y_1)$移动。在到达目的地时,移动元件暂停一段称为暂停时间(T_{pause})的特定时间,然后基于随机选择的速度选择另一目的地

(x_2,y_2),如图 10.3(a)所示。可移动元件沿线性方向移动,但在到达场边界时反射并急剧改变其方向。

2. 参考点群移动模型

图 10.3(b)所示的参考点群移动模型(Reference Point Group Mobility Model,RPGM)模拟了群移动行为。组中的每个节点都遵循组长的运动行为,确定组的移动方向。每个组中的节点随机分布在参考点周围,并将其移动模型添加到参考点中,从而驱动它们向组的方向移动。群移动模型适用于军事战场通信,士兵可以在群中一起移动。

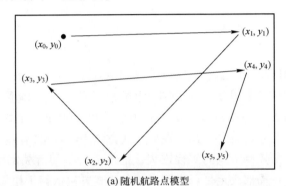

(a)随机航路点模型

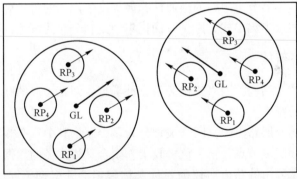

(b)参考点组移动模型

图 10.3 移动模型

10.2.2 节点部署

传感器节点部署会影响传感器网络的覆盖范围和连通性。传感器节点可以根据不同的应用采用随机部署或确定部署的方法[16]。在随机部署中,传感器节点分散在传感器场中,位置不确定,有些节点彼此靠近,有些节点彼此远离。因此,节点密度会发生巨大变化。随机部署不能确保节点之间的连接,可能会在网络中形成覆盖空洞。如果部署区域无法到达，如火山和地震带，则首选随机部署。只有在满足所需覆盖范围的情况下，随机部署才具有成本效益。但一般来说，这种方法在节点的确切位置上抛出节点的概率非常小，不能确保网络正常工作，因此，需要一种替代方法。

确定部署方法预先确定了节点的位置，在部署前计算这些位置，然后将传感器节点放置在各自的位置上。虽然确定部署方法能够满足网络连通性，但在大型网络和恶劣环境中非常复杂。确定部署用于部署区域物理上可到达的那些任务，与随机部署相比，确定部署使用更少的传感器节点来覆盖给定区域，比随机部署更可取。

10.2.3 控制方式

无线传感器网络中的路由方法可以以集中方式、分布式方式或混合方式进行控制。在集中式方法中，有关网络/组的全局信息（如能量级别和地理位置）用于控制集群和路由过程。集中式方法为网络提供了更好的集群体系结构，但它增加了建立集群的开销。在分布式方法中，网络的传感器节点相互协作，将信息交换给控制节点的例程进程，而不需要任何有关网络的全局信息，每个传感器节点在局部决定是否为簇头。分布式方法依赖于相邻节点的局部信息，不能保证传感器节点之间的连通性，但提高了网络的可扩展性。混合方法可以是半分布式或半集中式方法，以优化集中式和分布式方法的特性。

10.2.4 网络架构

根据网络体系结构，网络架构分为三种类型，即基于块的路由、基于树的路由和基于链的路由。

在基于块的分层路由中，网络被划分为多个簇，其中每个簇都有一个簇头节点和一群集簇成员节点。簇头负责收集、聚合其簇成员的数据，并将其转发到接收器。基于分组的路由协议的目标是构建集群并根据不同的 QoS 指标选择簇头。基于树的分层路由是在网络成员之间构建路由树。树的叶节点将感测数据发送到它们的父节点，父节点将接收到的数据聚合并转发到上层父节点，使其朝向接收器。而在基于链的分层路由中，构造一个或多个链以形成用于传输数据的路径。每个链都有一个称为链头（CL）的头节点，负责收集链成员的数据并将其转发到接收器。这种类型的路由数据包通过多跳到达接收器，增加了数据包延迟。此外，由于链中的一个节点发生故障，链可能会断开，其数据将被丢弃，这增加了丢包率。

10.2.5 集群属性

集群属性和传感器能力是影响路由协议性能的两个主要问题[17-18]。集群特征用于比较路由协议之间的差异，其特点是：

(1) 集群大小。WSN 可以划分为相等或不相等的群集。在前一种类型中，所有簇头具有相同的通信范围。而在后一种类型中，簇头具有不同的通信范围。一般来说，不等聚类用于解决静态汇的能量空洞问题[12]。

(2) 集群密度。群集成员表示群集密度或群集负载。根据集簇协议，集群的负载可以是固定的，也可以是可变的。

(3) 集群内路由。集群内路由是集群之间的通信路径簇内路由簇头及其成员节点。此路径可以是单跳路由，数据直接从成员节点发送到簇头，也可采用多跳路由，其中中继节点用于将成员节点的数据转发到簇头。

(4) 集群间路由。集群间路由是集群外的通信，可以是从传感器节点到基站或从簇头到基站或从簇头到簇头。此外，集群间通信可以是单跳或多跳路由。

(5) 稳定性。群集密度控制路由进程的稳定性。稳定性可以是固定的，也可以是可变的，这取决于集群的密度在整个路由过程中是固定的或变化的。

在传感器性能方面，根据传感器节点的资源，可以将无线传感器网络分为同构网络和异构网络。在同构网络中，相同的资源（如电池电量、计算和通信）分配给网络中的所有节点。在异构网络中，不同的能力和资源分配给传感器节点。它将簇头角色分配给具有更多能力的节点，这对于群集非常有用。

10.2.6 协议操作

路由协议可以根据协议操作分为五类：第一类是基于协商的路由，在实际数据传输之前，在信源和目标之间建立高级别的协议，以避免冗余数据；第二类是基于查询的路由，其中在收到来自目标节点的查询消息之前源节点不会传输其数据；第三类是基于多路径的路由，传感器节点和目的地之间构建了多条路径，提高了路由的稳健性和数据包交付率；第四类被称为基于相干的数据采集，它使用不同的处理机制，包括相干和非相干方法。在非相干技术中，数据在传感器节点本地处理后转发到聚合器，聚合器节点减少来自多个传感器节点接收数据的冗余，并在将其发送到接收器之前将其聚合为一个分组。在相干方法中，处理和聚合任务是聚合器的责任；第五类是基于 QoS 的路由，其中每个路由协议都是为了满足可靠性、延迟或带宽等 QoS 要求而设计的。

10.2.7 路径建立

路径建立机制能够发现和建立从信源节点到预期接收器的路由,这种机制可以是主动、被动或混合的。在主动路由中,每个节点在实际数据传输之前建立一个路由表,路由表包含节点和一个或多个下一跳邻近节点之间的路径及其成本列表。主动路由减少了数据包延迟,因为路由路径可用,无需等待发现,可用于定期数据监控应用程序,如收集特定区域的温度变化等数据。在被动式路由中,每个节点发现其路由路径,作为对事件中任何突然变化的反应,路由路径的发现过程会在传输数据之前增加一些延迟。被动式路由可用于时间关键型应用,如爆炸检测和入侵检测。混合路由结合了主动和被动路由类型。

10.2.8 通信范式

接收器和传感器节点之间有三种类型的通信:第一种类型以节点为中心,使用数字地址(ID)标识目的地,传感器节点使用 ID 将其数据转发到特定目的地;第二种类型以数据为中心,其中接收器向传感器字段内的特定区域发送查询消息,并等待位于接收器范围内的传感器节点数据,接收接收器请求的传感器节点通过中继节点将其数据发送到接收器;第三种类型以位置为中心,在路由构建过程中需要传感器节点的位置信息。

10.2.9 收/发模型

由于通信过程中消耗的能量来自于传感器节点的电池,对节点的收/发特性进行仿真和建模必然会影响路由协议的性能,可以根据所使用的传感器收/发模型调查路由协议。根据文献,传感器收/发模型为一阶模型[3,19-20],如图 10.4 所示,或模拟为现实收/发模型,如 CC2420[21-23]。在一阶收/发模型中,为了在距离 d 上传输 k 位消息,该收/发模型消耗为

$$E_{Tx}(k,d) = E_{Tx\text{-}elec}(k) + E_{Tx\text{-}amp}(k,d) = kE_{elec} + E_{Amp}kd^p \quad (10.1)$$

为了接收这条信息,无线收/发模块需要消耗的能量为

$$E_{Rx}(k) = E_{Rx\text{-}elec}(k) = kE_{elec} \quad (10.2)$$

式中:E_{elec} 和 E_{Amp} 分别为收/发模型的电子电路和放大器中的耗散能量,p 为路径损耗。如果距离 d 小于阈值距离($d_0 = \sqrt{E_{fs}/E_{mp}}$),将通过设置 $p = 2$ 和 $E_{Amp} = E_{fs}$ 来使用自由空间通信(fs)。否则,应通过设置 $p = 4$ 和 $E_{Amp} = E_{mp}$ 来采用多径(mp)衰落通信。

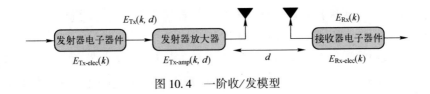

图 10.4 一阶收/发模型

一阶收/发模型很简单,但它不能模拟真实模型,而现实的收/发模型使传感器节点能够通过选择四种预定义的功率模式之一来调整其无线电传输功率,即在 CC2420 中指定的 0dBm,−5dBm,−10dBm 和 −15dBm。根据发送方和接收方之间的距离,通过切换这些模式来发送数据包。但是,控制数据包以最大功率发送。节点 i 消耗的总能量(E_i)计算为

$$E_i = \sum_{\text{state j}} P_{\text{state j}} \times t_{\text{state j}} + \sum E_{\text{transitions}} \tag{10.3}$$

式中:状态 j(state j)指能量状态:空闲、发射、接收或睡眠状态;$P_{\text{state j}}$ 为状态 j 下的消耗功率;$t_{\text{state j}}$ 为在相应状态下花费的时间;$E_{\text{transitions}}$ 为不同状态之间转换所消耗的能量。

10.2.10 协议目标

基于层次结构的路由协议目标是通过减少通信过程中的能量耗散来延长无线传感器网络的生存期。然而,路由协议的发展可以实现其他目标,如负载平衡、改善稳定期、增强网络连接性、容错和 QoS。

10.2.11 应用

由于没有适合所有应用的路由协议,因此可以根据应用类型对路由协议进行分类。无线传感器网络的应用可以大致分为时间驱动、事件驱动和按需应用。在事件驱动的应用程序中,传感器节点只有在检测到事件时才会响应活动,这种类型的应用可用于森林火灾探测、火山喷发探测和草地火灾探测等。在时间驱动应用中,传感器不定期地检测其数据,这些应用适用于监测环境条件,如影响作物的湿度、温度和照明等。而在按需应用程序中,汇聚节点对定期收集传感器节点的数据不感兴趣,节点会根据汇聚节点发出的查询消息发送数据,这使得资源的使用更加节能。

10.3 基于智能的分层路由协议

分层路由协议的目标是通过寻找最佳的簇头来减少数据收集过程中的能量

消耗，从而延长无线传感器网络的寿命。寻找最优簇头的问题是一个非确定性多项式（NP）优化问题，基于智能优化算法，如粒子群优化（PSO）[24]、遗传算法（GA）[7,25]、模糊逻辑（FL）[26]、蚁群优化（ACO）[27]和人工免疫算法（AIA）[28]，开发了许多鲁棒的分层路由协议来解决上述问题。这些优化算法用于根据所设计的适应度函数优化能量消耗和 QoS 需求之间的权衡。QoS 指标可以是延迟、负载平衡、可扩展性、连接性或容错性。在优化算法的进化过程中，容错功能是最重要的问题，因为它对路由协议的性能起着重要的作用。本节将回顾最近基于智能的分层路由协议的操作和体系结构。表 10.1 列出了基于上述指标的协议分类。

表 10.1 基于智能的分层路由协议的操作和体系结构

协议	控制方法	节点分布	移动节点	移动模式	网络结构	集簇 簇属性 簇大小	集簇 簇属性 簇密度	集簇 簇属性 簇内外路由方式	集簇 稳定性	传感器能力
EBUC 2010[29]	中心化	随机	静态无线传感器网络		树状	不等	可变	单跳/多跳	可变	均匀
PSO-DH 2011[30]	中心化	随机	静态无线传感器网络		块状	相等	可变	多跳/单跳	可变	均匀
PSO-SD 2012[31,32]	中心化	随机	静态无线传感器网络		块状	相等	可变	多跳/单跳	可变	同质
AECRP 2013[33]	中心化	随机	静态无线传感器网络		树状	相等	可变	单跳/多跳	可变	同质
RCC-PSO 2014[34]	中心化	随机	静态无线传感器网络		块状	相等	可变	单跳/单跳	可变	同质
PSO-HC 2014[35]	中心化	随机	静态无线传感器网络		块状	相等	可变	MH/单跳	可变	同质
E-OEERP 2015[36]	中心化	随机	静态无线传感器网络		树状	相等	可变	单跳/多跳	可变	同质
TPSO-CR 2015[37]	中心化	随机	静态无线传感器网络		树状	相等	可变	单跳/多跳	可变	同质/异质
PSO-MBS 2011[38]	中心化	随机	单接收节点	受控	块状	相等	可变	单跳/单跳	可变	同质
CAGM 2015[6]	中心化	随机	单接收节点	随机	块状	相等	可变	单跳/单跳	可变	同质
OQoS-CMRP 2017[39]	中心化	随机	静态无线传感器网络		块状	相等	可变	多跳/单跳	可变	异质

第10章 无线传感器网络智能路由协议

续表

协议	控制方法	节点分布	移动节点	移动模式	网络结构	集簇 簇属性 簇大小	簇密度	簇内外路由方式	稳定性	传感器能力
PSOBS 2019[40]	中心化	随机	单接收节点	受控	树状	相等	可变	单跳/单跳	可变	同质
GABEEC 2012[41]	中心化	随机	静态无线传感器网络		块状	相等	不变	单跳/单跳	不变	同质
Kumar et al. 2013[8]	中心化	随机	静态无线传感器网络		块状	相等	不变	单跳/单跳	不变	同质
Kuila et al. 2013[42]	中心化	随机	静态无线传感器网络		块状	相等	可变	单跳/单跳	可变	同质
GAHN 2014[43]	中心化	随机	静态无线传感器网络		块状	相等	可变	单跳/单跳	可变	异质
GAEEP 2014[19]	混合化	随机	静态无线传感器网络		块状	相等	可变	单跳/单跳	可变	同质/异质
GACR 2015[44]	中心化	随机	静态无线传感器网络		树状	相等	可变	单跳/多跳	可变	同质
GAECH 2015[45]	中心化	随机	静态无线传感器网络		块状	相等	可变	单跳/单跳	可变	同质
GAROUTE2011[46]	中心化	随机	传感器节点	随机	块状	相等	可变	单跳/多跳	可变	同质
NSGAII-RP2015[47]	中心化	随机	传感器节点	受控	块状	相等	可变	单跳/单跳	可变	同质
GADA-LEACH2016[48]	中心化	随机	静态无线传感器网络		块状	相等	可变	单跳/多跳	可变	同质
MGAHP 2018[49]	中心化	随机	静态无线传感器网络		块状	相等	可变	单跳/单跳	可变	同质
EAUCF 2013[50]	分布式	随机	静态无线传感器网络		树状	不等	可变	单跳/单跳/单跳/多跳	可变	同质
Mirsadeghi et al. 2014[51]	分布式	随机	静态无线传感器网络		树状	相等	可变	单跳/多跳	可变	同质

续表

协议	控制方法	节点分布	移动节点	移动模式	网络结构	集簇-簇属性-簇大小	集簇-簇属性-簇密度	集簇-簇属性-簇内外路由方式	集簇-稳定性	传感器能力
FBUC 2014[52]	分布式	随机	单接收节点	受控	树状	不等	可变	单跳/单跳/单跳/多跳	可变	同质
OZEEP 2015[53]	混合式	随机	传感器节点	随机	块状	相等/不等	可变	单跳/多跳	可变	同质
SEPFL 2016[54]	分布式	随机	静态无线传感器网络		块状	相等	可变	单跳/单跳	可变	同质
LEFUCMA 2018[55]	分布式	随机	静态无线传感器网络		块状	不等	可变	单跳/多跳	可变	同质
FMCR-CT2019[56]	分布式	随机	静态无线传感器网络		块状	不等	可变	单跳/多跳	可变	同质
FCM-ACO2016[57]	中心化	随机	静态无线传感器网络		块状	相等	可变	单跳/多跳	可变	同质
ACOHC 2016[58]	中心化	随机	静态无线传感器网络		块状	相等	可变	多跳	可变	同质
MH-GEER2018[59]	混合式	随机	静态无线传感器网络		块状	相等	可变	单跳/多跳	可变	同质
Jingyi et. al. 2016[60]	中心化	随机	静态无线传感器网络		块状	相等	可变	单跳/单跳	可变	同质
Zahhad et al. 2015[61]	中心化	随机	传感器节点	随机	块状	相等	可变	单跳/单跳	可变	同质
UMBIC 2016[62]	混合式	随机	传感器节点	受控	块状	不等	可变	单跳/多跳	可变	同质/异质
ARBIC 2018[9]	混合式	随机	静态无线传感器网络		块状	不等	可变	单跳/多跳	可变	同质/异质

协议	协议操作	路径确定	通信范式	能量模型	协议目标	应用
EBUC 2010[29]	基于相干	主动式	节点中心/位置中心	一阶	寿命最大化，载荷平衡	时间驱动
PSO-DH 2011[30]	基于相干	主动式	节点中心/位置中心	一阶	寿命最大化，载荷平衡	时间驱动
PSO-SD 2012[31, 32]	基于查询	主动式	数据中心/位置中心	一阶	寿命最大化	需求驱动

第10章 无线传感器网络智能路由协议

续表

协议	协议操作	路径确定	通信范式	能量模型	协议目标	应用
AECRP 2013[33]	基于相干	主动式	节点中心	一阶	寿命最大化，载荷平衡以及可靠的数据分发	大规模监控
RCC-PSO 2014[34]	基于相干	主动式	节点中心	现实的	提高寿命、连接质量以及覆盖	栖息地监测与监控
PSO-HC 2014[35]	基于相干	主动式	节点中心	现实的	提高寿命、连接质量、连接质量、可扩展性及覆盖	时间驱动
E-OEERP 2015[36]	基于相干	混合式	节点中心/位置中心	—	提高寿命、数据包分发率以及吞吐率	时间驱动
TPSO-CR 2015[37]	基于相干	主动式	节点中心	现实的	提高寿命、数据包分发率以及覆盖	时间驱动
PSO-MBS 2011[38]	基于相干	主动式	节点中心/位置中心	一阶	寿命最大化，提高数据分发率	时间驱动
CAGM 2015[6]	基于相干	主动式	节点中心/位置中心	一阶	寿命最大化以及能量消耗平衡	时间驱动
OQoS-CMRP2017[39]	基于相干	被动式	节点中心	一阶	提高寿命并解决能量空洞问题	事件驱动
PSOBS 2019[40]	基于相干	主动式	节点中心	一阶	节省能量并提高数据分发率	时间驱动
GABEEC 2012[41]	基于相干	主动式	节点中心/位置中心	一阶	寿命最大化	时间驱动
Kumar et al. 2013[8]	基于相干	主动式	节点中心/位置中心	一阶	寿命最大化，节省能量	时间驱动
Kuila et al. 2013[42]	基于相干	主动式	节点中心/位置中心	一阶	载荷平衡	时间驱动
GAHN 2014[43]	基于相干	主动式	节点中心/位置中心	一阶	载荷平衡，寿命最大化	时间驱动
GAEEP 2014[19]	基于相干	主动式	节点中心/位置中心	一阶	寿命最大化，提高稳定周期，载荷平衡	时间驱动
GACR 2015[44]	基于相干	主动式	节点中心/位置中心	一阶	载荷平衡，寿命最大化	时间驱动
GAECH 2015[45]	基于相干	主动式	节点中心/位置中心	一阶	提高寿命及稳定周期	时间驱动
GAROUTE 2011[46]	基于相干	主动式	节点中心	一阶	提高寿命及稳定性	时间驱动
NSGAII-RP 2015[47]	基于相干	主动式	节点中心/位置中心	一阶	寿命及覆盖最大化	监控应用

续表

协议	协议操作	路径确定	通信范式	能量模型	协议目标	应用
GADA-LEACH2016[48]	基于相干	主动式	节点中心/位置中心	一阶	提高寿命及通信稳定性	时间驱动
MGAHP 2018[49]	基于相干	主动式	节点中心/位置中心	一阶	提高寿命	需求驱动
EAUCF 2013[50]	基于相干	主动式	节点中心	一阶	避免能量空洞,提高稳定周期	时间驱动
Mirsadeghi et al. 2014[51]	基于相干	主动式	节点中心	一阶	提高寿命及覆盖,并节省能量	时间驱动
FBUC 2014[52]	基于相干	主动式	节点中心	一阶	避免能量空洞,提高寿命	时间驱动
OZEEP 2015[53]	基于相干	主动式	节点中心/位置中心	一阶	提高寿命、载荷平衡及可扩展性	时间驱动
SEPFL 2016[54]	基于相干	主动式	节点中心	一阶	一阶	时间驱动
LEFUCMA 2018[55]	基于相干	主动式	节点中心	一阶	一阶	时间驱动
FMCR-CT 2019[56]	基于相干	主动式	节点中心	一阶	一阶	时间驱动
FCM-ACO 2016[57]	基于相干	主动式	节点中心	一阶	一阶	时间驱动
ACOHC 2016[58]	基于相干	主动式	节点中心	一阶	一阶	时间驱动
MH-GEER 2018[59]	基于相干	主动式	节点中心	一阶	一阶	时间驱动
Jingyi et. al. 2016[60]	基于相干	主动式	节点中心	一阶	一阶	时间驱动
Zahhad et al. 2015[61]	基于相干	主动式	节点中心/位置中心	一阶	提高寿命及稳定周期	时间驱动
UMBIC 2016[62]	基于相干	主动式	节点中心/位置中心	一阶	避免能量空洞,载荷平衡,提高稳定周期	预测与需求监控
ARBIC 2018[9]	基于相干	主动式	节点中心/位置中心	现实的	提高寿命及稳定周期,平衡负载	需求监控驱动

10.3.1 基于粒子群优化的分层路由协议

粒子群优化(PSO)是 Kennedy 等提出的一种基于随机种群的优化算法[24]。粒子群优化算法的行为是受鱼群聚集或鸟群聚集行为的启发而产生的。PSO 包括一组 S 粒子(潜在的解),其中每个粒子 i 由位置向量 x_i 和速度向量 v_i 定义。这些粒子飞过 D 维空间,寻找全局最优位置,从而产生给定目标函数的最佳适应值。在 PSO 算法的每次迭代 t 中,每个粒子都会根据其速度的新

第10章 无线传感器网络智能路由协议

值改变其位置，有

$$v_i(t) = \omega v_i(t-1) + c_1 r_1 (x_{best}(t) - x_i(t-1)) + c_2 r_2 (g_{best}(t) - x_i(t-1)) \quad (10.4)$$

$$x_i(t) = x_i(t-1) + v_i(t-1) \quad (10.5)$$

式中：x_{best} 和 g_{best} 分别为最佳粒子位置和最佳组位置；ω 为权重因子，c_1 和 c_2 为[0 1]区间中的两个常数，r_1 和 r_2 为[0,1]区间中的两个随机参数。近年来，许多分层路由协议都是基于粒子群优化算法开发的。下面，我们将回顾其中的一些协议。

1. 能量平衡不平等分簇协议

文献［29］提出了一种基于PSO算法的能量平衡不等分簇（Energy Balanced Unequal Clustering，EBUC）协议，以延长每个传感器节点的寿命。EBUC将网络划分为不同的集群，每个集群的大小取决于其相对于基站的距离，如图10.5所示，距离基站最近的集群具有较小的规模，反之亦然。这解决了能量空洞问题，因为较近集群的簇头可以为集群间中继负载节省集群内流量中的一些耗散能量。此外，EBUC协议通过在簇头之间构建能量感知路由树来减少簇头的能量消耗。EBUC的操作在基站集中运行，其协议以循环方式工作，其中每一轮从一个设置阶段开始，此时基站使用PSO算法组织最佳集群并在它们之间构建用于集群间通信的路由树，是一个稳态阶段，此时传感数据周期性地传输到基站。在EBUC中，基站使用PSO算法基于最小化以下成本函数来确定最佳簇头。

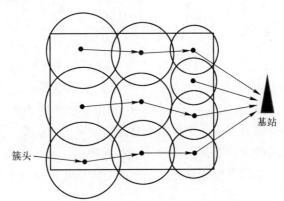

图10.5 EBUC协议的一种思想

$$F(p_i) = \alpha_1 f_1(p_i) + \alpha_2 f_2(p_i) + \alpha_3 f_3(p_i) \quad (10.6)$$

$$f_1(p_i) = \max_{k=1,2,\cdots,k} \sum_{\forall n_j \in C_{p_i,k}} \frac{d(n_j, CH_{p_i,k})}{|C_{p_i,k}|} \quad (10.7)$$

$$f_2(p_i) = \frac{\sum_{j=1}^{N} E(n_j)}{\sum_{k=1}^{K} E(\text{CH}_{p_i,k})} \quad (10.8)$$

$$f_3(p_i) = \frac{\sum_{i=1}^{K} d(\text{BS}, \text{CH}_{p_i,k})}{K \times d(\text{BS}, \text{NC})} \quad (10.9)$$

式中：f_1 为节点到其关联簇头的最大平均欧氏距离，该距离与属于粒子 p_i 的簇 C_k 的节点数有关（$C_{p_i,k}$），f_2 为网络中所有节点的总初始能量与当前轮中候选簇头的总能量之比，f_3 为簇头和基站之间的平均欧氏距离与网络中心和基站之间的欧氏距离之比。α_1，α_2，α_3 为 [0 1] 之间的权重因子，其中 $\alpha_1 + \alpha_2 + \alpha_3 = 1$。

2. 基于 PSO 的双簇头分簇协议

提出一种基于 PSO 的双簇头分簇协议（PSO-based Double cluster Heads clustering protocol，PSO-DH）[30]，以平衡无线传感器网络的能量消耗，延长其生存期。在 PSO-DH 中，根据位置信息和网络中所有节点的能量水平，根据式（10.10）给出的适应度函数，在每个簇中选择两个节点作为簇头。

$$F(i) = \omega f_1(i) + (1-\omega) f_2(i) \quad (10.10)$$

$$f_1(p_i) = \frac{E(n_j)}{\sum_{q=1, q \neq j}^{|C_{p_i,k}|} E(n_q)} \quad (10.11)$$

$$f_2(p_i) = \frac{|CH_{p_i,k}|}{\sum_{q=1, q \neq j}^{|C_{p_i,k}|} d(i,k)} \quad (10.12)$$

式中：$f_1(p_i)$ 为粒子 p_i 中节点 j 的能量与簇 k 的所有成员的总能量之比，$f_2(p_i)$ 为簇成员数量 $|CH_{p_i,k}|$ 与节点 j 和群集中所有其他成员节点之间的总欧氏距离之比，ω 为 [0 1] 之间的权重因子。第一个确定的簇头称为主簇头，负责从集群成员收集数据并将其聚合。聚合数据被传输到第二个簇头，称为副簇头。然后，副簇头将集群的聚合数据直接转发到汇聚节点，从而节省主簇头的能量。在主簇头和副簇头之间划分任务可以平衡网络负载并延长无线传感器网络的生存期。

3. 基于 PSO 的半分布式分簇协议

文献 [31] 基于 PSO 算法开发了一个半分布式集群协议（Semi-Distributed clustering protocol based on the PSO algorithm，PSO-SD），其中 PSO 算法在集群内执行，而不是在基站内执行。PSO-SD 协议用于将网络分组为具有能量感知的集群，并为这些集群选择最佳的簇头。PSO-SD 协议以循环方式运行，其中每一轮包含簇头选择阶段和数据收集阶段。在簇头选择开始时，随机选择每个簇中的传感器节点作为簇助手。然后，集群中的所有传感器节点将其位置和剩余能量等信息发送给集群辅助节点。簇助手利用粒子群优化算法，根据剩余能量（$E(p_i)$）和距离成员节点的最小平均距离（$d(n_j, CH_{p_i,k})$），找到该簇的最佳簇头位置和可能的簇头数（$H(p_i)$），通过优化每个粒子 p_i 的目标函数，有

$$F(p_i) = \alpha_1 f_1(p_i) + \alpha_2 f_2(p_i) + \alpha_3 f_3(p_i) \tag{10.13}$$

$$f_1(p_i) = \sum_{\forall n_j \in C_{p_i,k}} \frac{d(n_j, CH_{p_i,k})}{|C_{p_i,k}|} \tag{10.14}$$

$$f_2(p_i) = \frac{\sum_{i=1}^{N} E(P_i)}{\sum_{j=1}^{|C_{p_i,k}|} E(n_j)} \tag{10.15}$$

$$f_3(p_i) = \frac{1}{H(P_i)} \tag{10.16}$$

式中：α_1，α_2，α_3 为在[0 1]区间的权重因子，$\alpha_1 + \alpha_2 + \alpha_3 = 1$。在PSO-SD协议的数据采集阶段，基站根据其请求通过簇头定期收集传感器节点的数据。PSO-SD协议提高了无线传感器网络的生存时间和能耗，但在簇头选择过程中忽略了簇内距离。文献［32］通过修改簇头选择的目标函数来利用剩余能量、节点度、簇内距离和可能簇头的数量来解决这个问题。

4. 自适应节能分簇路由协议

文献［33］设计了一种自适应节能分簇路由协议（Adaptive Energy-efficient Clustering Routing Protocol，AECRP），以改善大规模无线传感器网络的通信和数据传输。AECRP协议的运行取决于将簇间路由算法与改进的粒子群聚类算法相结合。在改进的粒子群聚类算法中，粒子群算法根据节点能量、簇间分布和簇内分布来选择最佳的簇头，而簇间路由算法将簇头与汇聚节点通信中的单跳与多跳相结合，避免了长距离通信。此外，簇间路由算法采用阈值检测机制，以减少接近的簇头对汇聚节点的负载。仿真结果表明，AECRP协议平衡了网络的能耗，延长了网络寿命，并提供了更可靠的数据传输。

5. 基于PSO的真实集中式聚类协议

文献［34］开发了一种基于粒子群优化算法（Realistic Centralized Clustering protocol for WSNs based on PSO，RCC-PSO）的无线传感器网络集中式分簇协议，以增强真实网络的覆盖范围和能量耗散。RCC-PSO算法利用PSO算法选择最优的簇头，以提高网络覆盖率、能量效率和链路质量。RCC-PSO协议以

循环方式运行,其中每一轮包含设置周期和稳态周期。在建立阶段,通过基站对网络进行配置,并确定最佳簇头。该阶段从邻近节点发现开始,每个传感器节点形成包含其邻近节点 ID 的邻近节点表。然后,每个节点使用泛水方法将其 ID、残余能量和邻近节点表转移到基站中。基于接收到的信息,基站运行 PSO 算法,从每个粒子 p_i 的候选簇头中找到最佳簇头,优化能效 $EE(p_i)$、聚类质量 $CQ(p_i)$ 和网络覆盖 $NC(p_i)$ 为

$$F(p_i) = \alpha_1 EE(p_i) + \alpha_2 CQ(p_i) + \alpha_3 NC(p_i) \tag{10.17}$$

$$EE(p_i) = \sum_{k=1}^{K} \frac{E_{int}(CH_{p_i,k})}{E(CH_{p_i,k})} \tag{10.18}$$

$$CQ(p_i) = \frac{\sum_{\forall n_j \in C_{p_i,k}} LQ(p_i)}{|C_{p_i,k}|}, \quad 其中, LQ(p_i) = \frac{RSSI(n_j, CH_{p_i,k})}{\min RSSI} \tag{10.19}$$

$$NC(p_i) = \frac{N - \sum_{k=1}^{K} |C_{p_i,k}|}{\sum_{k=1}^{K} |C_{p_i,k}|} \tag{10.20}$$

式中:$E_{int}(CH_{p_i,k})$ 和 $E(CH_{p_i,k})$ 为粒子 p_i 中簇头数 k 的初始和剩余能量,$LQ(p_i)$ 为节点 n_j 和第 k 个簇头之间的链路,$RSSI(n_j, C_{p_i,k})$ 为粒子 p_i 中 n_j 和第 k 个簇头之间链路的接收信号强度指示符(Received Signal Strength Indicator,RSSI),并且 $|CH_{p_i,k}|$ 是粒子 p_i 的簇 k 中的成员数。在稳态阶段,每个成员节点使用其 TDMA 调度将其数据传输到其各自的簇头,然后进入睡眠状态。

6. 面向层次聚类的集中式 PSO 协议

一个现实的分层集群集中式 PSO 协议(PSO-HC)[35]是 RCC-PSO 协议[34]的改进版本。PSO-HC 通过激活最佳簇头和构建两跳路由来增强 WSN 的生存期、覆盖范围和可伸缩性节点及其簇头之间的路由。在 RCC-PSO 中,使用 PSO 确定最佳簇头。然后,基站通过将每个非集群节点(UN)分配到最近的簇头来构建第一层集群,称为主簇头的第一层的簇头在往返时间内保持活动模式。之后,基站通过将所有 UN(即,从第一层保持未群集的节点)群集到第一层中的节点来构造第二层,如图 10.6 所示。存在于第一层中并从第二层分配集簇成员的节点被命名为副簇头,副簇头在传输其数据包及其成员的数据包后进入休眠状态。仿真结果表明,PSO-HC 在能耗和吞吐量方面优于其他基于集群的协议。

7. 增强型优化节能路由协议

文献[36]中开发了一种增强型优化节能路由协议(Enhanced-Optimized

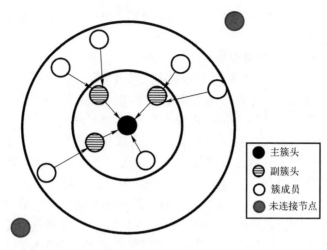

图 10.6 PSO-HC 协议

Energy-Efficient Routing Protocol，E-OEERP），以减少未群集化的节点或单个节点，从而提高静态无线传感器网络的生存期。单个节点是指不属于网络中任何群集的节点。E-OEERP 协议的运行依赖于结合 PSO 算法和引力搜索算法（Gravitational Search Algorithm，GSA）的特点，分别形成簇并在簇之间构建路由树。E-OEERP 协议通过运行 PSO 算法进行一定次数的迭代形成集群，直到所有节点成为任何集群的成员。E-OEERP 协议中使用的适应度函数基于节点的距离和能量，有

$$F(p_i) = \alpha_1 f_1(p_i) + \alpha_2 f_2(p_i) + \alpha_3 f_3(p_i) \tag{10.21}$$

$$f_1(p_i) = \frac{\sum_{j=1}^{m} d(n_j, p_i)}{|C_{p_i,k}|} \tag{10.22}$$

$$f_2(p_i) = \frac{E_{\text{Avg}}(C_{p_i,k})}{E(P_i)} \tag{10.23}$$

$$f_3(p_i) = \frac{1}{|C_{p_i,k}|} \tag{10.24}$$

式中：$E_{\text{Avg}}(C_{p_i,k})$ 为粒子 p_i 中簇 k 的所有成员节点的平均能量。E-OEERP 协议为每个集群分配成员节点的能力通过减少单个节点来提高无线传感器网络的生存期。此外，E-OEERP 通过选择在簇头旁边具有最大适应值的群集助手节点来减少簇头的开销。一旦构建了群集，每个群集的成员开始感知数据并将其发送到其各自的簇头，该簇头聚合收集的数据。每个簇头通过使用引力搜索算法根据传感器节点之间的距离和力找到最佳下一跳，从而找到具有高可靠性的

最短可用路径来传输聚合数据。仿真结果表明,EOEERP 协议能够减少单个节点,提高网络生存时间。

8. 两层 PSO 集中式路由协议

文献 [37] 提出了一种两层 PSO 集中式路由协议 (Two-tier PSO Centralized Routing protocol, TPSO-CR),用于解决同质和异质静态无线传感器网络中的群集和路由问题。TPSO-CR 的操作分为几轮,每轮包括设置阶段和稳态阶段。在设置阶段,基站通过在两层运行 PSO 算法来找到最佳的簇头和中继节点,PSO 的第一层将网络分组为最佳集群,并根据能量效率、集群质量和网络覆盖率,通过优化式 (10.17) 作为 RCC-PSO 协议,分配这些集群中的最佳簇头[34],而第二层通过为每个簇头寻找通过最小化中继节点数量(R)来节省能量的最优中继节点,在集群之间构建高效路由树,通过选择具有更高能量水平的中继节点来平衡能量消耗,并最大化中继节点之间的链路质量,有

$$F(p_i) = \alpha_1 \mathrm{EE}_\alpha(p_i) + \alpha_2 \mathrm{EE}_b(p_i) + \alpha_3 \mathrm{LQ}(p_i) \quad (10.25)$$

$$\mathrm{EE}_\alpha(p_i) = \frac{R}{C} \quad (10.26)$$

$$\mathrm{EE}_b(p_i) = \frac{\sum_{j=1}^{N} E(n_j)}{\sum_{r=1}^{R} E(\mathrm{RN}_{p_i,r})} \quad (10.27)$$

$$\mathrm{LQ}(p_i) = \max_{b=1,2,\cdots,R} \sum_{\forall rn_j \in r} \frac{\mathrm{RSSI}(rn_j, rn_{j+1})}{\min \mathrm{RSSI}} \quad (10.28)$$

式中:R 为中继节点的数量,C 为簇头的总数。TPSO-CR 协议的第二阶段是稳态阶段,此时传感器节点的数据使用 TDMA 调度传输到簇头,该 TDMA 调度通过中继节点将收集的数据转发到基站。TPSO-CR 协议是在现实的网络和能耗模型 CC2420 下开发和测试的。仿真结果表明,TPSO-CR 协议显著提高了簇头和基站的分组传输速率。此外,它没有进行任何不切实际的假设,如使用 GPS 进行位置发现。

9. 基于粒子群算法的移动基站路由协议

文献 [38] 提出了一种基于 PSO 和移动基站的路由协议 (PSO with Mobile Base Station, PSO-MBS),以提高无线传感器网络的网络寿命和数据传输速率。PSO-M 基站的任务是将网络划分为集群,并确定移动基站的暂停位置,以收集传感器节点的数据,如图 10.7 所示。此任务可分为两个阶段完成,即设置阶段和稳态阶段。在设置阶段,基站利用 PSO 算法,通过最小化以下适应度函数,根据传感器的位置信息和网络中的簇数,找到其最优逗留点。

$$F(p_i) = \sum_{k=1}^{K} \sum_{j=1}^{m} d(k,j) \quad (10.29)$$

式中：$d(k,j)$ 为节点 j 和基站 k 位置之间的距离，m 为集群 k 的成员节点数目。K 为基站可行场地的数量。在稳态阶段，每个传感器节点使用TDMA将其数据发送到其簇头。然后，簇头聚合接收到的数据并等待基站访问集群以转发其数据。

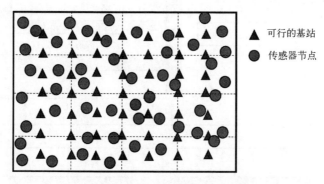

图 10.7　PSO-M 基站协议的思想

10. 基于萤火虫群优化的聚类算法

文献［6］提出了一种基于萤火虫群优化（Clustering Algorithm Based on Glowworm Swarm Optimization，CAGM）的聚类算法，利用移动接收器提高网络寿命并平衡网络负载。使用萤火虫群优化算法将网络划分为多个簇，并在最小化能耗的基础上确定这些簇的最佳簇头，同时移动接收器在网络中移动以从簇头收集数据，从而平衡簇头的负载。

11. 一种基于多路径路由协议的优化 QoS 分簇算法

文献［39］开发了一种基于 QoS 优化的多径路由分簇协议（Optimized QoS-based Clustering with Multipath Routing Protocol，OQoS-CMRP），以降低能耗并解决能量空洞问题。OQoS-CMRP 的操作包括四个阶段，如图 10.8 所示。在第一阶段，OQoS-CMRP 使用 PSO 形成集群，并基于优化距离（d）、剩余能量（E）和在每个集群 k 中成员节点的数量来选择每个集群的簇头（$|C_{p_i,k}|$），有

$$F(p_i) = \alpha_1 f_1(p_i) + \alpha_2 f_2(p_i) + \alpha_3 f_3(p_i) \tag{10.30}$$

$$f_1(p_i) = \sum_{j=1}^{n} \frac{d(n_j, p_i)}{|C_{p_i,k}|} \tag{10.31}$$

$$f_2(p_i) = \frac{\sum_{j=1}^{n} E(n_i)}{E(p_i)} \tag{10.32}$$

$$f_3(p_i) = \frac{1}{|C_{p_i,k}|}\qquad(10.33)$$

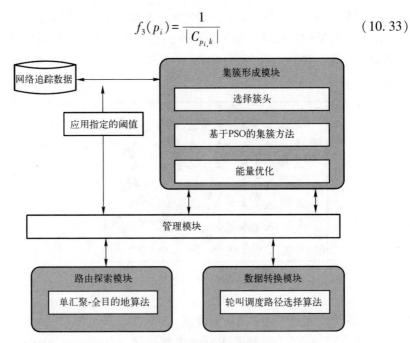

图 10.8　OQoS-CMRP 协议的系统模型

OQoS-CMRP 协议的第二阶段是使用单汇聚——全目的地算法寻找从汇聚节点到簇头的最短最优多跳通信路径，并选择下一跳邻近节点。第三阶段使用循环路径选择算法，通过选择具有最小成本、跳数和最大剩余能量度量的最优路径，将传感器节点的数据传输到接收器。最后，在 OQoS-CMRP 协议的最后阶段，接收器在一段固定的时间间隔后启动重新集群的过程。仿真结果表明，该协议提高了网络的生存时间，具有较好的通信可靠性和最小的时延。

12. 一种高效节能的移动汇聚节点路由机制

文献［40］开发了一种基于移动接收器的节能路由协议，以降低能量消耗并提高无线传感器网络的数据包交付率。作者利用 PSO 算法开发了一种称为 PSOPS 的新聚类方法，基于所有传感器节点的位置信息，汇聚节点使用 PSO 基站方法选择其集合点（RP），这取决于覆盖整个网络，将端到端延迟最小化，并节省接收路径的成本，有

$$F(p_i) = \alpha_1 f_1(p_i) + \alpha_2 f_2(p_i) + \alpha_3 f_3(p_i)\qquad(10.34)$$

$$f_1(p_i) = \frac{\sum_{j=1}^{\mathrm{NRP}_i} e^{-(|\mathrm{NFD}_j - \mathrm{Sigma}|)}}{\mathrm{NRP}_i}\qquad(10.35)$$

$$f_2(p_i) = e^{-\left(\left|\frac{n}{\text{Sigma}} - \text{NRP}_i\right|\right)} \tag{10.36}$$

$$f_3(p_i) = e^{-\left(\left|L\text{maxi} - P_{\text{cost}_i}\right|\right)} \tag{10.37}$$

式中：Sigma 为理想情况下可以与节点 j 通信的邻近节点的数量；NFD_j 为节点 j 从其邻近节点接收的数据包的数量；NRP_i 为粒子 p_i 的数量；n 为网络中传感器节点的数量；L_{maxi} 为接收器的最大行程长度；P_{cost_i} 为随机选择的集合点之间的路由路径长度。在确定集合点之后，移动接收器移动到每个点以收集靠近该点的传感器节点的数据，直到访问所有集合点，如图 10.9 所示。

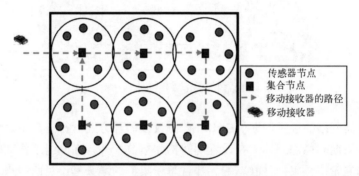

图 10.9　基于 PSO 基站的协议的操作

10.3.2　基于遗传算法的分层路由协议

遗传算法（GA）[7,25]是一种随机搜索与优化技术，广泛用于解决具有大量可能解的优化问题。遗传算法的概念依赖于适者生存理论，从包含一组随机生成的初始解开始，初始种群中的每个个体解都被命名为染色体，适应度函数用于评估群体中的每个染色体，适应值高的染色体更接近最优解。遗传算法的主要步骤是选择（复制）、交叉和变异，如图 10.10 所示。选择步骤用于选择最佳染色体，然后再进行下一步。交叉和变异操作用于从父种群生成子种群。在杂交过程中，通过结合双亲的基因产生新的后代，而突变过程会根据突变率对一个或多个基因进行突变，从而对当前染色体进行随机的微小改变。遗传算法的整个过程以迭代的方式重复，直到满足停止条件。为了提高无线传感器网络的性能，设计了许多基于遗传算法的分层路由协议，本小节将介绍一些基于遗传算法的路由协议。

1. 基于遗传算法的节能分簇协议

文献［41］提出了一种基于遗传算法的节能分簇协议（Genetic Algorithm-Based Energy-Efficient Clustering Protocol，GABEEC），以节省能耗并延长静态

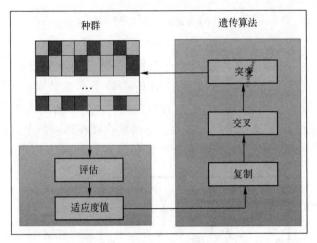

图 10.10　遗传算法的体系结构

无线传感器网络的稳定周期。GABEEC 协议以循环方式运行，其中每轮循环都包含设置周期和稳态周期。在设置期间构建集群，并且在网络工作期间不会更改。在每一轮中，集群是静态的，并且每个集群的簇头基于当前簇头及其簇成员的剩余能量动态地改变。通过最小化公式（10.38）中的适应度函数以及基于最大化网络寿命来构建集群，剩余能量为

$$F = \alpha_1 R_{\text{FND}} + \alpha_2 R_{\text{LND}} + \alpha_3 \sum_{j=1}^{N} - (d(j, \text{CH}_h) + d(\text{CH}_h, \text{BS}))$$

(10.38)

式中：R_{FND} 和 R_{LND} 分别为第一个和最后一个节点死亡的轮数；$d(j, \text{CH}_h)$ 和 $d(\text{CH}_h, \text{BS})$ 分别为从节点 j 到簇头 h 和从簇头 h 到基站的距离；N 为网络中的节点数。

在稳态期间，每个集群的簇成员感知该场并使用 TDMA 调度向其簇头发送数据。然后，簇头将从其簇成员接收的分组聚合成固定长度的分组并将其转发给基站。根据接收到的数据，基站在每轮结束时检查簇头和簇成员的剩余能量。如果簇头的能量小于其集群成员的平均能量，则选择其成员中能量最高的节点作为新簇头，并且旧簇头成为集群成员。

2. 基于遗传算法的网格优化节能聚类方案

Kumar 等[8]在使用遗传算法进行网格优化的基础上，开发了一种节能的分簇协议，以节省能耗并提高静态无线传感器网络的寿命。在本协议中，网络被划分为虚拟网格，每个网格作为一个集群，如图 10.11 所示。所开发的协议使用遗传算法通过优化虚拟网格来平衡集群之间的流量负载，以便在最小化理想

节点数和实际节点数之差的基础上均衡每个网格中的节点数。此外,在簇头的选择过程中,考虑节点的剩余能量,以平衡节点间的能量。该协议以循环方式运行,每一轮由五个阶段组成,即网格划分阶段、使用遗传算法的网格优化阶段、簇头选择阶段、TDMA 通知阶段和数据传输阶段。仿真结果表明,该协议提高了网络寿命。

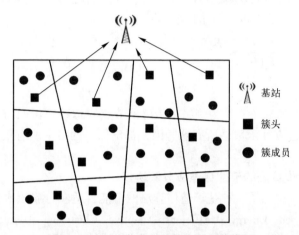

图 10.11　基于优化网格协议的网络模型

3. 基于遗传算法的负载均衡分簇协议

Kuila 等[42]开发了一种基于遗传算法的负载平衡集群协议,以平衡簇头之间的负载。该协议基于最小化每个簇头的负载将网络分组,T 簇头是预先确定的,并且所开发协议的目的是为每个簇头寻找最佳成员节点数以形成平衡的集群。Kuila 的协议使用遗传算法在优化簇头负载标准偏差的基础上平衡簇头之间的负载,有

$$F = \frac{1}{\delta} = \frac{1}{\sqrt{\frac{1}{k} \sum_{k=1}^{K} \left(\left(\sum_{j=1}^{n} Ld_j / n \right) - W_k \right)^2}} \quad (10.39)$$

式中: K 为簇头的数量; n 为簇 K 中传感器节点的数量; LD_j 为节点 j 的负载, W_k 为簇 k 的总负载。这里作者修改了初始种群生成步骤和变异步骤来加快遗传算法,他们在生成初始种群时考虑了簇头和传感器节点之间的连通性,而在突变步骤中,基于确保更好的负载平衡,为突变过程选择一个基因。

4. 基于遗传算法的异构网络分簇协议

文献[43]设计了一种基于遗传算法的异构网络分簇协议(GA-based Clustering Protocol for Heterogeneous Network, GAHN),以平衡异构无线传感器

网络的能耗并提高其寿命。GAHN 协议是一种集中式协议,其中基站在每一轮后运行遗传算法,为异构 WSN 寻找最优的动态网络分簇结构。遗传算法的适应度函数采用与初始能量相关的第 t 轮($E(t)$)处簇头的剩余能量($E(0)$),根据聚类结构($\hat{E}$),从传感器节点直接传输的消耗能量到基站($\widetilde{E}$),与预期消耗能量相关,由 j 给出的 δ 附近($G_j(\delta)$),其中每个非簇头节点 j 的局部密度以及簇头到基站($d(CH_k,BS)$))的距离,有

$$F = \sum_{k=1}^{K} \frac{E_j(t)}{E_j(0)} + \frac{\widetilde{E}}{\hat{E}} + \frac{1}{\sum_{k=1}^{K} d(CH_k, BS)} + \frac{1}{N-K} \sum_{j=1}^{N-K} G_j(\delta)$$

(10.40)

式中:K 为簇头的数量;N 为网络中传感器节点的总数。正如作者在仿真结果中所解释的,适应度函数的所有这些因素都确保了网络中所有集群之间的负载平衡。

5. 基于遗传算法的节能自适应分簇协议

文献 [19] 提出了一种基于遗传算法的节能自适应分簇层次协议(Genetic Algorithm – Based Energy – Efficient Adaptive Clustering Hierarchy Protocol, GAEEP),以有效延长无线传感器网络的稳定周期和生存期。GAEEP 的思想是基于使用遗传算法最小化传感器节点的通信成本来确定最佳簇头的位置。GAEEP 协议的框架包括每轮的建立阶段和稳态阶段。在设置阶段,基站根据第 t 轮的集群结构和控制簇头的数量(L),基于最小化开销控制分组和数据收集中的消耗能量($E_d(t)$),并使用 GA 构建最优集群,有

$$F = \alpha \left(\frac{E_d(t)}{E(0)} \right) + (1-\alpha) \left(\frac{L}{N} \right)$$

(10.41)

式中:N 为网络中传感器节点的数量;$E(0)$ 为网络在第 0 轮的初始能量。在稳态阶段,簇头收集其簇成员的数据,并以帧格式将其传输给基站。在最后一帧中,传感器节点将其数据包之外的能量信息发送给基站,以供下一轮使用。仿真结果表明,对于异构网络和同构网络,GAEEP 协议在稳定期和生存期两方面都优于其他协议。此外,GAEEP 协议提高了集群过程的可靠性,并平衡了节点之间的负载。

6. 基于遗传算法的聚类和路由算法

文献 [44] 开发了两种基于遗传算法的分簇和路由算法(GA Algorithm for Clustering and Routing, GACR),以节约无线传感器网络的总能量。GACR 算法延长了簇头的寿命,从而延长了网络的寿命。

$$F_{\text{clustering}} = \frac{1}{\sqrt{\frac{1}{K}\sum_{k=1}^{K}\left(\left(\sum_{k=1}^{K}E_r(\text{CH}_k)/m_k\right)-E_r(\text{CH}_k)/m_k\right)^2}} \times \frac{1}{\frac{1}{N}\sum_{j=1}^{N}d(n_j,\text{CH})} \quad (10.42)$$

集群算法基于簇头的剩余能量($E_r(\text{CH})$)和从传感器节点到其对应簇头的距离($d(n_j,\text{CH})$)来确定簇头，其中m_k为集群k的成员。路由算法则通过最大能量中继节点找出从所有短距离、最小跳数的簇头到基站的路由。

$$F_{\text{routing}} = \alpha \times \text{MaxDist} + (1-\alpha) \times \text{MaxHop} \quad (10.43)$$

式中：MaxDist和MaxHop分别为染色体的最大总覆盖距离和总跳数。

7. 基于遗传算法的节能分簇层次协议

文献［45］设计了一种基于遗传算法的节能分簇层次（Genetic Algorithm-based Energy-efficient Clustering Hierarchy，GAECH）协议，通过一种新的适应度函数来延长无线传感器网络的稳定期和生存期。GAE簇头采用遗传算法将网络划分为簇，并在平衡传感器节点负载的基础上选择簇头，以延长稳定期。因此，GAE簇头适应度函数中考虑了轮$t(E_d(t))$数据收集中的耗散能、簇间耗散能的标准偏差(SD)、簇头色散(CH_{disp})和簇头的能量消耗($E_{d\text{CH}}(t)$)，有

$$F = \alpha_1 E_d(t) + \alpha_2 \text{SD} + \alpha_3 \frac{1}{\text{CH}_{\text{disp}}} + \alpha_4 E_{d\text{CH}}(t) \quad (10.44)$$

式中：α_1，α_2，α_3和α_4是[0 1]之间的权重系数。GAE簇头适应度函数中的权重系数值将根据不同的应用而变化，以获得更好的结果。结果表明，GAE簇头算法在所有必要的方面均优于其他算法。

8. 基于遗传算法的移动传感器节点路由协议

文献［46］为移动无线传感器网络设计了一种基于GA的路由协议（Genetic Algorithm-based Routing Protocol，GAROUTE）以构建稳定的集群网络。GAROUTE以集中的方式工作，其中基站广播请求消息以请求网络中的所有移动节点发送其传输范围内的相邻节点的列表，每个节点广播一条消息以查找其邻近节点的列表，节点将邻近节点的列表连同自己的能量与速度信息一起发送给基站。基于获得的信息，GAROUTE使用遗传算法在最小化以下函数的基础上构建具有最佳簇头的稳定簇：

$$F = \alpha_1 E_{\text{avg}}(t) + \alpha_2 K + \alpha_3 \text{CH}_{\text{speed}} \quad (10.45)$$

式中：$E_{\text{avg}}(t)$为t周围的平均耗散能；K为簇头的数量；CH_{speed}为所有簇头速度的总和。

9. 多目标进化路由协议

文献 [47] 开发了一种基于非支配排序遗传算法-Ⅱ (Routing Protocol based on Non-dominated Sorting Genetic Algorithm-Ⅱ, NSGAII-RP) 的路由协议，通过构建有效的路由来延长移动无线传感器网络的寿命。NSGAII-RP 协议考虑了覆盖和路由问题。NSGAII-RP 使用 NSGAII 算法在最大化网络覆盖和最小化能量消耗的基础上找到最佳簇头并优化移动节点的坐标。仿真结果表明，NSGAII-RP 能够在保证网络覆盖的前提下构建节能路由，从而提高了网络的生存时间。

10. 基于遗传算法的距离感知路由协议

文献 [48] 开发了一种基于遗传算法的距离感知路由协议 (Genetic Algorithm-Based Distance-Aware Routing Protocol, GADALEACH)，以提高 LEACH 协议的性能。GADA-LEACH 协议的思想依赖于使用遗传算法和距离感知路由概念。GADA-LEACH 在式 (10.46) 给出的 GA 适应度函数中考虑了三个目标，这些目标是所有节点的消耗能量与簇头消耗能量的比率 $\left(\dfrac{E_{\text{nodes}}}{E_{\text{CHs}}}\right)$，簇头与其成员之间的距离与簇大小的比率 $\left(\dfrac{d(\text{SN},\text{CN})}{m}\right)$，以及簇头和基站到簇头数量的比率 $\left(\dfrac{d(\text{BS},\text{CH})}{K}\right)$，三者之间的关系为

$$F = 0.3\,\frac{E_{\text{nodes}}}{E_{\text{CHs}}} + 0.35\,\frac{d(\text{SN},\text{CN})}{m} + 0.35\,\frac{d(\text{BS},\text{CH})}{K} \qquad (10.46)$$

此外，GADA-LEACH 在簇头和汇聚节点之间引入中继节点，将簇头的数据转发到汇聚节点，特别是当簇头和汇聚节点之间的间隔距离较大时的情况。从而保持了簇头和汇聚节点之间的连接，也降低了簇头的负载。

11. 基于移动性的遗传算法分层路由协议

文献 [49] 为移动无线传感器网络开发了一种新的路由协议，称为基于移动的遗传算法层次路由协议 (Mobility Based Genetic Algorithm Hierarchical Routing Protocol, MGAHP)。MGAHP 使用遗传算法，在最小化开销控制数据包和数据采集中的能耗基础上，确定具有高能量的最佳簇头。MGAHP 协议的框架包括每轮的建立阶段和稳态阶段。但是，信息收集阶段仅在第一轮开始时运行，以收集有关网络的信息，例如传感器节点的位置和初始能量。MGAHP 协议考虑数据和开销数据包中的耗散能量 ($E_d(t)$) 以及在簇头选择过程中适应度函数中形成的簇头的数量 (L)，有

$$F = \alpha E_d(t) + (1-\alpha)\left(\frac{L}{N}\right) \tag{10.47}$$

式中：N 为网络中传感器节点的数量。在稳态阶段，传感器节点根据来自它们的请求数据消息将它们的数据转发给簇头，如果传感器节点移出其集群，其数据包将丢失，因为它没有收到请求消息。

10.3.3 基于模糊逻辑的分层路由协议

模糊逻辑（Fuzzy Logic，FL）[26]是一种类似于人类推理的逻辑方法。模糊逻辑的行为模仿人类的决策方式。在模糊逻辑中，输入与输出的关系由一组关系表达式定义，包含四个重要部分：模糊化、反模糊化、推理机和规则库，如图 10.12 所示。规则库包含给定决策系统的一组规则和条件，模糊化步骤用于将输入转换为模糊集，推理机根据每个规则确定当前模糊输入的匹配度，并根据输入字段决定要触发哪些规则，解模糊化步骤将推理机获得的模糊集转换为清晰的值。模糊逻辑较低的计算复杂度使其最适合于无线传感器网络，并且模糊逻辑的规则有效地覆盖了无线传感器网络的各个领域，基于模糊逻辑的分层路由协议将在下面进行综述。

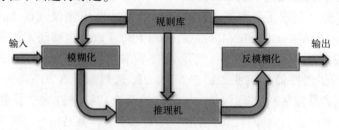

图 10.12 模糊逻辑体系结构

1. 模糊能量感知的非均匀聚类算法

文献 [50] 提出了一种模糊能量感知的不平等聚类算法（Fuzzy Energy-Aware Unequal Clustering Algorithm，EAUCF），利用不平等聚类机制解决了能量空洞问题。EAUCF 是一种分布式竞争不平等分簇算法，其目的是减少接近基站或剩余电池电量低的簇头的簇内工作。在 EAUCF 中，基于预定义的阈值随机确定簇头，使用模糊逻辑方法根据两个模糊的输入变量计算每个簇头的竞争半径，即到基站距离和确定的簇头的剩余能量，改变簇头的竞争半径可以在所有节点之间分配工作负载。仿真结果表明，与其他协议相比，EAUCF 协议是一种高效节能的分簇算法，并且具有稳定性。

2. 一种基于模糊逻辑的分布式分簇协议

Mirsadeghi 等[51]开发了一种新的分布式集群协议，使用模糊逻辑来提高无线传感器网络的能效和覆盖率。该协议基于三个模糊变量：节点剩余能量、局部节点密度和节点中心度。使用模糊逻辑计算节点簇头的概率，具有高更改率的节点具有很高的执行概率，每个节点都不会根据其机会计算其延迟时间。节点声明的自我实现在其延迟时间内不会收到来自其他节点的任何名称消息，簇头节点在其通信范围内广播一条消息，直至发出其状态。仿真结果表明，开发的协议具有高覆盖率、低孤立节点数和低能耗，从而延长了网络生命周期。

3. 基于模糊逻辑的不等聚类算法

文献［52］中提出了一种基于模糊逻辑的不平等聚类算法（Fuzzy Logic-Based Unequal Clustering algorithm，FBUC），通过解决能量空洞问题来提高无线传感器网络的性能。FBUC 是为了克服文献［50］中所考虑的模糊能量感知不平等聚类算法（EAUCF）的缺点而开发的。除了在 EAUCF 中用作计算簇头竞争的模糊输入变量的节点的距离和剩余能量外，FBUC 还添加了一个节点度作为第三个输入模糊变量。在计算竞争半径后，选择竞争半径最大、剩余能量高的节点作为簇头。此外，FBUC 协议在集群构建过程中考虑了到簇头的距离和簇头的度大小，以平衡簇头之间的负载。

4. 基于优化区域的节能路由协议

文献［53］提出了一种基于优化分区的节能路由协议（Optimized Zone-based Energy-Efficient Routing Protocol，OZEEP），以提高移动无线传感器网络的寿命。OZEEP 在聚类过程中使用遗传模糊系统（Genetic Fuzzy System，GFS），分两步选择最佳簇头。第一步称为筛选过程，在此过程中，使用模糊系统根据剩余能量、邻近节点、与基站的距离和移动性来选择簇头角色的候选节点，候选簇头宣布自己为基站。在第二步中，基站运行遗传算法进行最终决策，并根据迁移率、能耗和簇头数量从候选簇头中选择簇头。将模糊系统与遗传算法相结合，有助于选择最佳的遗传算法，简化了遗传系统在第二步中的任务。仿真结果表明，OZEEP 协议具有提高分组投递率和网络生存期的能力。

5. 基于模糊逻辑的稳定选举协议

文献［54］设计了一个基于模糊逻辑的稳定选举协议（Stable Election Protocol Based on Fuzzy Logic，SEPFL），以延长异构无线传感器网络的寿命和吞吐量。SEPFL 利用模糊逻辑控制来增强簇头选择并延长稳定选举协议的寿命[63]。在 SEPFL 协议中使用两种概率选择簇头，根据节点与基站的距离、节点密度和节点的电池电量，使用模糊逻辑算法计算第一概率，而使用阈值方程计算第二概率。基于获得的概率平均值，计算每个节点的加权概率，选择概率高且与其他节点以及基站通信所需能量较少的节点作为簇头。

6. 基于低能模糊的不等分簇多跳结构

文献［55］开发了一种基于低能量模糊的不平等分簇多跳架构（Low-Energy Fuzzy-based Unequal Clustering Multihop Architecture，LEFUCMA）协议，以提高无线传感器网络的寿命并平衡负载。LEFUCMA 的操作包括临近节点查找阶段和稳态阶段。邻近节点查找阶段用于查找每个节点的邻近节点，并根据节点死亡率在完成一定数量的稳态阶段后重复。而 LEFUCMA 的稳态阶段分为簇头选择算法、簇头分配算法、不等分簇机制和多跳路由算法四轮。在选择算法中，根据剩余能量、相邻节点数、分组接收速率和节点与基站之间的距离来选择簇头。为了避免热点问题，根据节点密度和扇区到基站的距离来确定扇区中的簇头数量。在选择簇头之后，基于剩余能量和簇头到基站的距离来计算每个簇头的通信范围。最后，根据基站和当前信道的距离、剩余能量、簇密度和簇间通信量选择下一跳，构建高效的多跳路由树。

7. 具有恒定阈值的模糊多簇路由

由于在每一轮中对网络进行集群增加了开销控制消息和冲突的可能性，因此文献［56］设计了一种基于模糊多集群的恒定阈值路由（Fuzzy Multi Cluster-Based Routing with a Constant Threshold，FMCR-CT），以避免每一轮中的集群过程。FMCR-CT 利用模糊逻辑根据两个输入模糊变量（剩余能量和每个节点的邻近节点数）选择最佳簇头。将使用选定的簇头，直到任何簇头的剩余能量小于阈值。在此基础上，根据到目标的距离构造多跳路由基站和用于选择簇头引线的剩余能量。然后，根据簇头到基站的距离计算所选簇头的竞争半径。如果在某个簇头前导的竞争半径内存在其他簇头，则这些簇头使用多跳路由通过簇头前导将其数据转发到基站，如图 10.13 所示。否则，通过直接将数据转发到基站使用单个路由。

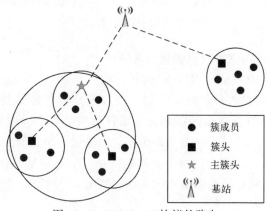

图 10.13　FMCR-CT 协议的路由

10.3.4 基于蚁群优化的分层路由协议

蚁群优化（Ant Colony Optimization，ACO）算法于 20 世纪 90 年代初引入[27]。蚁群算法的行为受到蚂蚁的启发，模拟蚂蚁寻找食物来源和巢穴之间的最短路径的方法。如图 10.14 所示，最初，它们随机地探索巢穴周围的区域，并在地面上留下化学信息素痕迹。当蚂蚁找到食物来源时，它会评估食物的数量和质量，并将其中的一部分带回巢穴。在回程中，蚂蚁会根据食物的数量和质量在地面上留下信息素痕迹来引导其他蚂蚁。经过多次迭代后，所有蚂蚁都会沿着信息素浓度较高的短路径前进，而长路径中的信息素会蒸发。因此，ACO 算法能够通过选择短路径在传感器节点之间构建路由。基于蚁群算法的原理，为无线传感器网络开发了如下不同的路由协议。

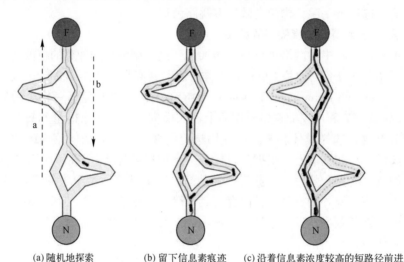

(a) 随机地探索　　(b) 留下信息素痕迹　　(c) 沿着信息素浓度较高的短路径前进

图 10.14　蚁群算法的行为[23]

1. 基于模糊 C 均值的蚁群优化路由协议

设计了一种基于模糊 C 均值和蚁群算法（Fuzzy C Means and ACO Algorithm，FCM-ACO）[57]的分层路由协议，以高效地收集传感器节点的数据对。基站使用模糊 C 均值算法将网络划分为最佳数量的集群。这些群集将在网络的生命周期内固定。最佳簇的值是每轮消耗的能量最小的值。根据与基站的接近程度和剩余能量，局部确定每个集群的簇头。然后，基站使用 ACO 算法在簇头之间构建链以收集传感器节点的数据，簇头 i 处的第 k 个蚂蚁移动到簇头 j 的状态转移概率为

$$p_{ij}^k = \frac{(\tau_{ij})^\alpha (\eta_{ij})^\beta}{\sum_{l \in N_i^k}(\tau_{ij})^\alpha (\eta_{ij})^\beta}, \quad j \in N_i^k \tag{10.48}$$

式中：τ_{ij} 为 CH_i 和 CH_j 之间直接边的信息素水平；η_{ij} 为 CH_i 和 CH_j 之间欧氏距离的倒数；N_i^k 为第 k 个蚂蚁尚未访问的节点列表；α 和 β 为相对重要性参数(>0)。

2. 基于人工鱼群和蚁群的混合路由协议

文献［58］开发了一种基于蚁群的分层聚类协议（Ant Colony-based Hierarchical Clustering protocol，ACOHC），该协议以高效的方式对传感器节点的数据进行处理。在第一步中，基站使用 K-均值算法将网络划分为最佳数量的集群。这些集群在网络的生命周期内仍然是固定的。在第二步中，基站利用蚁群算法在每个集群的成员节点之间形成簇链；根据剩余能量和到基站的距离选择链首。然后，利用蚁群算法在簇的链首之间构造上链，并根据剩余能量和到簇首的距离选择超级簇首。ACO 使用式（10.48）计算第 k 个蚂蚁的状态转移概率，以选择其路径中的下一跳。

3. 基于多跳图的节能路由协议

文献［59］设计了一种基于多跳图的节能路由协议（Multi-hop Graph-based Energy-efficient Routing protocol，MH-GEER），以提高网络寿命并平衡网络负载。MH-GEER 的运行包括集群、数据收集和汇总三个阶段；并构建了簇头之间的路由。每个集群内的数据收集和聚合阶段在其稳态阶段类似于 LEACH 协议[64]。在集群阶段，基站利用 K-均值算法将网络划分为固定集群，簇头的角色根据剩余能量在每个集群内的所有传感器节点之间轮换。然后，基站使用 ACO 算法在簇头之间构建簇间路由。在 ACO 中，CH_i 处的第 k 个计算其移动到 CH_j 的状态转移概率为

$$p_{ij}^k = \begin{cases} \dfrac{\left(\dfrac{1}{\tau_{ij}}\right)^\alpha (\eta_{ij})^\beta}{\sum_{l \in \{1,2,3,\cdots,N\}} \left(\dfrac{1}{\tau_{ij}}\right)^\alpha (\eta_{ij})^\beta}, & j \notin pthk, l \notin pth\,k \\ 0, & \text{其他} \end{cases} \tag{10.49}$$

式中：τ_{ij} 为 CH_i 和 CH_j 之间直接边缘的信息素水平；η_{ij} 为 CH_i 和 CH_j 之间边缘的可见性；$pth\,k$ 为构建的路径；α 和 β 为相对重要性参数（>0）。

10.3.5 基于人工免疫算法的分层路由协议

人工免疫算法（Artificial Immune Algorithm，AIA）[28]是最近发展起来的一

种进化算法,它模拟了哺乳动物免疫系统中的抗原—抗体反应。人工免疫算法中的抗体和抗原代表了传统优化方法的可行解和目标函数。人工免疫算法的计算成本较低,并且产生的解决方案集在收敛性、多样性和分布方面具有很强的竞争力。人工免疫算法的框架包括筛选、复制、带超突变的克隆和突变步骤,如图10.15所示。最初,抗体群体随机生成,其中每个抗体的长度取决于决策变量向量。然后,初始种群经过进化过程人工免疫算法的步骤。第一步是选择步骤,根据抗体的概率选择最佳抗体。使用复制步骤选择一些选定的抗体,以通过超突变步骤加入克隆。超突变步骤通过增殖母体抗体产生新的子代来增加抗体的利用。最后,变异步骤用于提供探索,并通过根据变异率改变一个或多个条目来防止算法在局部最小值下降。人工免疫算法的整个过程以生成方式重复,直到满足停止标准。与其他进化算法相比,人工免疫算法具有许多特点,因此在许多层次化分簇协议中使用人工免疫算法来提高无线传感器网络的性能。

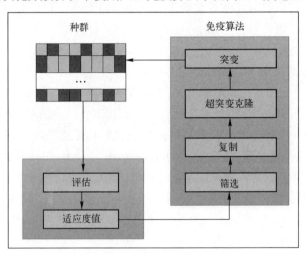

图 10.15 免疫算法的体系结构

1. 基于免疫优化算法的分簇协议

文献[60]提出了一种基于人工免疫算法的分簇协议,以延长网络寿命并提高无线传感器网络的性能。协议考虑了人工免疫算法的目标函数中的能量(E)、距离(D)、簇大小(Cz)和信息量(I)来选择给定的簇头,如式(10.50)所示。

$$F = \sum_{i=1}^{4} \omega_i^g \times f_i^g, \quad \forall f_i^g \in (E, D, Cz, I) \quad (10.50)$$

在该协议中,作者对函数中的每个目标使用任意权重(ω_i)。权重的值根据其在上一代和当前代的目标值及其在上一代的值进行更新,有

$$\omega_i^g = \omega_i^{g-1} + \frac{1}{1+e^{-f_i^{g-1}}} \times (f_i^g - f_i^{g-1}) \qquad (10.51)$$

2. 基于移动接收器的自适应免疫节能分簇协议

文献[61]设计了一种基于移动接收器的自适应免疫节能分簇协议(Mobile Sink-based Adaptive Immune Energy-Efficient Clustering Protocol,MSIEEP),以缓解能量空洞问题并提高无线传感器网络的性能。MSIEP 使用人工免疫算法查找移动接收器的驻留位置和最佳簇头。MSIEEP 协议中考虑了移动接收器的三种移动路径模式,分别是四区域矩形模式、八区域矩形模式和四区域线模式。在每个区域(r)中,基站运行人工免疫算法,根据式(10.52)中给出的目标函数最小化,找到其位置和簇头的位置。数据和开销数据包中的能耗($E_{d-r}(t)$)在人工免疫算法的函数中,将第 t 轮区域 r 相对于同一区域中所有活动节点的初始能量和相对于区域 r 中活动节点数量的簇头数量($L_r(t)$)视为目标。此外,MSIEEP 通过从具有高剩余能量的节点中选择簇头来提高 WSN 中节点的生存期并平衡节点之间的负载。

$$F_r = \omega \left(\frac{E_{d-r}(t)}{E_r(0)} \right) + (1-\omega) \left(\frac{L_r(t)}{N_r} \right) \qquad (10.52)$$

3. 非均衡多跳平衡免疫聚类协议

文献[62]提出了一种非均衡多跳平衡免疫聚类协议(Unequal Multi-hop Balanced Immune Clustering Protocol,UMBIC),以缓解不同节点密度的小型和大型/同质和异构无线传感器网络的能量空洞问题,并提高其寿命。UMBIC 协议考虑了非均衡分簇机制(Unequal Clustering Mechanism,UCM)和人工免疫算法,通过为簇间中继业务保存紧密簇的簇内负载来平衡节点之间的负载。UCM 用于根据距离参考基站和剩余能量将网络划分为大小不等的簇。人工免疫算法基于覆盖整个传感器场(R_{Cow})构建最佳集群,如式(10.53)所示。

$$F = \omega_1 \left(\frac{E_d(t)}{E_r(0)} \right) + \omega_2 (1 - R_{\text{Cow}}) + (1 - \omega_1 - \omega_2) \left(\frac{L_r(t)}{N_r} \right) \qquad (10.53)$$

降低所有节点的通信成本($E_d(t)$)并控制簇头的数量($L_r(t)$)。UMBIC 协议仅当当前簇头之一的剩余能量小于预定义的能量阈值时,才在节点之间转换簇头的角色。因此,节省了选择新簇头的计算时间和开销。此外,UMBIC 协议在确定的簇头之间构建路由树,以减少能量消耗并避免能量空洞问题。每个簇头选择其具有高剩余能量、接近基站且在簇头的通信范围内的下一跳。

4. 基于可调范围的移动无线传感器网络免疫层次聚类协议

为了有效地收集移动传感器节点的数据,文献[9]开发了一种基于可调范围的免疫层次聚类协议(Adjustable Rang-Based Immune Hierarchy Clustering protocol，ARBIC）。ARBIC 协议将网络组织成最佳簇，并根据其移动传感器节点的速度调整每个簇的大小，以保持簇的连接性。为了建立稳定的集群，ARBIC 协议使用 AIA 算法，在优化能量消耗、覆盖和簇头数量之间的权衡的基础上，选择剩余能量高、移动性低的节点作为簇头，如式（10.53）所示。此外，在每个集群中，选择靠近主簇头的高能节点作为副簇头。当主簇头发生故障时，副簇头负责集群。然后，簇成员节点根据剩余能量、距离和链路连接时间加入集群。当且仅当任何簇头的剩余能量小于预定义的能量阈值以减少开销分组和计算时间时，才运行集群过程。此外，通过在发送每个帧后运行容错机制来保持簇头与其成员节点之间链路的稳定性，从而通过保持链路的稳定性来降低数据包的丢弃率。

10.4 比较和讨论

表 10.2 列出了基于数据包延迟、网络规模、能量效率和可扩展性的上述协议优缺点比较。注意到现有路由协议能够提高网络寿命并确保网络连通性。图 10.16 显示了根据分类标准调查的协议的分布，据观察，70% 的调查协议是集中的，然而，集中式方式增加了更多的开销，增加了能耗，限制了网络的可扩展性。

表 10.2 基于智能的层次路由协议比较

协议	延迟大小	网络规模	能量效率	可扩展性	优 点	不 足
EBUC 2010[29]	中等	大	高	有限	• 考虑集群间和集群内通信成本	• 需要位置信息 • 假设簇头可以相互通信，而不管其连通性如何
PSO-DH 2011[30]	中等	小	中等	有限	• 考虑簇头与其构件之间的距离，以及簇头选择过程中的剩余能量	• 需要位置信息 • 在为每个集群选择双簇头时需要进行更多计算
PSO-SD 2012[31-32]	中等	大/小	中等	好	• 延长网络的生命周期 • 考虑剩余能量、与成员节点的最小平均距离以及簇头选择过程中可能的头部节点数	• 群集助手在计算簇头选择时消耗能量 • 簇头和基站之间的直接通信是不现实的假设

第10章 无线传感器网络智能路由协议

续表

协　议	延迟大小	网络规模	能量效率	可扩展性	优　点	不　足
AECRP 2013[33]	中等	大	大	有限	• 平衡整个网络的能耗 • 延迟节点的死亡时间	• 提供更可靠的数据传输 • 未考虑监测区域的覆盖范围 • 多跳路由增加了数据包延迟
RCC-PSO 2014[34]	大	小	中等	好	• 它是为现实的网络和能源模型而开发的 • 在簇头选择中考虑链路质量和网络覆盖	• 邻居发现增加了额外的开销 • 簇头和基站之间的直接通信是不现实的假设
PSO-HC 2014[35]	中等	大/小	中等	很好	• 它是为现实的网络和能源模型而开发的 • 构建两层集群以最大限度地提高可扩展性	• 在簇头选择中考虑链路质量和网络覆盖 • 邻居发现增加了额外的开销 • 簇头和基站之间的直接通信是不现实的假设
E-OEERP 2015[36]	高	小	高	有限	• 减少单个节点的数量 • 消除了信息的控制开销 • 避免远距离传输	• 找到最佳下一跳会在将数据包传输到基站之前增加一些延迟需要位置信息
TPSO-CR 2015[37]	高	大/小	中等	很好	• 提高簇头和基站的数据包交付率 • 提高网络覆盖率和能耗 • 它不会假设任何不切实际的假设，例如，使用 GPS 进行位置发现	• 由于每个中继节点的 MAC 层在将每个数据包传输到下一个中继节点之前对其进行缓冲，因此数据包延迟较高 • 分两层运行 PSO 增加了复杂性

续表

协议	延迟大小	网络规模	能量效率	可扩展性	优点	不足
PSO-MBS 2011[38]	高	小	中等	有限	• 提高数据传输速率和网络寿命 • 在 PSO 的适应度函数中考虑接收器和传感器节点之间的距离	• 需要传感器节点的位置信息 • 由于等待基站访问，数据包延迟增加
CAGM 2015[6]	高	小	中等	有限	• 平衡网络负载 • 利用群优化算法寻找最佳簇头	• 由于等待基站访问，数据包延迟增加 • 它需要传感器节点的信息进行优化，这会增加协议开销
OQoS-CMRP 2017[39]	大	小	中等	有限	• 解决了能量空洞问题 • 以最小延迟实现更好的通信可靠性	• 使用简单订单无线电模型 • 在群集过程中需要位置信息
PSOBS 2019[40]	—	小	高	—	• 降低数据包丢失率 • 通过使用移动接收器解决能量空洞问题	• 使用简单订单无线电模型 • 在群集过程中需要位置信息 • 延迟将很高，尤其是对于大型网络
GABEEC 2012[41]	大	小	大	有限	• 不会为每轮重新创建群集，这降低了计算复杂性	• 需要负载平衡 • 需要位置信息
Kumar et al. 2013[8]	大	小	中等	有限	• 考虑簇头选择中节点的剩余能量 • 延长网络寿命	• 需要位置信息因为它使用单跳通信，所以不能在大规模网络中使用
Kuila et al. 2013[42]	大	小	中等	有限	• 平衡簇头之间的负载 • 考虑目标函数中簇头荷载的标准偏差	• 需要位置信息 • 未说明簇头选择过程 • 它不能用于大规模网络，因为它使用单跳通信

续表

协议	延迟大小	网络规模	能量效率	可扩展性	优点	不足
GAHN 2014[43]	大	小	高	好	• 在集群过程中使用剩余能量、预期能量消耗、网络位置和到基站的距离 • 平衡异构网络中的能耗	• 它不能用于大规模网络 • 收集节点信息会增加数据包的开销
GAEEP 2014[19]	大	小	高	有限	• 提高了同质和异构网络的网络寿命和稳定期 • 提高集群过程的可靠性	• 需要位置信息 • 它不能用于大规模网络,因为它使用单跳通信
GACR 2015[44]	中等	大/小	高	很好	• 处理集群以及路由 • 根据簇头的剩余能量和成员节点与其簇头之间的距离执行能量平衡	• 未说明簇头选择过程 • 需要位置信息 • 它没有考虑带宽和延迟
GAECH 2015[45]	大	小	高	有限	• 提高网络寿命和稳定期 • 通过平衡集群之间的能耗来节约能源	• 在适应度函数中没有考虑节点的节点度和剩余能量 • 需要位置信息
GAROUTE 2011[46]	高	小	L	Ltd	• 考虑能量消耗和选择簇头的速度 • 它不需要集群过程中节点的位置信息	• 它不能确保所有移动节点都能参与集群过程 • 需要邻居列表和每个节点的能量信息,这会增加数据包的开销
NSGAII-RP 2015[47]	中等	小	中等	有限	• 考虑 MWSN 中的路由和覆盖问题 • 控制网络中的移动节点以增加覆盖范围和寿命	• 在群集过程中,传感器节点移动中的耗散能量被忽略 • 需要网络中所有传感器节点的位置信息

续表

协议	延迟大小	网络规模	能量效率	可扩展性	优点	不足
GADA-LEACH[48]	—	小	高	有限	• 提高网络寿命 • 通过引入中继节点简化簇头和接收器之间的通信	• 它忽略了平衡问题 • 它没有解释如何选择中继节点
MGAHP[49]	—	小	高	有限	• 提高网络寿命	• 在选择簇头时考虑了传感器节点的速度 • 它没有研究延迟和负载平衡问题
EAUCF 2013[50]	中等	大/小	高	很好	• 使用不等簇解决能量空洞问题 • 提高网络寿命	• 当基站远离传感区域时,其不用于应用 • 它是为同质网络开发的
Mirsadeghi et al 2014[51]	大	大/小	高	很好	• 提高无线传感器网络的覆盖率和使用寿命 • 考虑剩余能量、局部密度和节点中心度来计算节点簇头的机会	• 假设基站应了解全球网络信息 • 它是为同质网络开发的
FBUC 2014[52]	大	大/小	高	很好	• 使用不等簇解决能量空洞问题 • 在簇头的选择中考虑到与基站的分离、节点的当前能量水平和簇头节点度	• 当基站远离传感区域时,其不适于应用 • 它是为同质网络开发的
OZEEP 2015[53]	—	大/小	高	好	• 结合模糊系统和遗传算法选择最佳簇头 • 在簇头选择中考虑能量、流动性、密度和距离	• 作者忽略数据包延迟 • 断开连接的节点在重新群集过程中等待下一轮加入新的簇头

续表

协议	延迟大小	网络规模	能量效率	可扩展性	优点	不足
SEPFL 2016[54]	大	小	中等	有限	• 所有传感器的寿命几乎相等 • 它不需要全球网络的知识	• 它不能用于大规模网络，因为它使用单跳通信 • 稳定期内的改善有限 • 需要负载平衡
LEFUCMA[55]	—	大/小	高	很好	• 通过使用不等聚类机制避免了能量空洞问题	• 通过基于扇区密度和到基站的距离分布簇头来平衡网络负载 • 没有考虑延迟问题
FMCR-CT[56]	—	大/小	高	好	• 避免了在每一轮中选择簇头的问题 • 减少开销控制数据包	• 它没有改善稳定期 • 没有考虑延迟问题
(FCM-ACO)[57]	—	小	高	有限	• 仅执行一次群集过程 • 使用 FCM 进行聚类 该网络使用蚁群算法构建路由链	• 它没有解释如何选择每个集群的簇头 • 构建的链增加了延迟，尤其是对于大型网络
ACOHC[58]	中等	小	高	有限	• 仅执行一次群集过程 • 使用 k-均值算法对网络进行聚类，并使用 ACO 构建路由链	• 每轮重复构建集群链和上层链会消耗更多的计算时间 • 构建的链增加了延迟，尤其是对于大型网络
MH-GEER[59]	—	小	高	好	• 仅执行一次群集过程 • 根据剩余能量本地选择集群的簇头 • 使用 k-均值算法对网络进行聚类，并使用 ACO 构建路由链	• 它不能用于大规模网络 • 需要位置信息

续表

协议	延迟大小	网络规模	能量效率	可扩展性	优点	不足
Jingyi et. al.[60]	大	小	中等	有限	• 通过考虑节点能量和距离,改进集群拓扑	• 当基站位于较远位置时不能使用,因为它使用单跳路由 • 可能导致簇头分布不均匀
MSIEEP (Fixed BS) 2015[61]	大	小	高	有限	• 提高网络的寿命和稳定期 • 平衡节点之间的负载 • 它可靠且节能	• 计算时间随着节点度的增加而增加 • 需要位置信息 • 它不能用于大规模网络
UMBIC 2016[62]	中等	大/小	高	高	• 提高网络的寿命和稳定期 • 平衡节点之间的负载,解决能量空洞问题 • 节省选择新簇头的 CPU 时间和开销数据包	• 需要位置信息 • 需要具有电源控制的传感器节点
ARBIC 2018[9]	大	大/小	高	高	• 根据 MSN 的速度调整簇头的通信范围 • 如果任何簇头的能量小于阈值,则运行聚类过程 • 考虑集群构建过程中的能量、距离、移动性因素、覆盖率和链路连接时间	• 需要位置和速度信息 • 需要具有可调通信范围的传感器

分布式路由协议依赖于相邻节点的局部信息,不能保证网络的连通性。因此,研究人员应该通过设计半分布式或半集中式路由协议来优化集中式协议和分布式协议的特性。在移动无线传感器网络中使用移动汇聚节点解决了静态汇聚节点的热点问题,平衡了传感器节点之间的负载,但是需要更多的时间从网络中的所有传感器节点收集数据,从而增加了数据包延迟,应该基于优化能耗

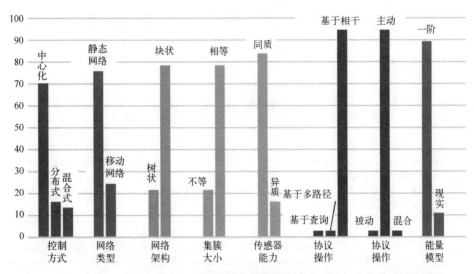

图 10.16 分析各种协议的分类

和分组延迟来控制汇聚节点的移动性。此外，90%的协议将收/发模型模拟为一阶模型，而这不是一个现实的假设。因此，研究人员应该考虑现实的收/发模型来模拟开发的路由协议。

有时，现实世界的应用中，如户外医疗应用和野生动物应用需要移动传感器环境。由于网络的频率拓扑变化，移动传感器环境中的数据采集与静态环境相比是一项困难的任务。因此，这方面的工作应该继续下去，为移动传感器环境开发稳定的路由协议，因为这方面的工作仍然有限。此外，与仿真实验相比，所设计协议的具体落地是另一个重要的问题和挑战。

10.5 结论和未来发展方向

在过去的10年中，基于各种不同的优化算法，为无线传感器网络开发了大量基于智能的分层路由协议。本章重点回顾了最近基于粒子群优化、蚁群优化、模糊逻辑、遗传算法和人工免疫算法设计的智能路由协议。提出了一种详细的分类方法，根据不同的度量对各种协议进行分类。此外，还根据延迟、网络大小、能量效率、特性和缺点对已提出的协议进行了评估和比较。本章可作为无线传感器网络设计者为特定应用选择适当分层路由协议的指南。为了解决分层路由协议的缺点，已经做了大量的研究工作，但仍然存在一些有待考虑的问题。第一个问题是实际工作的植入。在真实的测试平台上进行的实验迫使实验者发现了大量在模拟中很难注意到的问题和挑战。第二个问题是网络集群的开销和计算时间。大多数智能路由协议以集中方式运行，这增加了开销和计算时间，特别是在大规模网络中，设计者应该开发在簇头而不是接收器中运行的半分布式协议。

参 考 文 献

[1] Rahman MA, Anwar S, Pramanik MI, Rahman MF (2013) A survey on energy efficient routing techniques in wireless sensor network. In: 2013 15th international conference on advanced communication technology (ICACT), pp 200–205.

[2] Yu J, Qi Y, Wang G, Gu X (2012) A cluster-based routing protocol for wireless sensor networks with nonuniform node distribution. AEU—Int J Electron Commun 66:54–61.

[3] Sabet M, Naji HR (2015) A decentralized energy efficient hierarchical cluster-based routing algorithm for wireless sensor networks. AEU—Int J Electron Commun 69:790–799.

[4] Do sung K, Hyun soo C, Seungwha Y (2012) Improve far-zone LEACH protocol for energy conserving. In: 2012 8th international conference on wireless communications, networking and mobile computing (WiCOM), Shanghai, pp 1–4.

[5] Hui L, Xiaoguang Z, Lijun L (2013) A hybrid deployment algorithm based on clonal selection and artificial physics optimization for WSN. Inf Technol 12:917–925.

[6] Wang J, Cao Y-Q, Li B, Lee S-Y, Kim J-U (2015) A glowworm swarm optimization based clustering algorithm with mobile sink support for wireless sensor networks. J Internet Technol 16:825–832.

[7] Goldberg DE (1989) Genetic algorithms in search, optimization and machine learning. Addison-Wesley Longman Publishing Co., Inc.

[8] Kumar G, Singh J (2013) Energy efficient clustering scheme based on grid optimization using genetic algorithm for wireless sensor networks. In: 2013 fourth international conference on computing, communications and networking technologies (ICCCNT), Tiruchengode, pp 1–5.

[9] Sabor N, Ahmed SM, Abo-Zahhad M, Sasaki S (2018) ARBIC: an adjustable range based immune hierarchy clustering protocol supporting mobility of wireless sensor networks. Pervasive Mob Comput 43:27–48.

[10] Das SK, Tripathi S (2019) Energy-efficient routing formation algorithm for hybrid ad-hoc network: a geometric programming approach. Peer-to-Peer Netw Appl 12:102–128.

[11] Das SK, Tripathi S (2017) Energy efficient routing formation technique for hybrid ad hoc network using fusion of artificial intelligence techniques. Int J Commun Syst 30:e3340.

[12] Xiaobing W, Guihai C, Das SK (2006) On the energy hole problem of nonuniform node distribution in wireless sensor networks. In: 2006 IEEE international conference on mobile adhoc and sensor systems (MASS), Vancouver, BC, pp 180–187.

[13] Camp T, Boleng J, Davies V (2002) A survey of mobility models for ad hoc network research. Wirel Commun Mob Comput 2:483–502.

[14] Pushpa RA, Vallimayil A, Dhulipala VRS (2011) Impact of mobility models on mobile sensor networks. In: 3rd international conference on electronics computer technology (ICECT), Kanyakumari, pp 102–106.

[15] Jayakumar G, Ganapathi G (2008) Reference point group mobility and random waypoint models in performance evaluation of MANET routing protocols. J Comput Syst Netw Commun 2008.

[16] Abdollahzadeh S, Navimipour NJ (2016) Deployment strategies in the wireless sensor network: a comprehensive review. Comput Commun 91–92:1–16.

[17] Liu X (2012) A survey on clustering routing protocols in wireless sensor networks. Sensors (Basel) 12:11113–11153.
[18] Gupta SK, Jain N, Sinha P (2013) Clustering protocols in wireless sensor networks: a survey. Int J Appl Inf Syst 5:41–50.
[19] Abo-Zahhad M, Ahmed SM, Sabor N, Sasaki S (2014) A new energy-efficient adaptive clustering protocol based on genetic algorithm for improving the lifetime and the stable period of wireless sensor networks. Int J Energy Inf Commun 5:47–72.
[20] Heinzelman WB, Chandrakasan AP, Balakrishnan H (2002) An application-specific protocol architecture for wireless microsensor networks. IEEE Trans Wirel Commun 1:660–670.
[21] Do-Seong K, Yeong-Jee C (2006) Self-organization routing protocol supporting mobile nodes for wireless sensor network. In: First international multi-symposiums on computer and computational sciences, 2006, IMSCCS'06, Hanzhou, Zhejiang, pp 622–626.
[22] Awwad SAB, Ng CK, Noordin NK, Rasid MFA (2011) Cluster-based routing protocol for mobile nodes in wireless sensor network. Wireless Pers Commun 61:251–281.
[23] Cakici S, Erturk I, Atmaca S, Karahan A (2014) A novel cross-layer routing protocol for increasing packet transfer reliability in mobile sensor networks. Wireless Pers Commun 77:2235–2254.
[24] Kennedy J, Eberhart R (1995) Particle swarm optimization. In: Proceedings of IEEE international conference on neural networks, vol 4, pp 1942–1948.
[25] Yarushkina NG (2002) Genetic algorithms for engineering optimization: theory and practice. In: 2002 IEEE international conference on artificial intelligence systems, 2002 (ICAIS 2002), pp 357–362.
[26] Mamdani EH, Assilian S (1975) An experiment in linguistic synthesis with a fuzzy logic controller. Int J Man Mach Stud 7:1–13.
[27] Blum C (2005) Ant colony optimization: introduction and recent trends. Phys Life Rev 2:353–373.
[28] Zhang Z (2007) Immune optimization algorithm for constrained nonlinear multiobjective optimization problems. Appl Soft Comput 7:840–857.
[29] Jiang C-J, Shi W-R, Xiang M, Tang X-L (2010) Energy-balanced unequal clustering protocol for wireless sensor networks. J China Univ Posts Telecommun 17:94–99.
[30] Zhang R, Jia Z, Li X, Han D (2011) Double cluster-heads clustering algorithm for wireless sensor networks using PSO. In: 2011 6th IEEE conference on industrial electronics and applications (ICIEA), Beijing, pp 763–766.
[31] Singh B, Lobiyal DK (2012) Energy-aware cluster head selection using particle swarm optimization and analysis of packet retransmissions in WSN. Procedia Technol 4:171–176.
[32] Singh B, Lobiyal D (2012) A novel energy-aware cluster head selection based on particle swarm optimization for wireless sensor networks. Hum-Centric Comput Inf Sci 2:1–18.
[33] Xia L, Wang G, Liu Z, Zhang Y (2013) An energy-efficient routing protocol based on particle swarm clustering algorithm and inter-cluster routing algorithm for WSN. In: 2013 25th Chinese control and decision conference (CCDC), Guiyang, pp 4029–4033.
[34] Elhabyan RS, Yagoub MCE (2014) Particle swarm optimization protocol for clustering in wireless sensor networks: a realistic approach. In: 2014 IEEE 15th international conference on information reuse and integration (IRI), Redwood City, CA, pp 345–350.
[35] Elhabyan RS, Yagoub MCE (2014) PSO-HC: particle swarm optimization protocol for hierarchical clustering in wireless sensor networks. In: 2014 international conference on collaborative computing: networking, applications and worksharing (CollaborateCom), Miami, FL, pp 417–424.
[36] RejinaParvin J, Vasanthanayaki C (2015) Particle swarm optimization-based clustering by preventing residual nodes in wireless sensor networks. IEEE Sens J 15:4264–4274.
[37] Elhabyan RSY, Yagoub MCE (2015) Two-tier particle swarm optimization protocol for clustering and routing in wireless sensor network. J Netw Comput Appl 52:116–128.

[38] Latiff NAA, Latiff NMA, Ahmad RB (2011) Prolonging lifetime of wireless sensor networks with mobile base station using particle swarm optimization. In: 2011 4th international conference on modeling, simulation and applied optimization (ICMSAO), Kuala Lumpur, pp 1–6.

[39] Deepa O, Suguna J (2017) An optimized QoS-based clustering with multipath routing protocol for wireless sensor networks. J King Saud Univ—Comput Inf Sci.

[40] Tabibi S, Ghaffari A (2019) Energy-efficient routing mechanism for mobile sink in wireless sensor networks using particle swarm optimization algorithm. Wirel Pers Commun 104:199–216.

[41] Bayraklı S, Erdogan SZ (2012) Genetic algorithm based energy efficient clusters (GABEEC) in wireless sensor networks. Procedia Comput Sci 10:247–254.

[42] Kuila P, Gupta SK, Jana PK (2013) A novel evolutionary approach for load balanced clustering problem for wireless sensor networks. Swarm Evol Comput 12:48–56.

[43] Elhoseny M, Yuan X, Yu Z, Mao C, El-Minir H, Riad A (2014) Balancing energy consumption in heterogeneous wireless sensor networks using genetic algorithm. IEEE Commun Lett 19:2194–2197.

[44] Gupta S, Jana P (2015) Energy efficient clustering and routing algorithms for wireless sensor networks: GA based approach. Wireless Pers Commun 83:2403–2423.

[45] Baranidharan B, Santhi B (2015) GAECH: genetic algorithm based energy efficient clustering hierarchy in wireless sensor networks. J Sens 2015:8.

[46] Sarangi S, Kar S (2011) Genetic algorithm based mobility aware clustering for energy efficient routing in wireless sensor networks. In: 2011 17th IEEE international conference on networks, Singapore, pp 1–6.

[47] Attea BA, Khalil EA, Cosar A (2015) Multi-objective evolutionary routing protocol for efficient coverage in mobile sensor networks. Soft Comput 19:2983–2995.

[48] Bhatia T, Kansal S, Goel S, Verma AK (2016) A genetic algorithm based distance-aware routing protocol for wireless sensor networks. Comput Electr Eng 56:441–455.

[49] Rady A, Sabor N, Shokair M, El-Rabaie EM (2018) Mobility based genetic algorithm hierarchical routing protocol in mobile wireless sensor networks. In: 2018 international Japan-Africa conference on electronics, communications and computations (JAC-ECC), pp 83–86.

[50] Bagci H, Yazici A (2013) An energy aware fuzzy approach to unequal clustering in wireless sensor networks. Appl Soft Comput 13:1741–1749.

[51] Mirsadeghi M, Mahani A, Shojaee M (2014) A novel distributed clustering protocol using fuzzy logic. Procedia Technol 17:742–748.

[52] Logambigai R, Kannan A (2015) Fuzzy logic based unequal clustering for wireless sensor networks. Wireless Netw 1–13.

[53] Srivastava JR, Sudarshan TSB (2015) A genetic fuzzy system based optimized zone based energy efficient routing protocol for mobile sensor networks (OZEEP). Appl Soft Comput 37:863–886.

[54] Tamandani YK, Bokhari MU (2016) SEPFL routing protocol based on fuzzy logic control to extend the lifetime and throughput of the wireless sensor network. Wireless Netw 22:647–653.

[55] Arjunan S, Sujatha P (2018) Lifetime maximization of wireless sensor network using fuzzy based unequal clustering and ACO based routing hybrid protocol. Appl Intell 48:2229–2246.

[56] Mazinani A, Mazinani SM, Mirzaie M (2019) FMCR-CT: an energy-efficient fuzzy multi cluster-based routing with a constant threshold in wireless sensor network. Alex Eng J 58:127–141.

[57] Ghosh S, Mondal S, Biswas U (2016) Fuzzy C means based hierarchical routing protocol in WSN with ant colony optimization. In: 2016 2nd international conference on applied and theoretical computing and communication technology (iCATccT), pp 348–354.

[58] Mondal S, Ghosh S, Biswas U (2016) ACOHC: ant colony optimization based hierarchical clus-

tering in wireless sensor network. In: 2016 international conference on emerging technological trends (ICETT), pp 1–7.
[59] Rhim H, Tamine K, Abassi R, Sauveron D, Guemara S (2018) A multi-hop graph-based approach for an energy-efficient routing protocol in wireless sensor networks. Hum-Centric Comput Inf Sci 8:1–21.
[60] Jingyi W, Yuhao J, Xiaotong Z, Hongying B (2016) Clustering protocol based on immune optimization algorithms for wireless sensor networks. In: 2016 2nd IEEE international conference on computer and communications (ICCC), pp 2272–2276.
[61] Abo-Zahhad M, Ahmed SM, Sabor N, Sasaki S (2015) Mobile sink-based adaptive immune energy-efficient clustering protocol for improving the lifetime and stability period of wireless sensor networks. IEEE Sens J 15:4576–4586.
[62] Sabor N, Abo-Zahhad M, Sasaki S, Ahmed SM (2016) An unequal multi-hop balanced immune clustering protocol for wireless sensor networks. Appl Soft Comput (in Progress).
[63] Smaragdakis G, Matta I, Bestavros A (2004) SEP: a stable election protocol for clustered heterogeneous wireless sensor networks. In: Second international workshop on sensor and actor network protocols and applications (SANPA 2004), pp 1–11.
[64] Mahapatra RP, Yadav RK (2015) Descendant of LEACH based routing protocols in wireless sensor networks. Procedia Comput Sci 57:1005–1014.

第 11 章 无线传感器网络节点部署、负载均衡和能量利用的定性研究

纳比尔·萨博尔[①]，穆罕默德·阿博–扎哈德[②]

11.1 引　言

众所周知，物联网（Internet of Things，IoT）[35]不仅通过互联网连接设备，而且在世界各地的现代智能服务领域得到了广泛的应用，已经渗透到我们的日常使用中，如智能手机、智能手表、智能医疗系统等。信息共享对于解决与商业、科学或灾难性事件相关的各种现实问题非常必要，虽然服务所处级别较低，但完成工作的主要硬件是传感器节点。传感器是任何无线传感器网络应用中的主要组件[1-2]，由电池驱动的设备组成，能够根据特定应用需要收集温度、接近度、物体运动等信息。传感器网络还用于将信息从一个传感器节点中继到另一个传感器节点，例如，Zigbee 模型。ZigBee 使用 IEEE 802.15.4 协议平台用于创建个域网（Personal Area Network，PAN），该网络可进行低功率高电平无线电传输。在无线传感器网络体系结构中，无论是集中式或自组织网络[3-6]，还是随机信息中继网络，都包含三个主要节点组件，分别是主站节点、用于信息收集的覆盖节点和用于向基站传输数据的中继节点。

传感器节点的总体工作可概括为四类：发送、接收、聚合和处理。尽管现代传感器具有很高的能源效率，并且使用极低功率进行通信，但仍然必须完全依靠它在电池上工作。因此，最重要的问题之一是传感器节点的寿命，这是在能源效率方面的最大挑战之一。研究人员为此开展了大量工作，并提供了各种模型和算法，用于高效收集路由信息与数据[37]。节点部署[27]在能源管理中起

---

① 阿扬·库马尔·潘佳：工程与管理学院计算机科学与工程系/基础科学与人文科学系，印度加尔各答盐湖第五区，邮编：700091。

② 阿尔卡·戈什：德国锡根大学纳米技术系，德国锡根。

着至关重要的作用，节点可以是固定的，也可以是移动的，但是收集的信息必须周期性地或基于某个事件的发生而中继回各自的基站。由于传感器是电池驱动的设备，当部署在手动干预很难实现的地方时，难以对电池电源进行补充或更新。此外，传感器通常是低功耗设备，且传输范围非常小。因此，传感器节点通常被分组为集群，其中树状节点在中继节点的帮助下形成全局中继信息，并将信息传送到基站。基站通常比覆盖传感器强大，如果我们考虑一个环境，其中许多传感器被部署到传感器所覆盖的一个以上基站，那么识别特定覆盖传感器将中继其信息的基站十分重要。覆盖传感器的分布可基于各种标准，如路由距离、跳数等。无线传感器网络中的通信协议可以看作是由 TCP/IP 标准层组成的三维协议栈。在无线传感器网络中有多种数据传输方法，如单播、多播、广播，但部署传感器节点的目的是从多个目标点收集数据，并将这些信息中继到汇聚节点。收集感测数据并将其中继到接收节点被称为汇聚广播，这实际上与广播相反。在部署了节点的小型网络中进行汇聚广播的过程如图 11.1 所示。

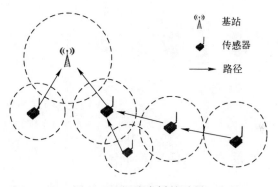

图 11.1　汇聚广播的过程

11.2　传感器节点部署概述

为了延长无线传感器网络的寿命，考虑各种标准至关重要，例如，覆盖范围[36]、到基站的距离、使用的传感器数量，以及适当的传感器节点部署都是延长传感器节点寿命的最重要标准，它可以定义为覆盖节点和基站的最优定位。覆盖节点是用于数据收集目的的传感器节点，而基站是已部署传感器发送其收集数据的接收器节点。通常，有两种部署方式：第一种是确定覆盖给定区域的目标点的确切位置，并将传感器节点放置在所需的位置附近以执行传感操作；第二种是非确定性方法，其中实际位置或覆盖区域未知，或者不可能事先预测感测位置。部署方式在无线传感器网络的维持中起着非常重要的作用,有效的部署可以延长网络的生命周期。

节点部署是无线传感器网络中的一个基本问题,它可以降低与能量管理、路由[7-8]等相关的各种问题的复杂性。节点部署面临许多挑战,传感器节点容易发生故障,而且随时可能发生,这可能会导致数据包的重新路由和网络重组。此外,可能存在多个传感器覆盖相同的感测区域的情况,由于多个传感器将冗余数据中继到基站,这反过来同样降低了网络的效率及其生存期,图 11.2 描述了与不当节点部署和冗余数据收集相关的问题。

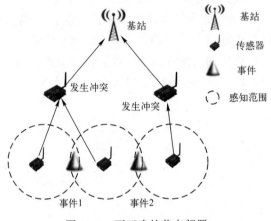

图 11.2　不正确的节点部署

11.2.1　基于 IPP 的方法确保覆盖范围

整数规划是一个 NP 完全问题,实际应用于优化问题的各个领域,其主要目的是基于某些线性约束目标函数的最大化或最小化。Sen 等[9]定义了一种确保覆盖节点的方法,其中他们建模并计算了覆盖所有目标点以满足所有应用所需的最小传感器数量。工作原理可按以下方式定义。

设 P 为所有需要覆盖的目标点集合,其中 $P=\{p_1,p_2,\cdots,p_m\}$,$|P|=m$ 表示有 m 个目标点。定义一个数组 k_j,$1 \leqslant j \leqslant m$,$y_j$ 为

$$y_j = \begin{cases} 1, & p_j \in p \\ 0, & \text{其他} \end{cases} \tag{11.1}$$

设 $\{b_1,b_2,\cdots,b_n\}$ 是传感器将数据中继到的一组基站。当每个目标点的 p_j 被至少一个传感器覆盖时,传感器的子集形成覆盖。IPP 的制定方式应确保使用最少数量的传感器覆盖目标点。参数 $M_{i,j}$,$1 \leqslant i \leqslant n$,$1 \leqslant j \leqslant m$

$$M_{ij} = \begin{cases} 1, & \text{如 } b_i \text{ 覆盖 } p_i \\ 0, & \text{其他} \end{cases} \tag{11.2}$$

IPP 的变量建模可通过以下方式完成。

$$x_i = \begin{cases} 1, & \text{如果包含在 } b_i \\ 0, & \text{其他} \end{cases} \tag{11.3}$$

现在目标在于最小化 $Z = \sum_{i=k+1}^{n} S_{i,j} x^k$ 受约束，有

$$Z = \sum_{i=k+1}^{n} S_{i,j} x^k \geq y_i, \quad j = 1, 2 \cdots, m \tag{11.4}$$

上述约束指定了目标点的允许值，IPP 公式给出了覆盖所有目标点所需的最小传感器数量。作者将问题分为两部分：第一部分通过 IPP 公式确保覆盖所有目标点所需的传感器数量最少；第二部分包括识别连接传感器的铺设节点，以便进行有效的收敛浇铸，详细讨论了文献［9］中的算法程序。

11.2.2　基于 PSO 的节点部署

粒子群优化（PSO）属于进化计算的范畴，或者更准确地说，是一种受自然启发的优化，通常出现在从信源节点到目标节点的鸟群中。PSO 是一种随机优化技术，即通常用于解决计算困难问题的随机分布，与遗传算法非常相似，唯一的区别是没有交叉或变异。该模型由 n 维超空间中称为粒子的候选粒子组成，目标在于寻找全局最优解，考虑到鸟群的例子，可以解释这项工作，其中每只鸟都可以被视为一个从信源到目的地的粒子，每个粒子计算下一个状态位置。考虑全局最佳位置，并考虑下一个状态位置与健康分数的关系，每个粒子都试图达到整个组的全局最佳分数和自身的局部最佳分数（图 11.3）。

PSO 算法的工作原理可以解释如下。

（1）X-向量：记录粒子在空间中的当前位置。

（2）P-向量：记录迄今为止最佳解决方案的位置。

（3）V-向量：包含粒子在不受干扰的情况下移动的梯度。

粒子群优化算法的基本概念是在每个时间步以随机加权加速度将每个粒子加速到迄今为止任何粒子发现的最佳位置，图 11.4 描绘了粒子的运动。这是通过简单地将 v 向量添加到 x 向量来获得新的 x 向量来实现的。

$$x_{i+1} = x_i + v_i \tag{11.5}$$

当计算新的 x_i 时，同时计算新位置的值。计算了两个适应度值，即 x 适应度和 p 适应度。如果 x 适合度优于 p 适合度，则值 $p_{\text{best}} = x_i$ 和 p 适合度 = x 适合度。

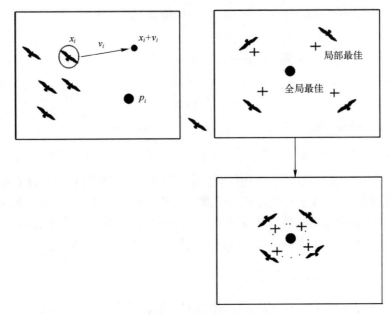

图 11.3 粒子群优化概述

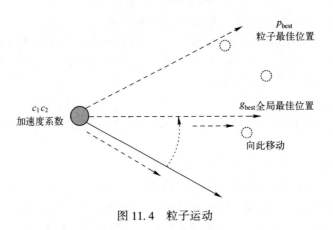

图 11.4 粒子运动

粒子速度为

$$V_{t+1} = W * v_t + c_1 * r(0,1) * (p_{best} - x_t) + c_2 * r(0,1) * (g_{best} - x_t) \quad (11.6)$$

该算法如图 11.5 所示。此处 c_1，c_2 为加速度系数，r 为在[0 1]之间变化的随机数。V_t 为速度向量的先前值，x_t 为当前位置，W 为权重参数。在改变参数 W、c_1 和 c_2 时，搜索方法受到如下影响。

(1) 如果 W 较大，则有助于全局搜索。

(2) 如果 W 很小，则有助于局部搜索。

(3) 如果 $c_1 > c_2$，则有助于全局搜索。
(4) 如果 $c_1 < c_2$，则有助于局部搜索。

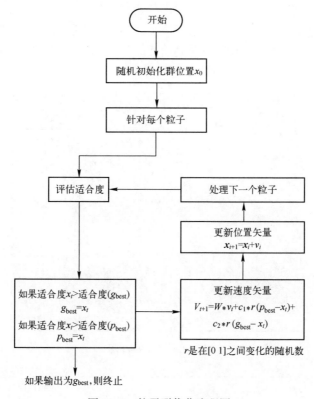

图 11.5 粒子群优化流程图

节点部署问题可以使用粒子群优化算法来解决。Aziz 等[10,24]提出的一个模型，使用了 Voronoi 图的位置[11]，粒子群优化算法用于在给定的搜索空间中搜索最优节点部署。文献［12］描述了传感器节点的随机部署，其中 Voronoi 图由传感器自动形成，传感器在 Voronoi 图广播其位置，并根据该图决定是否应移动或重新定位传感器，主要目标在于最小化传感器节点的数量，以覆盖所需的目标区域位置。图 11.6 描绘了通过 Voronoi 图实现的分区。

传感器覆盖特定目标区域的定位非常关键，以便使覆盖范围最大化。每个感兴趣区域（Region of Interest，ROI）被聚集成称为 Voronoi 图的多边形。如果多边形内的感兴趣区域在传感器感应半径内，则多边形内的点被传感器覆盖。作者考虑了一个同质网络，其中所有传感器具有相同的感应半径。最初，将传感器放置在特定区域，并完成传感器定位[26,30]，即获取传感器已知的当前位置。PSO算法用于优化传感器在各自感兴趣区域中的位置。使用 Voronoi 图计算适应度，该图最初是在无界区域上创建的。传感器的定位是在特定的 ROI 边界区域上完成的，因此作者考虑了边界上的点。

沿每个边界随机选择一组点，这些点和 Voronoi 顶点称为兴趣点，兴趣点与内部传感器之间的距离用于评估适合度。图 11.6 给出了 7 个 ROI 的 Voronoi 图示例，图 11.7 给出了建议的传感器布置。

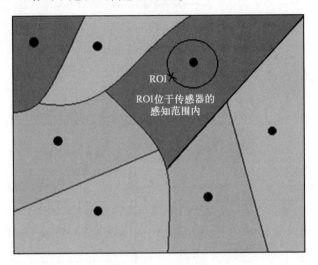

图 11.6 Voronoi 图

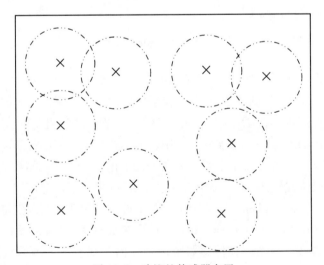

图 11.7 建议的传感器布置

算法 11.1 适应度计算

兴趣点←｛多边形顶点，沿边界随机选择 n 个点｝

对每一个兴趣点

开始

  计算兴趣点到期最近的传感器节点的距离

  如果该距离大于传感器的感知半径

    适应度+=距离−感知半径

结束

算法 11.2 PSO-Voronoi 程序

用随机部署位置 x_i 初始化粒子群

(不满足理想的适应度) 时，执行循环

开始

  利用适应度函数计算每个粒子的适应度值

  如果当前的适应度值优于，则用该适应度值 p_{best}，更新 p_{best}

  确定 g_{best}，根据 g_{best} 的所有邻近节点的最佳适应度值选择粒子位置

  对每个粒子

    开始

      根据式（11.2）计算粒子速度

      根据式（11.1）更新粒子位置

    结束

结束循环

PSO 算法应仔细处理从而确保感知范围不重叠的同时覆盖整个 ROI。在算法 11.1 和算法 11.2 中给出了计算适应度函数并执行 PSO Voronoi 程序的算法。

11.2.3 节点部署和负载平衡中的蚁群优化算法

蚁群优化[28-29]是一种基于元启发的方法，其灵感来源于蚂蚁搜索和收集食物的方式。这一过程被称为蚂蚁物种的进化行为。蚂蚁通过信息素相互交流，使用概率方法来判断是否遵循路径[13]，信息素含量越高的路径在处理中被考虑的几率越大。Deneuboroug 等提出并实施了双桥实验，研究了蚂蚁的信息素行为，如图 11.8 所示。

如图 11.9 所示，从蚁巢到食物源有两条桥，上图中的两条桥的长度相同，下图中的两条桥的长度不同。当蚂蚁穿过时，它们会沿着路径释放信息素。首先，我们分析两座桥长度相等的状况，观察到蚂蚁沿着路径随机选择路径，但

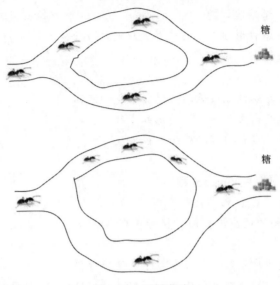

图 11.8 双桥实验

随着越来越多的蚂蚁沿着路径穿越并释放信息素，后来的蚂蚁通常选择信息素数量最多的路径，随着系统的发展，蚂蚁会选择最佳路径。图 11.8 可以建模为图 11.9 所示的图。假设蚂蚁从特定节点 j 转移到节点 i 的概率为 p_{ij}，该概率使用移动的信息素 K_{ij} 的轨迹和启发式信息 H_{ij} 计算，其中 $i,j=1,2,\cdots,n$。

$$p_{ij} = \frac{K_{ij}^{\alpha} H_{ij}^{\beta}}{\sum_{k \in \text{allowed}} K_{ik}^{\alpha} H_{ik}^{\beta}} \tag{11.7}$$

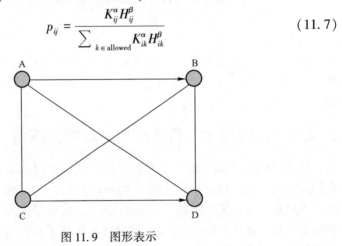

图 11.9 图形表示

那些包含更多信息素的路径具有更高被选择的可能性，蚁群优化算法广泛用于各种分配和路由问题，也可以建模以优化传感器节点部署并在传感器网络中执行负载平衡[31-34]。

蚁群优化算法程序有多种类型，其中一种是 MAXMIN 系统，其中信息素踪迹数量的上限和下限受到限制（$K_{min} \sim K_{max}$）。作者 Findanovatal 在文献 [14] 中描述了在传感器节点部署中使用这种程序，通过允许单个蚂蚁在每个迭代级别添加信息素，对传感器节点部署的搜索空间进行了深入探索。在第一次迭代之后，信息素轨迹被初始化为 K_{max}，对于下一次迭代，将执行转换，以使最佳解决方案接收到信息素。信息素更新规则如下：

$$K_{ij} = \rho K_{ij} + \partial K_{ij} \tag{11.8}$$

$$\partial K_{ij} = \begin{cases} \dfrac{1}{C(V_{best})}, & \text{如果 } i,j \in \text{最优解} \\ 0, & \text{其他} \end{cases} \tag{11.9}$$

式中：∂K_{ij} 为信息素水平的微小变化；V_{best} 为最佳解结果，$i,j = 1,2,\cdots,n$；$\rho \in [0,1]$ 为模型信息素在自然界中蒸发。他们将无线传感器网络布局视为一个预先初始化的图 $\{g_{ij}\}_{N \times M}$。位置站点表示为 $P = \{P_{ij}\}_{N \times M}$。信息素的初始值通常取非常小的值，基站位于从每个覆盖传感器传输收集的数据的位置的点作为第一点包括在优化过程的解决方案中。

蚂蚁从一个与基站通信的随机节点创建解决方案的其余部分，需要覆盖的目标点被认为是 ACO 的目标点，蚂蚁在每次迭代中随机遍历每个节点，概率的下一步是由每个蚂蚁执行关于信息素值的计算，他们通过确保全覆盖和连通性作为约束条件来解决 WSN 部署问题，而目标函数是传感器的数量。因此，ACO 被用于优化。

11.2.4　传感器部署中的蜂群优化

蜂群优化与蚁群优化相似，优化技术的处理过程灵感来自蜜蜂觅食，将蜜蜂交配、求偶、食物采集中的几种行为模仿到各种优化过程中。蜂群优化算法与蚁群优化算法方法非常相似，唯一的区别是没有使用概率方法进行搜索，而是计算路径选择的适应度。

人工蜂群优化包括三种类型的蜜蜂，即经验丰富蜜蜂、旁观者蜜蜂、侦察蜜蜂。经验丰富的蜜蜂随机探索该区域，收集信息并返回蜂巢。有经验的蜜蜂也被称为侦察蜜蜂。侦察蜂通过摇摆舞提供信息。蜜蜂的摇摆舞如图 11.10 所示，利用速度、距离、持续时间和频率指示食物的方向。旁观者蜜蜂处理经验丰富的蜜蜂收集的信息，并创建一种概率方法来搜索邻居，而侦察者蜜蜂则以随机方式搜索该区域并执行该过程。蜜蜂算法具有局部和全局两种搜索程序。文献 [15] 中给出了蜂群优化算法，并在算法 11.3 中进行了演示。

图 11.10　蜜蜂摇摆舞

算法 11.3　蜜蜂算法

函数：蜜蜂算法

输入：{n 为侦察蜜蜂的数量，m 为最佳区域的数量，e 为精英区域，n_{ep} 精英区域的蜜蜂，n_{sp} 非精英区域的蜜蜂，n_{gh} 生长激素邻域大小，M_iter 迭代次数，$diff$ 第一次和最后一次迭代之间的差值}

将种群大小初始化为 n，然后初始化蜂群

初始化 $i=0$

评估初始蜂群的适应值

对初始总体进行排序

当（$i \leqslant M\_iter$ 新(适应度)−旧(适应度)≤误差）

开始

  $i=i+1$

  选择精英区域和非精英最佳区域进行邻近搜索。

  招募觅食蜜蜂到精英区域和最佳区域。

  评估每个区域的适应度值。

  根据适合度对结果进行排序。

  将用于全局搜索的其余蜜蜂分配到非最佳位置。

  评估非最佳区域的适应度值。

  根据他们的适应度值对总体结果进行排序。

结束

文献[16]提出了一种新的用于传感器节点部署的蜂群优化算法。传感器在区域中的位置可以在包含(x,y,z)参数的三维坐标系中描述。每个蜂群都包含有经验的旁观者和侦察者，并以不同的模式移动以寻找最佳解决方案。算法的第一阶段是初始化，在初始化过程中随机生成蜜蜂，也就是随机生成传感器节点位置。指定了非支配蜜蜂，目标点是花朵，传感器将在此处进行优化部署，实现覆盖空间最大化或能量消耗最小化。在第二阶段执行更新，循环大小为 M_iter。在每个迭代中，将指定蜜蜂的类型，然后蜜蜂根据其类型在状态空间中以特定的运动模式移动。算法流程和优化部署的比较已在文献［16］中彻底完成。

11.3 无线传感器网络中的负载均衡

优化节点部署对于节能路由和延长传感器节点的生命周期都非常重要。当覆盖节点将信息中继到基站时，它需要连接节点（即中继节点）的帮助来通过适当的路由传送信息，根据 MAC 的选择，对数据包进行适当的调度。我们知道 MAC 层和数据链路控制一起负责物理寻址，无线传感器网络中的通信发生在来自多个不同服务提供商的各种源节点上。技术正在朝着一个单一的目标发展，在这个目标中，可以将所有设备连接起来轻松地共享信息。传感器云环境越来越受到关注，用户可以通过移动应用程序或浏览器在更抽象的层次上工作，而对传感器设备及其各自的服务提供商关注减少，更关心应用程序及其使用[25]。图 11.11 描述了连接到云平台用于信息共享的多个集成异构传感器。

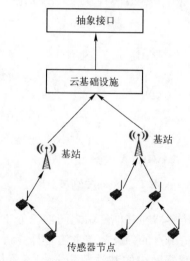

图 11.11 基于云基础设施的无线传感器网络

因为传感器具有不同的能源效用，众多传感器服务提供商之间的集成增加了维护功耗的复杂性。此外，随着从基站到所有传感器节点的传感树增加，所需的数据传输量也增加。图 11.12 中描绘了来自基站的不平衡覆盖树的示例，聚合广播是任何无线传感器网络执行的最基本的操作。数据聚合以高效的方式总结数据收集，通常在原始数据或定期数据收集上进行聚合转换。因此，聚合也分为无聚合、部分聚合和完全聚合。图 11.12 考虑了部分聚合的数据，其中 TDMA 协议用于数据传输，数据包在每个时隙中发送，唯一可以确保的是数据包的发送和接收在不同的时隙中进行，没有相邻的边缘被赋予相同的时隙。因此，它是不同的。据观察，随着传感树的规模增加，时隙的数量也会增加。在此示例中，使用有效负载值为 2，这是一个单时隙，携带 2 个数据包。覆盖或收集节点生成数据，由中继节点完成数据中继。中继节点的职责是将其底层节点收集的数据向下一跳传输到基站（中继节点不生成数据）。

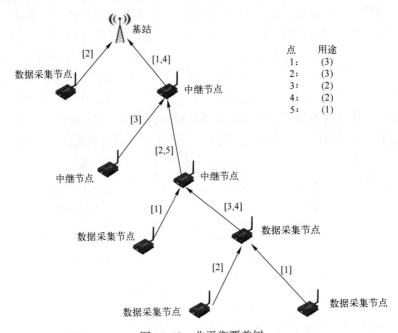

图 11.12 非平衡覆盖树

据观察，如果覆盖传感器在其他基站之间均匀分布，那么时隙使用的数量就会减少。平均分布覆盖节点的一种简单方法是计算每个覆盖传感器到基站的接近矩阵，假设特定传感器网络的基站数为 n_b，覆盖传感器数量为 n_c，任何特定基站上的最大覆盖分配应为 $[n_c/n_b]$。

负载平衡问题不能简单地通过在基站之间分配覆盖传感器来解决，分配任务并为特定应用选择最佳传感器也非常重要，在基站上分配负载的问题是一个多类问题。Zuhairy 等在文献 [17] 中给出了该问题的一个解决方案，他们通过预测传感器 ID 对逻辑回归模型进行了推广，提出了一个预测模型，该模型

第 11 章　无线传感器网络节点部署、负载均衡和能量利用的定性研究

考虑到特定应用的最佳网络覆盖，为特定工作选择最佳覆盖传感器集。该项目背后的主要思想是增加传感器网络的寿命，并根据特定应用的需要执行动态负载平衡。

该算法的任务是选择传感器。从数学上讲，它可以建模如下：

过去各个任务传感器节点的观察值为 D，其中给定特征的值在 $\{0,1,\cdots,K\}$ 之间。

让 $S=\{s_1,s_2,s_3,\cdots,s_j\}$ 作为传感器，预测的任务是选择集合 $E=\{s_i,s_{i+1},\cdots,s_{i+n}\}$，其中 $n\geq 2$，$E\subseteq S$。第 i 个传感器被选为第 j 类的概率为

$$\Pr\{S_i=j\}=\beta_{ij} \tag{11.10}$$

及

$$\sum_{j=1}^{J}\beta_{ij}, i \in \{1,2,\cdots,n\} \tag{11.11}$$

β_{ij} 表示第 j 类的概率函数 Pr 的值。式（11.11）描述了 β 正态分布，即所有概率值之和等于 1。传感器选择的概率函数在文献 [17] 中给出。通过 k 聚类算法实现了传感器节点的优化选择。当用户请求特定任务服务时，首先检查提交的任务是否是请求中其他任务中的子任务。计算一个特定阈值，确定集群传感器的剩余功率是否能够处理该任务，如果剩余功率小于某个阈值，则选择替代传感器并继续。

另一个负载平衡解决方案是 Toumpis 等人提出的。他们在文献 [18] 中提出了一种借助基尔霍夫（Kirchoff）电压定律实现负载平衡的方法。该分析基于无线最小成本问题[19]，其中借助 arc 成本函数进行优化，以优化通过附近链路的流量。他们提出了一种算法，通过改变初始化阶段构建的循环中的流量来优化流量。该操作可以被视为基尔霍夫电压定律，其中能量守恒，包含晶体管。它是健壮的、分布式的，具有最小的通信开销，并且收敛速度快。随着流量的变化，他们提出的算法也可以用于拥塞控制。

在文献 [20] 中，无线传感器网络节点被划分为传感器集群。集群成员的选择考虑了节点的最大传输功率，其成员资格取决于通信成本。在文献 [21] 中，他们之前的工作已经升级，因此，通过考虑由簇头成员和剩余能量之间的距离组成的综合权重值来选择簇成员。为了开发集群平衡，该算法考虑了负载均衡。

在文献 [22] 中，对于簇内和簇间通信使用分层方法，该算法考虑了一个相似的网络。在文献 [23] 中，通过对网络头进行聚类来延长网络寿命，簇头使用传输范围重新配置来平衡基于簇内一般节点数和簇头数，并对算法建模以提供有效的数据聚合。

11.4 小　　结

尽管无线传感器网络在处理能力和能源利用方面存在局限性,但它正成为我们日常生活中的一个复杂组成部分,应用于医疗、农业、银行等领域。高效节能的数据采集是所有无线传感器网络设计中的关键任务之一。此外,将信息中继和路由到其各自的基站也是必须适当解决的问题之一。在设计和开发数据传输协议的过程中,必须考虑各种标准,如拥塞、干扰等,以实现节能路由。为了延长无线传感器网络的生命周期,研究人员可以在四个主要领域做出贡献:节点部署、负载平衡、中继和路由。为了在无线传感器网络中合理利用能量,研究人员已经开发了各种模型和设计,但仍有改进的余地。

参 考 文 献

[1] Das SK, Samanta S, Dey N, Kumar R (2019) Design frameworks for wireless networks. In: Lecture notes in networks and systems. Springer, Berlin. pp 1–439. ISBN: 978–981-13-9573-4.

[2] Roy S et al (2016) Symmetric key encryption technique: a cellular automata based approach in wireless sensor networks. Procedia Comput Sci 78:408–414.

[3] Das SK, Tripathi S (2019) Energy efficient routing formation algorithm for hybrid ad-hoc network: a geometric programming approach. Peer-to-Peer Networking Appl 12(1):102–128.

[4] Sujoy S et al (2011) Post disaster management using delay tolerant network. In: Recent trends in wireless and mobile networks. Springer, Berlin, Heidelberg, pp 170–184.

[5] Mukherjee A et al (2019) Delay tolerant network assisted flying ad-Hoc network scenario: modeling and analytical perspective. Wirel Netw 25(5):2675–2695.

[6] Mukherjee A et al (2019) A disaster management specific mobility model for flying ad-hoc network. In: Emergency and disaster management: concepts, methodologies, tools, and applications. IGI Global, pp 279–311.

[7] Yadav AK, Das SK, Tripathi S (2017) EFMMRP: design of efficient fuzzy based multi-constraint multicast routing protocol for wireless ad-hoc network. Comput Netw 118:15–23.

[8] Das SK, Yadav AK, Tripathi S (2017) IE2M: design of intellectual energy efficient multicast routing protocol for ad-hoc net work. Peer-to-Peer Networking Appl 10(3):670–687.

[9] Sen BK, Khatua S, Das RK (2015) Target coverage using a collaborative platform for sensor cloud. In: 2015 IEEE international conference on advanced networks and telecommuncations systems (ANTS). IEEE.

[10] Ab Aziz NAB, Mohemmed AW, Daya Sagar BS (2007) Particle swarm optimization and Voronoi diagram for wireless sensor networks coverage optimization. In: 2007 international conference on intelligent and advanced systems. IEEE.

[11] Chew LP (1990) Building Voronoi diagrams for convex polygons in linear expected time.

[12] Zhang Q, Huang J, Wang J, Jin C, Ye J, Zhang W, Hu J (2008) A two-phase localization algorithm for wireless sensor network. In: 2008 international conference on information and automation. IEEE, pp 59–64.

[13] Dorigo M, Birattari M (2010) Ant colony optimization. Springer, US.

[14] Fidanova S, Marinov P, Alba E (2012) Ant algorithm for optimal sensor deployment. In: Computational intelligence. Springer, Berlin, Heidelberg, pp 21–29.
[15] Yuce B, Packianather M, Mastrocinque E, Pham D, Lambiase A (2013) Honey bees inspired optimization method: the bees algorithm. Insects 4(4):646–662.
[16] Hajizadeh N, Jahanbazi P, Javidan R (2018) Controlled deployment in wireless sensor networks based on a novel Multi Objective Bee Swarm Optimization algorithm. In: 2018 3rd conference on swarm intelligence and evolutionary computation (CSIEC). IEEE.
[17] Zuhairy RM, Al Zamil MG (2018) Energy-efficient load balancing in wireless sensor network: an application of multinomial regression analysis. Int J Distrib Sens Netw 14(3):1550147718764641.
[18] Toumpis S, Gitzenis S (2009) Load balancing in wireless sensor networks using kirchhoff's voltage law. In: IEEE INFOCOM 2009. IEEE, pp 1656–1664.
[19] Duan Q et al (2013) Minimum cost blocking problem in multi-path wireless routing protocols. IEEE Trans Comput 63(7):1765–1777.
[20] Gupta G, Younis M (2003) Load-balanced clustering of wireless sensornetworks. In: IEEE international conference on communications, 2003. ICC'03, vol 3. IEEE, pp 1848–1852.
[21] Zhang H, Li L, Yan X-F, Li X (2011) A load-balancing clustering algorithm of WSN for data gathering. In: 2011 2nd International conference on artificial intelligence, management science and electronic commerce (AIMSEC). IEEE, pp 915–918.
[22] Israr N, Awan I (2006) Multi-hop clustering algo. For load balancing in WSN. Int J Simul 8(1).
[23] Kim N, Heo J, Kim HS, Kwon WH (2008) Reconfiguration of cluster heads for load balancing in wireless sensor networks. Comput Commun 31(1):153–159.
[24] Sarobin MVR, Ganesan R (2015) Swarm intelligence in wireless sensor networks: a survey. Int J Pure Appl Math 101(5):773–807.
[25] Choi M, Kim J, Yang S, Ha N, Han K (2008) Load balancing for efficient routing in wireless sensor networks. In: 2008 international multi-symposiums on computer and computational sciences. IEEE, pp 62–68.
[26] Nan G-F, Li M-Q, Li J (2007) Estimation of node localization with a real-coded genetic algorithm in WSNs. In: 2007 international conference on machine learning and cybernetics. vol 2. IEEE.
[27] Wang G, Cao G, Porta TL (2003) Movement-assisted sensor deployment. IEEE INFOCOM 2004 4:2469–2479.
[28] Dorigo M, Di Caro G (1999) Ant colony optimization: a new meta-heuristic. In: Proceedings of the 1999 congress on evolutionary computation-CEC99(Cat. No. 99TH8406), vol 2. IEEE.
[29] Sim KM, Sun WH (2003) Ant colony optimization for routing and load-balancing: survey and new directions. IEEE Trans Syst Man Cybern-Part A: Syst Hum 33(5):560–572.
[30] Mnasri S, Thaljaoui A, Nasri N, Val T (2015) A genetic algorithm based approach to optimize the coverage and the localization in thewireless audio-sensors networks. In: 2015 international symposium on networks, computers and communications (ISNCC), pp 1–6.
[31] Kacimi R, Dhaou R, Beylot AL (2013) Load balancing techniques for lifetime maximizing in wireless sensor networks. Ad Hoc Netw 11(8):2172–2186.
[32] Mahdavi M, Ismail M, Jumari K (2009) Load balancing in energy efficient connected coverage wireless sensor network. In: 2009 international conference on electrical engineering and informatics, vol 2. IEEE, pp 448–452.
[33] Zeynali M, Khanli LM, Mollanejad A (2010) Fuzzy based approach for load balanced distributing database on sensor networks. Int J Future Gener Commun Networking 3(2).
[34] Low CP, Fang C, Ng JM, Ang YH (2007) Load-balanced clustering algorithms for wireless sensor networks. In: 2007 IEEE international conference on communications. IEEE, pp 3485–3490.

[35] Dey N et al (eds) (2018) Internet of things and big data analytics toward next-generation intelligence. Springer, Berlin.

[36] Binh HTT, Nguyen TH, Dey N (2018) Improved cuckoo search and chaotic flower pollination optimization algorithm for maximizing area coverage in wireless sensor networks. Neural Comput Appl 30(7):2305–2317.

[37] Das SK, Tripathi S (2018) Adaptive and intelligent energy efficient routing for transparent heterogeneous ad-hoc network by fusion of game theory and linear programming. Appl Intell 48(7):1825–1845.

第 12 章 无线传感器网络的多目标仿生算法

阿尼迪塔·雷乔杜里[①]，德巴西斯·德[②]

12.1 引　言

近年来，仿生计算在无线传感器网络等应用领域逐渐得到认可。研究人员多年来一直致力于解决无线传感器网络的各种问题，以在多种应用中获得更好的服务质量[1-5]。受动物、鸟类、昆虫、植物等行为启发的仿生算法可用于各种应用领域，包括无线传感器网络。本章介绍一些最新的仿生算法，即蚁群算法、人工蜂群算法、蝙蝠算法、基于生物地理学的优化算法（Biogeography-based Optimization，BBO）、猫群优化算法（Cat Swarm Optimization，CSO）、布谷鸟搜索算法（Cuckoo search algorithm，CSA）、鸡群优化算法（Chicken Swarm Optimization Algorithm，CSOA）、大象放牧优化算法（Elephant herding Optimization，EHO）、蛾焰优化算法、鱼群优化算法，提出并分析了灰狼优化（Grey Wolf Optimization，GWO）算法、粒子群优化、遗传算法、鲸鱼优化算法（Whale Optimization Algorithm，WOA）等，讨论了每种算法的应用领域。本章的目的是为读者提供不同仿生算法的基本信息，以便在仿生算法的帮助下解决关键问题。表 12.1 总结了在不同主流期刊上使用上述仿生算法的最新出版物。

---

① 阿尼迪塔·雷乔杜里：萨罗吉尼·奈杜女子学院计算机科学系，印度西孟加拉邦加尔各答杰索尔路 30 号，邮编：700028；E-mail：aninrc@gmail.com；

② 德巴西斯·德：毛拉·阿布·卡拉姆·阿扎德科技大学计算机科学与工程系，印度西孟加拉邦纳迪亚地区哈林哈塔，邮编：721249；E-mail：dr.debashis.de@gmail.com。

表 12.1 基于主要仿生算法的最新出版物

序号	算法	主要作者	主题领域	期刊名称	出版年份
1	蚁群优化（ACO）	Hashem Parvin 等	信任	专家系统及其应用	2019
		Li, Y. 等	绿色车辆路线	清洁生产杂志	2019
		Sun, Z 等	安全路由	应用软计算	2019
		Wang, J. 等	节能	超级计算杂志	2018
		Guleria, K. 等	集簇	无线个人通信	2019
		Ghosh, N. 等	无线传感器网络	无线网络	2019
2	人工蜂群（ABC）	Yue, Y. 等	覆盖和连通性	无线个人通信	2019
		Lu, Y. 等	能量效率	IEEE 接入	2019
		Mann, P. S. 等	节能集簇	人工智能综述	2019
		Saad, E. 等	效率和鲁棒性	应用软计算	2019
		Zhang, X. 等	物联网网络节能	IEEE 接入	2019
3	蝙蝠算法（BA）	Hong, W. C. 等	平台运动预测	应用数学建模	2019
		Osaba, E. 等	车辆路径规划问题	蜂群与进化计算	2019
		Ng, C. K. 等	传感器部署	IEEE 通信	2018
		Lyu, S. 等	优化与收敛	计算科学学报	2019
		Sharma, S. 等	路由	软计算与信号处理	2019
		Cui, Z. 等	物联网中的大数据传感系统	并行与分布式计算学报	2018
4	基于生物地理学的优化（BBO）	Gupta, G. P. 等	覆盖和连通性	无线网络	2018
		Lalwani, P., 等	节能	软计算	2018
		Elhoseny, M. 等	覆盖优化	专家系统及应用	2018
		Senniappan, V. 等	节能集簇	环境智能与智能环境杂志	2018
5	猫群优化（CSO）	Tsai, P. W. 等	数值优化问题	专家系统及应用	2012
		Temel, S. 等	覆盖范围最大化	IEEE 系统	2013
		Kong, L. 等	能量感知路由	以人为中心的嵌入式、多媒体计算及高级技术发展	2014
		Kong, L. 等	能量消耗最小化	国际分布式传感器网络学报	2015
		Soto, R. 等	解决制造单元设计问题	计算智能与神经科学	2019

第12章 无线传感器网络的多目标仿生算法

续表

序号	算法	主要作者	主题领域	期刊名称	出版年份
6	布谷鸟搜索算法	Ghosh, A. 等	信号衰减最小化	工程优化	2019
		Yu, X. 等	节点定位	无线个人通信	2019
		Meng, X., 等	多目标水电站运行	能量	2019
		Chi, R. 等	混合优化问题	神经计算及其应用	2019
		Wu, Z. 等	电力负荷预测	应用能量	2019
7	鸡群优化算法（CSOA）	Yu, X. 等	网络定位	计算机网络	2019
		Aziz, A. 等	物联网传感器网络能耗优化	网络与及计算机应用学报	2019
		Movva, P. 等	节能路由	IEEE 接入	2019
		Al Shayokh, M. 等	节点定位问题	无线个人通信	2017
8	大象放牧优化（EHO）	Correia, S. 等	基于能量的定位	传感器	2018
		Strumberger, I., 等	节点定位问题	传感器	2019
		Tuba, E. 等	数据集簇	智能系统的信息和通信技术	2019
		Li, J. 等	全局优化	数学	2019
9	鱼群优化算法（FSOA）	Zheng, Z. X. 等	最大限度地降低冷却器和冷却塔的功耗	仿真中的数学与计算机	2019
		Qin, N. 等	可移动的覆盖范围	无线通信和移动计算	2018
		Li, X., 等	节能混合路由协议	传感器	2018
		Yin, H., 等	节点布局优化	算法	2018
10	灰狼优化算法（GWO）	Kaushik, A. 等	网络稳定性与能源效率	无线个人通信	2019
		Kaushik, A. 等	覆盖最大化	无线个人通信	2019
		Zapotecas-Martínez, S. 等	多目标优化	专家系统及其应用	2019
		Tu, Q. 等	特征选择	应用软计算	2019
11	萤火虫群优化（GSO）	Liao, W. H. 等	传感器部署	专家系统及应用	2011
		Ray, A. 等	能量效率	仿真建模实践与理论	2016
		Wang, Y., 等	多目标优化	算法	2019
		Salkuti, S. R. 等	拥挤管理	电气工程与技术学报	2019
		Song, L. 等	节点定位	传感器杂志	2019

续表

序号	算法	主要作者	主题领域	期刊名称	出版年份
12	蛾子火焰优化算法（MFO）	Miloud, M. 等	分布式无线传感器网络节点定位	国际分布式传感器网络学报	2019
		Mittal, N. 等	能量效率	无线个人通信	2019
		Khan, M. F., 等	车联网中的聚类算法	IEEE 接入	2019
13	粒子群优化（PSO）	Jordehi, A. R.	家用器具的最优布设	应用软计算	2019
		Nouiri, M. 等	作业车间调度	智能制造杂志	2018
		Lynn, N. 等	多目标优化	蜂群进化计算	2018
		Tam, N. T. 等	提高网络寿命	无线网络	2018
		Vijayalakshmi, K. 等	簇头选择	集群计算	2018
		Kaur, T. 等	容错	IEEE 传感器学报	2018
14	鲸鱼优化算法（WOA）	Ahmed, M. M. 等	大规模无线传感器网络电池寿命最大化	电信系统	2019
		ValayapalayamKittusamy, S.R., 等	车载通信网	国际通信系统学报	2019
		Hassan, M. K. 等	患者实时远程监控框架	下一代计算机系统	2019
		Verma, G. K. 等	异质无线传感器网络的分区修复	网格与分布式计算学报	2018

12.2 仿生算法综述

仿生算法因其高质量的解决方案、灵活性、准确性、易于实现和高收敛速度而日益流行[6-8]。本节简要介绍目前应用于无线传感器网络等多个应用领域的一些流行仿生算法。

12.2.1 蚁群优化

蚁群优化是一种基于真实蚂蚁行为的仿生算法。可以观察到一群蚂蚁可以合作找出它们的巢穴和食物之间的最短路径。蚂蚁之间的交流是通过称为信息素的挥发性化学物质进行的，算法 12.1 描述了 ACO 算法过程[9]。

算法 12.1：蚁群优化算法

用构造图表示解空间

设置 ACO 参数并初始化信息素轨迹

虽然不满足终止条件
构造蚂蚁解
应用本地搜索（可选）
更新信息素
结束

12.2.2 人工蜂群

人工蜂群算法（Artificial Bee Colony，ABC）是一个重要的受蜜蜂集体觅食行为启发的仿生算法[11]。与蚁群算法一样，它也是在大型数据集中搜索最优数值解。通过三种蜜蜂的社会合作，即工蜂、旁观者蜜蜂和侦察蜜蜂，可以完成任务。工蜂负责搜索食物来源周围的食物，并与旁观者分享信息。最后，这些类型的蜜蜂从工蜂发现的食物来源中选择好的食物来源。ABC 可以解决多维数值问题[12-16]。

12.2.3 蝙蝠算法

蝙蝠算法（Bat Algorithm，BA）是由 Xin-She Yang 于 2010 年开发的一种仿生算法，其灵感来源于蝙蝠的回声定位功能[17]。蝙蝠是唯一一种能够感知回声定位帮助它们找到猎物的哺乳动物，蝙蝠算法有以下三个理想化规则：

（1）所有蝙蝠都应用回声定位特性。通过感知声音的反射，它们可以很容易地区分不同的物体，如食物、猎物和背景屏障。

（2）蝙蝠可以自然地调节其辐射脉冲的频率，并根据其目标的接近程度调节脉冲发射的速率。

（3）响度可以从较大的正值变化到最小的恒定值。

根据基本蝙蝠算法，每个蝙蝠与 d 维解空间中迭代 t 处的速度和位置 x_i^t 相关联。在所有蝙蝠中，存在一个当前最佳解决方案 x_*。最初，每个蝙蝠随机分配一个频率，该频率从 $[f_{\min}, f_{\max}]$ 统一分配。根据以下三个方程分别更新频率、速度和位置，有

$$f_i = f_{\min} + (f_{\max} - f_{\min})\beta, \beta \in [0,1] \quad (12.1)$$

$$v_i^t = v_i^{t-1} + (x_i^{t-1} - x_*)f_i \quad (12.2)$$

$$x_i^t = x_i^{t-1} + v_i^t \quad (12.3)$$

蝙蝠算法是一种重要的仿生算法，它以其简单的工作原理和高效的性能日益受到人们的欢迎。自蝙蝠算法开发以来，它已或多或少地应用于优化的各个领域，包括聚类、图像处理、特征选择、医疗数据分析[18]，无线传感器网络的覆盖优化和连通性保持[19-26]，但对于复杂的高维问题应用而言，收敛性是

一个挑战。作为一种元启发优化算法,由于在各种实际应用中的实用性而具有非常重要的意义。

12.2.4 基于生物地理学的优化

基于生物地理学的优化(Biogeography-Based Optimization,BBO),生物地理学即生物物种的地理分布,也是一种受生物进化启发的算法,该算法通过对给定适应度函数的候选解进行迭代细化来优化函数。BBO 的动机是自然过程,最初由 Dan Simon 于 2008 年提出[21]。众所周知,它在解决各种应用中的连续问题具有相当好的性能[28-32]。

12.2.5 猫群优化

猫群优化(Cat Swarm Optimization,CSO)是一种群体优化算法,灵感来自猫的两种常见行为,即搜索和跟踪过程[33]。在搜索模式下,根据选择点的更高适应度值确定下一步移动的位置。在跟踪模式下,猫跟踪某些特定目标。猫将持续使用搜索和跟踪模式,直到满足终止条件。在过去几年中,CSO 算法已被用于为某些应用寻找最优解[34-38]。

12.2.6 布谷鸟搜索算法

布谷鸟通常在其他宿主鸟的巢中产卵。基于这种自然行为,Xin-She Yang 和 Suash Deb 在 2009 年开发了一种被称为布谷鸟搜索算法(Cuckoo Search Algorithm,CSA)的仿生优化算法[39]。根据该算法,巢中的每个蛋代表一个解,而一个新解则代表一个布谷鸟蛋。该算法的目的是应用新颖且可能更好的解决方案来取代嵌套中不太好的解决方案[40-46]。

12.2.7 鸡群优化算法

鸡群优化算法(Chicken Swarm Optimization Algorithm,CSOA)也是一种仿生算法,模仿鸡群的行为,包括公鸡、母鸡和小鸡[47]。CSOA 可以有效地实现鸡群智能属性以优化问题[48-52]。

12.2.8 大象放牧优化

大象放牧优化(Elephant Herding Optimization,EHO)是 Wang 等提出的最新仿生算法之一[53]。EHO 算法基于大象的放牧行为。大象的种群由一些部族组成,在每一个氏族中,大象都生活在一个族长的领导下,他们认为族长是氏族中最强壮或最健康的。每一代都有固定数量的雄性大象离开它们的群体,生活在很远的地方。这两个主要行为可以映射为两个基本步骤，即"族更新算子"和"分离算子"，这两个步骤可用于全局优化[54-58]。

12.2.9 鱼群优化算法

近年来，基于社会物种集体活动的优化技术被大量用于解决各种现实世界的优化问题。通过研究鱼类群体的社会行为，如寻找食物、应对危险等，开发了一种新的算法，名为鱼群优化算法（Fish Swarm Optimization Algorithm，FSOA）[59]。据研究人员称，该算法具有许多优点，包括高精度、灵活性、容错性和高收敛速度[60-64]。

12.2.10 灰狼优化

Mirjalili 等在文献［65］中提出了一种新的元启发算法，称为灰狼优化（Grey Wolf Optimization，GWO），其灵感来自灰狼。GWO 算法模拟了自然界中灰狼的领导阶层和狩猎机制[66]。

12.2.11 萤火虫群优化

Krishnand 和 Ghose 在 2005 年受萤火虫行为的启发引入了萤火虫群优化（Glowworm Swarm Optimization，GSO）算法[67]。虽然该算法与著名的基于群集智能的蚁群优化算法有一些共同的特点，但也存在显著差异。研究人员证明，萤火虫群优化算法可以为多个优化连续函数的优化提供有效的解决方案[68-69]。

在 GSO 算法[68-70]中，每个萤火虫确定一个概率值，用于选择其相邻的萤火虫，该萤火虫具有比其自身更高的荧光素强度。萤火虫根据该概率值决定向所选萤火虫移动。对于每个萤火虫 i，向邻近节点 k 移动的概率为

$$p_{ik}(t) = \frac{f_k(t) - f_i(t)}{\sum_{j \in G_i(t)} f_j(t) - f_i(t)} \tag{12.4}$$

式中：$f_i(t)$ 为萤火虫 i 在时间 t 的荧光素水平；$G_i(t)$ 为萤火虫 i 在时间 t 时的邻近节点集。

12.2.12 飞蛾火焰优化算法

这是一种基于 Mirjalili 在文献[71]中提出的飞蛾导航方法的新颖自然优化范式，这种飞蛾在自然界中的导航方式称为横向定向。蛾子火焰优化（Moth Flame Optimization，MFO）算法因其实用性而在科学和工业中得到广泛应用[72,73]。

12.2.13 粒子群优化

粒子群优化算法（Particle Swarm Optimization，PSO）是最流行的用于优化的元启发算法之一。粒子群优化算法是由 Kennedy J. 和 Eberhart R. 于 1995 年提出的[74]。与热启发式算法一样，PSO 通过迭代尝试改进给定适应度函数的候选解来优化问题。算法 12.2 描述了粒子群优化算法基本步骤。

算法 12.2：PSO 算法
步骤 1：初始化粒子数；
步骤 2：使用适应度函数计算每个粒子的适应度值；
步骤 3：如果当前适应值优于 P_{id}，则更新 P_{id}；
步骤 4：确定 P_{gd}，即所有相邻粒子的最佳适应值的粒子位置；
步骤 5：使用公式（12.5）更新所有粒子的速度；
步骤 6：使用公式（12.6）更新粒子的位置；
步骤 7：重复步骤 2~步骤 6，直到未达到最大迭代或理想适应度。

PSO 算法基本上由以下速度和位置更新方程描述：

$$V_{id}(t+1) = V_{id}(t) + c_1 \boldsymbol{R}_1 (P_{id}(t)) - X_{id}(t) + c_2 \boldsymbol{R}_2 (P_{gd}(t) - X_{id}(t)) \quad (12.5)$$

$$V_{id}(t+1) = X_{id}(t) + V_{id}(t+1) \quad (12.6)$$

式中：V_{id} 为第 i 个粒子在 d 维度中的速度；t 为迭代计数器；X_{id} 为第 i 个粒子的位置；P_{id} 为第 i 个粒子在 d 维度中的速度；P_{gd} 为粒子位置及其在所有邻近节点中的最佳适应值；$\boldsymbol{R}_1$ 和 $\boldsymbol{R}_2$ 为两个 n 维向量，随机数在 [0, 1] 范围内均匀选择；C_1 和 C_2 分别为正常数加权参数，也称为认知参数和社会参数。

最初，粒子群优化旨在模拟鸟类和鱼类的社会行为。但由于其高质量的解决方案、计算效率和收敛速度，粒子群优化算法已经在包括无线传感器网络在内的多个应用领域得到了广泛的应用[74-86]。粒子群优化算法的有效性是由于粒子与其邻域的相互作用决定的。

12.2.14 鲸鱼优化算法

近期，越来越多的现代元启发算法出现了。鲸鱼优化算法（Whale Optimization Algorithm，WOA）是 Mirjalili S. 和 Lewis A. 于 2016 年[87]提出的元启发优化算法之一。WOA 模仿了自然界座头鲸的捕猎机制。由于该算法易于实现，因此在短时间内，已被用于多个领域的广泛问题，包括无线传感器网络[88-93]（图 12.1）。

第 12 章　无线传感器网络的多目标仿生算法

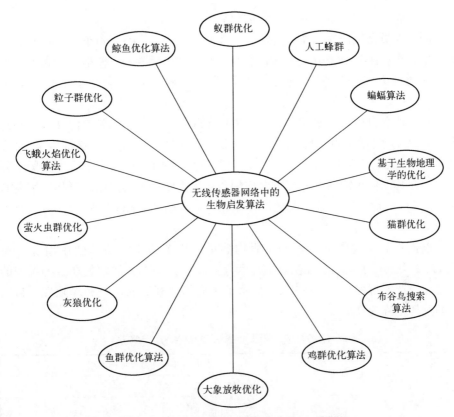

图 12.1　适用于无线传感器网络的仿生算法

12.3　应用领域

仿生计算是近年来研究最多的研究课题之一。在过去几十年中，记录了数百种新颖的方法[94]。这一主题越来越受到关注，是因为不同的仿生算法具有自适应性，能够在广泛的现实世界应用中产生接近最优的解决方案，涵盖所有领域，包括生产工程、计算机网络、生物医学工程、数据挖掘、安全、电力系统等。本节总结了一些重要的仿生算法在不同领域的有趣应用。

蚁群算法是目前研究最多的仿生算法之一，吸引了大量的研究人员。因此，大量研究论文可用于调度、数字图像处理和电力工程等各种应用领域[10]。它在无线传感器网络的分簇、安全、数据收集和路由算法等方面做出了重大贡献[95-101]。在过去的几十年中，人工蜂群（ABC）被证明是一种很有前途的算法，因为它可以与不同的元启发算法融合，从而使其更具鲁棒性。因此，研究人员在不同的应用领域发表了大量的研究论文[102]。

研究人员已经证明，蝙蝠算法、人工克隆、FSO、PSO 和布谷鸟搜索算法等仿生算法在医学数据分析中发挥着重要作用[18,103-104]。一种基于离散粒子群优化和统计方法的新型混合方法在挖掘乳腺癌模式方面显示了相当好的效果[78]。

在其他受自然启发的算法中，BBO、CSO、EHO[105]，灰狼优化（GWO）算法在医疗数据分析中没有重大贡献，但它们在许多领域都有重大贡献[106-110]。尽管鸡群优化算法、萤火虫群优化（GSO）算法尚未应用于医学领域，但在其他优化领域发挥着重要作用，包括无线传感器网络的群集、覆盖和连接[111-118]。此外，飞蛾扑火优化（Moth Flame Optimization，MFO）算法在不同领域有大量应用[119-121]。

根据不同主题领域发表的出版物数量分析了仿生算法的使用情况，在表 12.2 中进行了总结。在实际应用程序开发中，一个大问题是在哪种类型的问题领域选择哪种算法。图 12.2 显示了不同仿生算法的优点和局限性，帮助我们选择正确的算法。

表 12.2 跨不同主题领域使用仿生算法

序号	仿生算法	在不同主题领域的使用			
		应用科学	工程类	医学	多学科
1	蚁群优化	中	高	低	低
2	人工蜂群	高	高	中	中
3	蝙蝠算法	中	中	中	中
4	基于生物地理学的优化	中	低	很低	低
5	猫群优化	低	中	低	低
6	布谷鸟搜索算法	低	中	中	低
7	鸡群优化算法	低	低	迄今为止没用	很低
8	大象放牧优化	低	中	低	低
9	鱼群优化	中	很高	中	低
10	灰狼优化算法	低	中	低	很低
11	萤火虫群优化	低	中	迄今为止没用	很低
12	蛾焰优化算法	低	低	很低	很低
13	粒子群优化	高	高	中	中
14	鲸鱼优化算法	低	低	很低	很低

第12章　无线传感器网络的多目标仿生算法

表12.3　不同仿生算法的优点和局限性

仿生算法	优　点	不　足
蚁群优化	• 解决连续优化问题 • 可在动态应用种使用	• 故障容错能力 • 覆盖慢
人工蜂群	• 单目标/多目标优化 • 覆盖、连通、路由	• 可扩展性 • 覆盖慢
蝙蝠算法	• 解决杂的高维度问题 • 网络路径分析 • 无线传感器网络中的适应学习问题	• 单目标/多目标优化 • 覆盖、连通、路由
基于生物地理学的优化	• 多维实数值函数优化	• 可扩展性 • 故障容错能力
猫群优化	• 解决数字优化问题 • 能量感知路由 • 覆盖优化	• 可扩展性 • 故障容错能力
布谷鸟搜索算法	• 多目标分配与计划 • 信号衰减最小化 • 节点定位	• 可扩展性 • 故障容错能力
鸡群优化算法	• 属性选择 • 能量效率路由 • 节点定位	• 可扩展性 • 故障容错能力
大象放牧优化	• 全局优化 • 数据集群 • 能量效率节点定位	• 故障容错能力
• 鱼群优化	• 工作计划 • 集群，能量效率路由及覆盖	• 故障容错能力
灰狼优化算法	• 属性选择 • 多目标优化 • 网络稳定性 • 能量效率	• 故障容错能力
萤火虫群优化	• 多目标优化 • 能量与效率优化	• 可扩展性 • 故障容错能力
飞蛾焰优化算法	• 参数估计与执行 • 节点定位 • 无中心无线传感器网络的能量优化	• 可扩展性 • 基准函数
粒子群优化	• 最优计划 • 多目标问题解决能力 • 生命周期最大化 • 容错能力	• 需要大量存储 • 不适用于高速实时应用
鲸鱼优化算法	• 适用于车辆通信网络 • 生命周期最大化	• 故障容错能力

12.4 自然启发算法在无线传感器网络不同领域的应用

在过去的数十年中,无线传感器网络在各个应用领域都扮演着非常重要的角色。无线传感器网络的关键问题是群集、最优路由、动态分配、能量和寿命优化[31,84,90,122]。自然启发算法在包括无线传感器网络在内的各个领域发挥了重要作用[12-121]。表 12.4 总结了 WSN 在不同领域中自然启发算法的一些重要贡献。

表 12.4 自然启发算法在 WSN 不同领域的贡献

序号	仿生算法	WSN 的不同领域				
		能源优化	信息范围	通信/连通性	容错/安全	网络寿命
1	蚁群优化	√	√	√	√	√
2	人工蜂群	√	√	√	√	√
3	蝙蝠算法	×	√	√	×	×
4	基于生物地理学的优化	√	√	√	×	√
5	猫群优化	√	√	√	×	√
6	布谷鸟搜索算法	×	√	√	×	×
7	鸡群优化算法	√	√	√	×	√
8	大象放牧优化	√	√	×	×	√
9	鱼群优化	√	√	√	×	√
10	灰狼优化算法	√	√	×	×	√
11	萤火虫群优化	√	√	√	×	√
12	蛾焰优化算法	√	√	√	√	√
13	粒子群优化	√	×	√	√	√
14	鲸鱼优化算法	√	√	√	×	√

这些算法可用于 WSN 中的各种参数优化:
(1) 用于查找路由中的最佳路径。
(2) 尽量减少问题的复杂性。

(3) 通过检测无线网络中的故障节点来增强无线网络中的安全性。
(4) 优化能源消耗。
(5) 它有助于延长网络的寿命。

12.5　仿生计算的挑战和关键问题

在仿生计算中,已经有很多不同的数字仿真和分析比较展示出仿生算法的有效性,但是在很多应用案例中,人们对在特定应用场景下不同算法解决具体问题的内在机理并没有完全理解。虽然在理论分析方面有了一些改进,但对其工作原理的数学原理仍未完全发现。因此,迫切需要使用更系统的方法来分析仿生算法,以估计收敛速度,有助于为特定类型的问题选择正确的算法,从而有效地解决该问题。

图 12.2 总结了仿生计算的一些关键问题,为研究人员提供了关于该主题未来可能研究的方向。

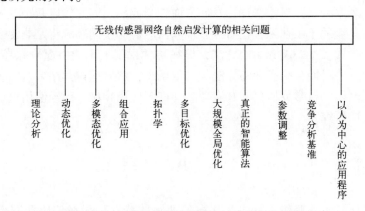

图 12.2　无线传感器网络仿生计算的相关问题

12.6　仿生计算及未来发展

在仿生计算中,很难决定我们是否需要改进目前研究领域所揭示的方法,或者转而寻找一种新的仿生算法。我们在文献综述的基础上对仿生算法进行了分类,该分类将为研究人员在未来选择算法提供一些指导。该算法主要分为四类,具有不同的应用范围,如表 12.5 所列。

表 12.5 基于研究范围的仿生算法分类

第 1 类 理论发展和比较的范围	第 2 类 理论成熟，需要应用于多学科领域
• 灰狼优化算法 • 萤火虫群优化 • 飞蛾火焰优化算法 • 鲸鱼优化算法	• 人工蜂群 • 蝙蝠算法 • 基于生物地理学的优化 • 布谷鸟搜索算法
第 3 类 需要重新发现	第 4 类 被科学界采纳
• 猫群优化 • 鸡群优化算法 • 大象放牧优化	• 蚁群优化 • 鱼群优化 • 粒子群优化

在第 1 类算法中，我们观察到在算法的理论发展方面存在很多机会。此外，还有很多机会对算法进行详尽比较分析，以便深入理解。在第 2 类算法中，我们观察到这些算法在理论发展方面相当成熟。因此，以新颖的工程和商业视角将其应用于工业工程、财务管理和供应链等不同领域将是非常令人兴奋的。第 3 类代表了一类介绍的算法，但在某种程度上未能引起研究界的注意。尝试混合这些可能会很有趣的算法与其他概念，然后探讨其结果。第 4 类代表的算法无疑已被科学界所接受和实现。在许多应用领域，已经使用这些算法开展了大量的研究。

12.7 小　　结

本章回顾了一些仿生算法及其在各种领域特别是无线传感器网络中的应用。可以看出，这些算法不仅在无线传感器网络中发挥着重要作用，而且在医疗数据分析等其他一些重要领域也发挥着重要作用。以能量、安全性、网络寿命和覆盖率等几个重要参数来说明仿生算法在实现无线传感器网络服务质量方面的作用。简要回顾了这些算法从其诞生到最新的应用。此外，本章还根据研究范围对这些算法进行了分类，以指导研究人员选择正确的算法实现目标。尽管仿生计算已经得到了广泛的应用，但仍然需要通过严格的数学公式来证明一些算法特性，如收敛速度、计算复杂性等。

参 考 文 献

[1] Das SK, Samanta S, Dey N, Kumar R (2020) Design frameworks for wireless networks. In: Lecture notes in networks and systems. Springer, pp 1–439. ISBN: 978-981-13-9573-4.
[2] Mukherjee A, Dey N, Kausar N, Ashour AS, Taiar R, Hassanien AE (2019) A disaster management specific mobility model for flying ad-hoc network. In: Emergency and disaster management: concepts, methodologies, tools, and applications. IGI Global, pp 279–311.
[3] Das SK, Tripathi S (2018) Intelligent energy-aware efficient routing for MANET. Wirel Netw 24(4):1139–1159.
[4] Das SK, Tripathi S (2017) Energy efficient routing formation technique for hybrid ad hoc network using fusion of artificial intelligence techniques. Int J Commun Syst 30(16):e3340.
[5] Dey N, Ashour AS, Shi F, Fong SJ, Sherratt RS (2017) Developing residential wireless sensor networks for ECG healthcare monitoring. IEEE Trans Consum Electron 63(4):442–449.
[6] Darwish A (2018) Bio-inspired computing: algorithms review, deep analysis, and the scope of applications. Future Comput Inf J 3(2):231–246.
[7] Kar AK (2016) Bio inspired computing–a review of algorithms and scope of applications. Expert Syst Appl 59:20–32.
[8] Del Ser J, Osaba E, Molina D, Yang XS, Salcedo-Sanz S, Camacho D, Das S, Suganthan PN, Coello CAC, Herrera F (2019) Bio-inspired computation: where we stand and what's next. Swarm Evol Comput 48:220–250.
[9] Dorigo M, Birattari M (2010) Ant colony optimization. Springer, US, pp 36–39.
[10] Mohan BC, Baskaran R (2012) A survey: ant colony optimization based recent research and implementation on several engineering domain. Expert Syst Appl 39(4):4618–4627.
[11] Karaboga D (2005) An idea based on honey bee swarm for numerical optimization. Technical report-tr06, Erciyesuniversity, engineering faculty, computer engineering department, vol 200, pp 1–10.
[12] Yue Y, Cao L, Luo Z (2019) Hybrid artificial bee colony algorithm for improving the coverage and connectivity of wireless sensor networks. Wirel Pers Commun 1–14.
[13] Lu Y, Sun N, Pan X (2019) Mobile sink-based path optimization strategy in wireless sensor networks using artificial bee colony algorithm. IEEE Access 7:11668–11678.
[14] Mann PS, Singh S (2019) Improved artificial bee colony metaheuristic for energy-efficient clustering in wireless sensor networks. Artif Intell Rev 51(3):329–354.
[15] Saad E, Elhosseini M, Haikal AY (2019) Culture-based Artificial Bee Colony with heritage mechanism for optimization of wireless sensors network. Appl Soft Comput.
[16] Zhang X, Zhang X, Han L (2019) An energy efficient internet of things network using restart artificial bee colony and wireless power transfer. IEEE Access 7:12686–12695.
[17] Yang XS (2010) A new metaheuristic bat-inspired algorithm. In: Nature inspired cooperative strategies for optimization (NICSO 2010). Springer, Berlin, Heidelberg, pp 65–74.
[18] Menad H, Amine A (2018) Bio-inspired algorithms for medical data analysis. In: Handbook of research on biomimicry in information retrieval and knowledge management. IGI Global, pp 251–275.
[19] Hong WC, Li MW, Geng J, Zhang Y (2019) Novel chaotic bat algorithm for forecasting complex motion of floating platforms. Appl Math Model.
[20] Osaba E, Yang XS, FisterJr I, Del Ser J, Lopez-Garcia P, Vazquez-Pardavila AJ (2019) A discrete and improved bat algorithm for solving a medical goods distribution problem with pharmacological waste collection. Swarm Evol Comput 44:273–286.

[21] Ng CK, Wu CH, Ip WH, Yung KL (2018) A smart bat algorithm for wireless sensor network deployment in 3-D environment. IEEE Commun Lett 22(10):2120–2123.
[22] Lyu S, Li Z, Huang Y, Wang J, Hu J (2019) Improved self-adaptive bat algorithm with step-control and mutation mechanisms. J Comput Sci 30:65–78.
[23] Sharma S, Verma S, Jyoti K (2019) A new bat algorithm with distance computation capability and its applicability in routing for WSN. In: Soft computing and signal processing. Springer, Singapore, pp 163–171.
[24] Cui Z, Cao Y, Cai X, Cai J, Chen J (2018) Optimal LEACH protocol with modified bat algorithm for big data sensing systems in Internet of Things. J Parallel Distrib Comput.
[25] Gandomi AH, Yang XS, Alavi AH, Talatahari S (2013) Bat algorithm for constrained optimization tasks. Neural Comput Appl 22(6):1239–1255.
[26] Yang XS (2013) Bat algorithm: literature review and applications. arXiv preprint arXiv:1308.3900.
[27] Simon D (2008) Biogeography-based optimization. IEEE Trans Evol Comput 12(6):702–713.
[28] Gupta GP, Jha S (2018) Biogeography-based optimization scheme for solving the coverage and connected node placement problem for wireless sensor networks. Wirel Netw 1–11.
[29] Lalwani P, Banka H, Kumar C (2018) BERA: a biogeography-based energy saving routing architecture for wireless sensor networks. Soft Comput 22(5):1651–1667.
[30] Elhoseny M, Tharwat A, Yuan X, Hassanien AE (2018) Optimizing K-coverage of mobile WSNs. Expert Syst Appl 92:142–153.
[31] Kaushik A, Indu S, Gupta D (2018) Optimizing and enhancing the lifetime of a wireless sensor network using biogeography based optimization. International conference on application of computing and communication technologies. Springer, Singapore, pp 260–272.
[32] Senniappan V, Subramanian J (2018) Biogeography-Based Krill Herd algorithm for energy efficient clustering in wireless sensor networks for structural health monitoring application. J Ambient Intell Smart Environ 10(1):83–93.
[33] Chu SC, Tsai PW, Pan JS (2006) Cat swarm optimization. In: Pacific Rim international conference on artificial intelligence. Springer, Berlin, Heidelberg, pp 854–858.
[34] Tsai PW, Pan JS, Chen SM, Liao BY (2012) Enhanced parallel cat swarm optimization based on the Taguchi method. Expert Syst Appl 39(7):6309–6319.
[35] Temel S, Unaldi N, Kaynak O (2013) On deployment of wireless sensors on 3-D terrains to maximize sensing coverage by utilizing cat swarm optimization with wavelet transform. IEEE Trans Syst Man Cybern: Syst 44(1):111–120.
[36] Kong L, Chen CM, Shih HC, Lin, CW, He BZ, Pan JS (2014) An energy-aware routing protocol using cat swarm optimization for wireless sensor networks. In: Advanced technologies, embedded and multimedia for human-centric computing. Springer, Dordrecht, pp 311–318.
[37] Kong L, Pan JS, Tsai PW, Vaclav S, Ho JH (2015) A balanced power consumption algorithm based on enhanced parallel cat swarm optimization for wireless sensor network. Int J Distrib Sens Netw 11(3):729680.
[38] Soto R, Crawford B, Aste Toledo A, Castro C, Paredes F, Olivares R (2019) Solving the manufacturing cell design problem through binary cat swarm optimization with dynamic mixture ratios. Comput Intell Neurosci.
[39] Yang XS, Deb S (2009) Cuckoo search via Lévy flights. In: 2009 world congress on nature & biologically inspired computing (NaBIC). IEEE, pp 210–214.
[40] Ghosh A, Chakraborty N (2019) Cascaded cuckoo search optimization of router placement in signal attenuation minimization for a wireless sensor network in an indoor environment. Eng Optim 1–20.
[41] Yu X, Hu M (2019) Hop-count quantization ranging and hybrid cuckoo search optimized for DV-HOP in WSNs. Wirel Pers Commun 1–16.

[42] Meng X, Chang J, Wang X, Wang Y (2019) Multi-objective hydropower station operation using an improved cuckoo search algorithm. Energy 168:425–439.
[43] Chi R, Su YX, Zhang DH, Chi XX, Zhang HJ (2019) A hybridization of cuckoo search and particle swarm optimization for solving optimization problems. Neural Comput Appl 31(1):653–670.
[44] Wu Z, Zhao X, Ma Y, Zhao X (2019) A hybrid model based on modified multi-objective cuckoo search algorithm for short-term load forecasting. Appl Energy 237:896–909.
[45] Shehab M, Khader AT, Al-Betar MA (2017) A survey on applications and variants of the cuckoo search algorithm. Appl Soft Comput 61:1041–1059.
[46] Binh HTT, Hanh NT, Dey N (2018) Improved cuckoo search and chaotic flower pollination optimization algorithm for maximizing area coverage in wireless sensor networks. Neural Comput Appl 30(7):2305–2317.
[47] Meng X, Liu Y, Gao X, Zhang H (2014) A new bio-inspired algorithm: chicken swarm optimization. In: International conference in swarm intelligence. Springer, Cham, pp 86–94.
[48] Yu X, Zhou L, Li X (2019) A novel hybrid localization scheme for deep mine based on wheel graph and chicken swarm optimization. Comput Netw 154:73–78.
[49] Deb S, Gao XZ, Tammi K, Kalita K, Mahanta P (2019) Recent studies on chicken swarm optimization algorithm: a review (2014–2018). Artif Intell Rev 1–29.
[50] Al Shayokh M, Shin SY (2017) Bio inspired distributed WSN localization based on chicken swarm optimization. Wirel Pers Commun 97(4):5691–5706.
[51] Aziz A, Singh K, Osamy W, Khedr AM (2019) Effective algorithm for optimizing compressive sensing in IoT and periodic monitoring applications. J Netw Comput Appl 126:12–28.
[52] Movva P, Rao PT (2019) Novel two-fold data aggregation and MAC scheduling to support energy efficient routing in wireless sensor network. IEEE Access 7:1260–1274.
[53] Wang GG, Deb S, Coelho LDS (2015) Elephant herding optimization. In: 2015 3rd international symposium on computational and business intelligence (ISCBI). IEEE, 1–5.
[54] Strumberger I, Beko M, Tuba M, Minovic M, Bacanin N (2018) Elephant herding optimization algorithm for wireless sensor network localization problem. In: technological innovation for resilient systems: 9th IFIP WG 5.5/SOCOLNET advanced doctoral conference on computing, electrical and industrial systems, DoCEIS 2018, Costa de Caparica, Portugal, May 2–4, 2018, Proceedings 9. Springer International Publishing, pp 175–184.
[55] Correia S, Beko M, da Silva Cruz L, Tomic S (2018) Elephant herding optimization for energy-based localization. Sensors 18(9):2849.
[56] Strumberger I, Minovic M, Tuba M, Bacanin N (2019) Performance of elephant herding optimization and tree growth algorithm adapted for node localization in wireless sensor networks. Sensors 19(11):2515.
[57] Tuba E, Dolicanin-Djekic D, Jovanovic R, Simian D, Tuba M (2019) Combined elephant herding optimization algorithm with K-means for data clustering. In: Information and communication technology for intelligent systems. Springer, Singapore, pp 665–673.
[58] Li J, Guo L, Li Y, Liu C (2019) Enhancing elephant herding optimization with novel individual updating strategies for large-scale optimization problems. Mathematics 7(5):395.
[59] Li XL (2002) An optimizing method based on autonomous animats: fish-swarm algorithm. Syst Eng-Theory Pract 22(11):32–38.
[60] Neshat M, Sepidnam G, Sargolzaei M, Toosi AN (2014) Artificial fish swarm algorithm: a survey of the state-of-the-art, hybridization, combinatorial and indicative applications. Artif Intell Rev 42(4):965–997.
[61] Zheng ZX, Li JQ, Duan PY (2019) Optimal chiller loading by improved artificial fish swarm algorithm for energy saving. Math Comput Simul 155:227–243.
[62] Qin N, Xu J (2018) An adaptive fish swarm-based mobile coverage in WSNs. Wirel Commun Mob Comput.

[63] Li X, Keegan B, Mtenzi F (2018) energy efficient hybrid routing protocol based on the artificial fish swarm algorithm and ant colony optimisation for WSNs. Sensors 18(10):3351.

[64] Yin H, Zhang Y, He X (2018) WSN nodes placement optimization based on a weighted centroid artificial fish swarm algorithm. Algorithms 11(10):147.

[65] Mirjalili S, Mirjalili SM, Lewis A (2014) Grey wolf optimizer. Adv Eng Softw 69:46–61.

[66] Kohli M, Arora S (2018) Chaotic grey wolf optimization algorithm for constrained optimization problems. J Comput Des Eng 5(4):458–472.

[67] Krishnanand KN, Ghose D (2005) Detection of multiple source locations using a glow-worm metaphor with applications to collective robotics. In: Proceedings 2005 IEEE swarm intelligence symposium, 2005. SIS 2005, IEEE. pp 84–91.

[68] Krishnanand KN, Ghose D (2009) Glowworm swarm optimization for simultaneous capture of multiple local optima of multimodal functions. Swarm Intell 3(2):87–124.

[69] Krishnanand KN, Ghose D (2008) Theoretical foundations for rendezvous of glowworm-inspired agent swarms at multiple locations. Robot Auton Syst 56(7):549–569.

[70] Liao WH, Kao Y, Li YS (2011) A sensor deployment approach using glowworm swarm optimization algorithm in wireless sensor networks. Expert Syst Appl 38(10):12180–12188.

[71] Mirjalili S (2015) Moth-flame optimization algorithm: a novel nature-inspired heuristic paradigm. Knowl-Based Syst 89:228–249.

[72] Zhao H, Zhao H, Guo S (2016) Using GM (1, 1) optimized by MFO with rolling mechanism to forecast the electricity consumption of inner mongolia. Appl Sci 6(1):20.

[73] Khalilpourazari S, Pasandideh SHR (2017) Multi-item EOQ model with nonlinear unit holding cost and partial backordering: moth-flame optimization algorithm. J Ind Prod Eng 34(1):42–51.

[74] Kennedy J, Eberhart R (1995) Particle swarm optimization (PSO). In: Proceeding IEEE international conference on neural networks, Perth, Australia, pp 1942–1948.

[75] Poli R (2008) Analysis of the publications on the applications of particle swarm optimisation. J Artif Evol Appl.

[76] Kulkarni RV, Venayagamoorthy GK (2010) Particle swarm optimization in wireless-sensor networks: a brief survey. IEEE Trans Syst Man Cybern Part C (Appl Rev) 41(2):262–267.

[77] Wachowiak MP, Smolíková R, Zheng Y, Zurada JM, Elmaghraby AS (2004) An approach to multimodal biomedical image registration utilizing particle swarm optimization. IEEE Trans Evol Comput 8(3):289–301.

[78] Yeh WC, Chang WW, Chung YY (2009) A new hybrid approach for mining breast cancer pattern using discrete particle swarm optimization and statistical method. Expert Syst Appl 36(4):8204–8211.

[79] Muthukaruppan S, Er MJ (2012) A hybrid particle swarm optimization based fuzzy expert system for the diagnosis of coronary artery disease. Expert Syst Appl 39(14):11657–11665.

[80] Jordehi AR (2019) Binary particle swarm optimisation with quadratic transfer function: a new binary optimisation algorithm for optimal scheduling of appliances in smart homes. Appl Soft Comput.

[81] Nouiri M, Bekrar A, Jemai A, Niar S, Ammari AC (2018) An effective and distributed particle swarm optimization algorithm for flexible job-shop scheduling problem. J Intell Manuf 29(3):603–615.

[82] Lynn N, Ali MZ, Suganthan PN (2018) Population topologies for particle swarm optimization and differential evolution. Swarm Evol Computation 39:24–35.

[83] Aydoğan EK, Delice Y, Özcan U, Gencer C, Bali Ö (2019) Balancing stochastic U-lines using particle swarm optimization. J Intell Manuf 30(1):97–111.

[84] Tam NT, Hai DT (2018) Improving lifetime and network connections of 3D wireless sensor networks based on fuzzy clustering and particle swarm optimization. Wirel Netw 24(5):1477–

1490.
[85] Vijayalakshmi K, Anandan P (2018) A multi objective Tabu particle swarm optimization for effective cluster head selection in WSN. Cluster Comput 1–8.
[86] Kaur T, Kumar D (2018) Particle swarm optimization-based unequal and fault tolerant clustering protocol for wireless sensor networks. IEEE Sens J 18(11):4614–4622.
[87] Mirjalili S, Lewis A (2016) The whale optimization algorithm. Adv Eng Softw 95:51–67.
[88] El Aziz MA, Ewees AA, Hassanien AE (2017) Whale optimization algorithm and moth-flame optimization for multilevel thresholding image segmentation. Expert Syst Appl 83:242–256.
[89] Nasiri J, Khiyabani FM (2018) A whale optimization algorithm (WOA) approach for clustering. Cogent Math Stat 5(1):1483565.
[90] Ahmed MM, Houssein EH, Hassanien, AE, Taha A, Hassanien E (2019) Maximizing lifetime of large-scale wireless sensor networks using multi-objective whale optimization algorithm. Telecommun Syst 1–17.
[91] Valayapalayam Kittusamy SR, Elhoseny M, Kathiresan S (2019) An enhanced whale optimization algorithm for vehicular communication networks. Int J Commun Syst p.e3953.
[92] Hassan MK, El Desouky AI, Elghamrawy SM, Sarhan AM (2019) A Hybrid Real-time remote monitoring framework with NB-WOA algorithm for patients with chronic diseases. Future Gener Comput Syst 93:77–95.
[93] Verma GK, Ranga V (2018) Whale optimizer to repair partitioned heterogeneous wireless sensor networks. Int J Grid Distrib Comput 11(5):11–28.
[94] Yang XS (2014) Nature-inspired optimization algorithms. Elsevier.
[95] Parvin H, Moradi P, Esmaeili S (2019) TCFACO: trust-aware collaborative filtering method based on ant colony optimization. Expert Syst Appl 118:152–168.
[96] Li Y, Soleimani H, Zohal M (2019) An improved ant colony optimization algorithm for the multi-depot green vehicle routing problem with multiple objectives. J Cleaner Prod.
[97] Sun Z, Wei M, Zhang Z, Qu G (2019) Secure routing protocol based on multi-objective ant-colony-optimization for wireless sensor networks. Appl Soft Comput 77:366–375.
[98] Wang J, Cao J, Sherratt RS, Park JH (2018) An improved ant colony optimization-based approach with mobile sink for wireless sensor networks. J Supercomputing 74(12):6633–6645.
[99] Guleria K, Verma AK (2019) Meta-heuristic Ant Colony optimization based unequal clustering for wireless sensor network. Wirel Pers Commun 105(3):891–911.
[100] Ghosh N, Banerjee I, Sherratt RS (2019) On-demand fuzzy clustering and ant-colony optimisation based mobile data collection in wireless sensor network. Wirel Netw 25(4):1829–1845.
[101] Dahan F, El Hindi K, Mathkour H, AlSalman H (2019) Dynamic flying ant colony optimization (DFACO) for solving the traveling salesman problem. Sensors 19(8):1837.
[102] Karaboga D, Gorkemli B, Ozturk C, Karaboga N (2014) A comprehensive survey: artificial bee colony (ABC) algorithm and applications. Artif Intell Rev 42(1):21–57.
[103] Giveki D, Salimi H, Bahmanyar G, Khademian Y (2012) Automatic detection of diabetes diagnosis using feature weighted support vector machines based on mutual information and modified cuckoo search. arXiv preprint arXiv:1201.2173.
[104] Ashour AS, Samanta S, Dey N, Kausar N, Abdessalemkaraa WB, Hassanien AE (2015) Computed tomography image enhancement using cuckoo search: a log transform based approach. J Signal Inform Process 6(03):244.
[105] Wang GG, Deb S, Gao XZ, Coelho LDS (2016) A new metaheuristic optimisation algorithm motivated by elephant herding behaviour. Int J Bio-Inspired Comput 8(6):394–409.
[106] Kaushik A, Indu S, Gupta D (2019) A grey wolf optimization approach for improving the performance of wireless sensor networks. Wirel Pers Commun 1–21.
[107] Kaushik A, Indu S, Gupta D (2019) A grey wolf optimization based algorithm for optimum camera placement. Wirel Pers Commun 1–25.

[108] Zapotecas-Martínez S, García-Nájera A, López-Jaimes A (2019) Multi-objective grey wolf optimizer based on decomposition. Expert Syst Appl 120:357–371.

[109] Tu Q, Chen X, Liu X (2019) Multi-strategy ensemble grey wolf optimizer and its application to feature selection. Appl Soft Comput 76:16–30.

[110] Mirjalili S, Saremi S, Mirjalili SM, Coelho LDS (2016) Multi-objective grey wolf optimizer: a novel algorithm for multi-criterion optimization. Expert Syst Appl 47:106–119.

[111] Ray A, De D (2016) An energy efficient sensor movement approach using multi-parameter reverse glowworm swarm optimization algorithm in mobile wireless sensor network. Simul Model Pract Theory 62:117–136.

[112] Wang Y, Cui Z, Li W (2019) A novel coupling algorithm based on glowworm swarm optimization and bacterial foraging algorithm for solving multi-objective optimization problems. Algorithms 12(3):61.

[113] Salkuti SR, Kim SC (2019) Congestion management using multi-objective glowworm swarm optimization algorithm. J Electr Eng Technol 1–11.

[114] Song L, Zhao L, Ye J (2019) DV-hop node location algorithm based on GSO in wireless sensor networks. J Sens.

[115] Antoniou P, Pitsillides A, Blackwell T, Engelbrecht A, Michael L (2013) Congestion control in wireless sensor networks based on bird flocking behavior. Comput Netw 57(5):1167–1191.

[116] Bharathi MA, Mallikarjuna M, VijayaKumar BP (2012) Bio-inspired approach for energy utilization in wireless sensor networks. Procedia Eng 38:3864–3868.

[117] Saleem M, Ullah I, Farooq M (2012) BeeSensor: an energy-efficient and scalable routing protocol for wireless sensor networks. Inf Sci 200:38–56.

[118] Miloud M, Abdellatif R, Lorenz P (2019) Moth flame optimization algorithm range-based for node localization challenge in decentralized wireless sensor network. Int J Distrib Syst Technol (IJDST) 10(1):82–109.

[119] Mittal N (2019) Moth flame optimization based energy efficient stable clustered routing approach for wireless sensor networks. Wirel Pers Commun 104(2):677–694.

[120] Khan MF, Aadil F, Maqsood M, Bukhari SHR, Hussain M, Nam Y (2019) Moth flame clustering algorithm for internet of vehicle (MFCA-IoV). IEEE Access 7:11613–11629.

[121] Sapre S, Mini S (2018) Moth flame based optimized placement of relay nodes for fault tolerant wireless sensor networks. In: 2018 9th international conference on computing, communication and networking technologies (ICCCNT), IEEE. pp 1–6.

[122] Ray A, De D (2016) Energy efficient clustering protocol based on K-means (EECPK-means)-midpoint algorithm for enhanced network lifetime in wireless sensor network. IET Wirel Sensor Syst 6(6):181–191.

第 13 章　无线传感器网络中基于 TLBO 的多目标优化簇头选择

马杜里·马拉卡[①]，什维塔[②]

13.1　引　　言

无线传感器网络是一种由分散在环境中的多个传感器节点组成的无线网络[1]。这种部署的目的是实现应用目标在特定的感兴趣区域中感知湿度和温度等不同环境条件。主要用于监视和检测不同的事件，并在汇聚节点的帮助下将其转发给基站。应用实例包括：

（1）生物多样性绘图。传感器节点有效地感知环境信息并帮助分析环境信息。在野生动物应用中，它被迅速用于检测和监控动物的行为。

（2）救灾行动。在灾害管理中有效运用，对不同情况进行救援，有助于从野火或不同类型的灾难中拯救人类和动物。

（3）智能建筑。也用于智能建筑设计或桥梁设计，有助于正确测量空调、通风、湿度和减少能量，还有助于确定房间的温度消耗和流量。

（4）机器监视。在机器预防和监视中，无线传感器网络在测量电缆和机器部件的传感和控制信息方面也发挥着至关重要的作用。

（5）医药保健。无线传感器网络在医学和卫生保健方面也发挥着重要作用，有助于重症监护和术后系统，还用于监测病人和医生。

（6）精准农业。在农业方面，无线传感器网络还迅速用于需要化肥、灌溉、杀虫剂等的精确农业。

除了上述应用之外，无线传感器网络在娱乐、教育、商业、营销等不同的

[①] 马杜里·马拉卡：国立技术学院计算机科学与工程系，印度西孟加拉邦杜尔加布尔，邮编：713209，E-mail: malakar.madhuri2018@gmail.com；

[②] 什维塔：IBM 私人有限公司，美国北卡罗来纳州穆尔斯维尔市戈尔韦大道 137 号 302 公寓，邮编：28117；E-mail: shwetapr@in.ibm.com。

其他应用中也发挥着至关重要的作用。尽管无线传感器网络在现实应用中有一些优势,但它也存在一些局限性,主要包括:

(1) 电池问题。无线传感器网络的每个节点都包括容量有限的电池,电池在执行任务或操作期间都会出现能量不足的问题,而在任何操作过程中都不可能对蓄电池进行及时充电或更换。因此,任何传输或操作都是不安全的。

(2) 分散注意力。无线传感器网络由多种类型的参数组成,这些参数的性质相互冲突。因此,这里会提升其他网络设备的干扰。

(3) 低速。无线传感器网络的速度远远低于直连网络,所以它的处理速度和能力不足,但能有效地监控、检测并将信息传输到正确的目的地。

(4) 安全。操作时,传感器节点分散在任何区域,无需任何验证。与有线网络相比,它的安全性较差,容易捕获到所需的网络信息。

因此,需要一些进化算法来有效地优化网络参数。在少数情况下,一些基于自然应用的进化算法,包括人工免疫算法(Artificial Immune Algorithm,AIA)[2]、细菌觅食优化(Bacteria Foraging Optimization,BFO)[3]、差分进化(Differential Evolution,DE)[4-5]、进化规划(Evolution Programming,EP)[6]、进化策略(Evolution Strategy,ES)[7]和遗传算法(Genetic Algorithm,GA)[8]。

一些公认的进化算法包括:基于达尔文适者生存理论和生物进化理论的遗传算法[2],类似于遗传算法的差分进化[3-4],采用专门的交叉和选择方法、进化策略[5]、进化规划[6],适用于人类免疫系统的人工免疫算法[7],以及细菌觅食优化等[8]。

在过去的几十年里,除了进化算法外,还提出了各种基于群体的技术来解决现实生活中的问题,其中一些描述如下。蚁群优化(Ant Colony Optimization,ACO)[9]受蚁群行为的启发,人工蜂群(Artificial Bee Colony,ABC)[10-12]由蜜蜂活动启发。基于生物地理学的优化(Biogeography-Based Optimization,BBO)[13,14]推导了物种迁移的原理。引力搜索算法(Gravitational Search Algorithm,GSA)[15]源于在物体之间工作的引力技术,另外还衍生了一些其他算法来增强现实操作或系统,如手榴弹爆炸法(Grenade Explosion Method,GEM)[16]、和声搜索法(Harmony Search,HS)[17]、粒子群优化算法(Particle Swarm Optimization,PSO)[18]、混洗蛙跳算法(Shuffled Frog Leaping,SFM)[19]以及 PSO 和多峰函数的组合[20]等。

在上面的讨论中,提到了包含几种类型的问题和不确定性,这会导致出现一些安全和隐私问题[21]。对于离群点检测或异常检测、故障诊断、入侵检测、移动性预测[22-23]有几项工作。为了优化算法的鲁棒性[26-28],在机器学习算法的帮助下,大多数离群点检测和预测算法的性能都优于其他算法[24,25]。当前的方案将有助于研究人员在元启发基于教与学的优化算法（Teaching-Learning-Based Optimization，TLBO）方面指导优化的新方向。本章提出了一种用于无线传感器网络的智能簇头选择技术，该技术的目的是优化多个相互冲突的目标，以提高网络的寿命。在这里簇头的作用是从所有其他传感器节点选择数据和信息，并将其传输到基站，有助于管理和控制传感器节点。

本章的剩余部分安排如下：13.2 节文献综述展示了一些现有的方法，即启发式和元启发方法的组合；13.3 节，讨论了所提方法的关键要素，即 TLBO 及其组成部分；10.4 节按时间顺序介绍了所提方案；13.5 节通过讨论方案的主要成果来总结方法。

13.2 相关工作文献综述

过去的几十年里，已经提出了很多方法。本章首先介绍部分相关工作。Mostafaei 和 Menth[1] 提出了一个关于无线传感器网络的综述，阐释了无线传感器网络和软件定义网络（Software-Defined Network，SDN）的基础知识，描述了无线传感器网络的基本原理和操作，以及在无线传感器网络领域需要进行更详细研究的挑战。

Rao 等[29] 提出了基于教与学的优化算法：一种针对连续非线性大规模问题的优化方法，解释了 TLBO 在全局优化中的应用，还解释了基于群体的算法的整个概念，以及与其他进化算法相比如何提供更好的解决方案。传统的方法往往无法解决大规模问题或具有许多局部最优解的优化问题，该技术克服了无线传感器网络的局限性，适用于克服无线传感器网络领域的诸多局限性。

Rao 和 Patel[30] 提出了基于 TLBO 的无约束优化技术来解决课堂问题，它是基于多维和非线性与线性问题的结合，由不同的教师组成，具有适应性和自学相结合的性质。最后，根据一些指标对现有的一些方法进行了验证。

在过去的十年中，已经提出了一些基于 ACO 技术的工作[31-34]。Sun 等[35] 提出了一种使用 ACO 优化无线传感器网络节点部署的技术。在该技术中，作者应用了两种技术，如文化算法和蚁群算法，该技术用于解决无线传感器网络的覆盖和连通性问题，提高网络寿命。

Sharma 和 Grover[36] 在无线传感器网络中提出了一种节能路由协议模型。该模型的关键技术是改进蚁群算法，是早期蚁群算法的扩展（所提出的技术处理无线传感器网络节点电池的利用问题），这种有效利用有助于控制操作期间的非均匀信号变换。

Kaur 和 Mahajan[37] 提出了一种基于元启发的无线传感器网络高效路由协

议。该方法融合了蚁群算法和粒子群算法两种元启发技术,这种高效的路由协议基于节点的能量容量。该方法通过减少节点的剩余能量容量,有助于网络的数据聚合。

在过去 10 年中,已经提出了几项基于 ANN 技术的工作[38-40]。Alarifi 和 Tolba[41]提出了一种基于自适应神经网络的无线传感器网络优化技术,该方法基于强化学习技术,采用了自适应 Q 学习方法,有助于在网络中设计集群,从而减少节点的能耗和从传感器节点到基站的数据收集。

Eldhow 和 Jisha[42]提出了一种无线传感器网络的节点聚合方法。这是基于聚类方法,其中每个活动簇由 ANN 决定,这种神经网络方法有助于周期性地处理数据包并有效地发送给基站。

Chang 等[43]提出了一种基于神经网络的无线传感器网络脆弱性检测系统,这是一个完全基于家庭的系统,主要目的是自动管理家庭的个人信息。它由几个信息组成,如 ePad、eChair、eScale 等。最后,它有助于预测脆弱性和测试整个系统性能。

Serpen 和 Gao[44]提出了一种使用人工神经网络的感知机方法,并基于嵌入式技术,基于并行和分布式技术的神经计算方法。这种预测方法有助于提高网络指标和网络寿命。

在过去的十年中,已经提出了一些基于粒子群优化技术的工作[45-46]。Phoemphon 等[47]提出了一种无线传感器网络定位方法。该方法是模糊逻辑与粒子群优化算法的融合,用于检测传感器节点的全局位置。它有助于降低成本以及节点的电池能量,模糊逻辑用于减少网络的不确定性,PSO 用于激励邻居节点。

Sun 等[48]提出了一种用于无线传感器网络的多目标技术。该方法采用二进制粒子群优化技术进行多目标优化,有助于优化几个目标,如负载平衡、能耗、任务执行时间。为每个目标函数设计了若干约束条件,所有目标函数都有助于提高网络性能。

Cao 等[49]提出了一种使用 PSO 的无线传感器网络部署优化技术。该方法适用于分布式系统的并行环境,基于 NP-hard 问题。因此,它将粒子群优化算法作为一个协同进化系统,有助于减少计算时间,增强消息传递和数据传输。

Yan 等[50]提出了一种使用粒子群优化算法的光学定位系统。该技术的主要参数是剩余能量,剩余能量表示初始能量和发送/接收数据包期间使用的能量之间的差异。在该方案中,决策者首先考虑节点的位置,然后对其进行优化。最后,它有助于降低节点的能耗。一些基于群集智能的算法描述如下。

Zahedi 等[51]提出了一种基于聚类的无线传感器网络混合方法。该方法是模糊逻辑与群集智能的融合。群集智能的作用是激发网络的不同集群。模糊逻辑的作用是通过控制网络的冲突参数来减少网络的不确定性。

Bruneo 等[52]提出了一种使用群集智能方法的无线传感器网络建模技术。该方案的主要目的是通过使用不同的冲突参数来优化源节点到汇节点之间的网络路由。该网络的关键元素是马尔可夫代理，它有助于捕获问题并增强消息传递系统。

Ari 等[53]提出了一种基于群集智能的无线传感器网络高效聚类技术。在这项技术中，蜂巢激发了网络集群化管理的智能化方法。该方法基于多目标优化技术，其中每个目标采用线性规划，并在网络的能源效率和成本函数之间进行权衡。

Sreelaja 和 Pai[54]提出了使用战争智能的下沉洞攻击检测技术。在该方法中，ACO 被用作群集智能技术。所提出的方法基于投票方法，通过发出一个通知来识别网络内的攻击，在验证和模拟方面优于网络度量。在多值逻辑的帮助下，模糊逻辑也被用来减少网络的不确定性。这种逻辑与上述受自然启发的算法相结合，使流程更加高效和健壮。

在线性和非线性优化的背景下，描述了一些基于模糊逻辑的算法。在文献[55-62]中，作者描述了几项基于自组织网络的工作。这些工作基于节能路由，有的是模糊逻辑，有的是模糊逻辑的推广，有的是模糊逻辑的优化。除了 ad hoc 网络之外，模糊逻辑也应用于无线传感器网络。其中一些建议如下所述。在文献[63, 64]中，作者使用了软计算技术来提高网络性能。在这些方案中，模糊逻辑被用作软计算技术。在这些方案中，模糊逻辑被用来设计输入和输出参数的路线使用三角隶属函数。最后，它有助于评估所有可行的路线以及网络的最佳路线。

Amri 等[65]提出了一种基于模糊逻辑的无线传感器网络节点定位方法。该方法的主要目的是精确定位无线传感器网络中传感器节点的位置，有助于提高网络的精度。网络的这种增强有助于无线传感器网络的节能和网络寿命的提高。

Mazinani 等[66]在无线传感器网络中提出了一种基于模糊的聚类方法。它是一种基于多簇的路由技术，用于确定簇头的阈值。该方法有助于避免无线传感器网络中的控制消息和冲突的可能性，有助于找到簇头，提高网络寿命和消息传输。

Das 和 Das[63]提出了一种基于软计算的无线传感器网络路由协议。作者基本上使用模糊逻辑技术来减少使用模糊推理系统的网络的不确定性。这里考虑了两个基本参数：第一个是能量；第二个是距离来评估输出参数奖励。它有助于减少无线传感器网络路由选择的不确定性。在过去十年中,基于遗传算法技术已经提出了一些工作[40,67-69]。

Hanh 等[70]提出了一种智能高效的无线传感器网络区域覆盖路由协议。该路由协议的基本要素是遗传算法,它是一种元启发算法。该算法通过近似方法设计适应度函数或目标函数,使网络覆盖率最大化。最后,该算法有助于在解决方案质量方面产生最佳性能。

Somauroo 和 Bassoo[71]提出了一种基于遗传算法的三维无线传感器网络高效变异算法。该方法使用基于链的技术作为 PEGASIS 技术。该技术用于提高无线传感器网络的网络寿命。此外,该方法还用于设计网络集群,以帮助减少链中传感器节点的数量。此过程有助于减少数据传输中的延迟。

Wang 等[72]提出了一种节能的无线传感器网络路由和分簇方法。该方法基于遗传算法。在该路由协议中,通过比较前一轮和当前轮得到最优解。在每次迭代中,根据适应度函数及其约束条件对轮进行改进,有助于提高整体网络性能。

Al-Shalabi 等[73]提出了一种在无线传感器网络中使用遗传算法的高效多跳路由方法。这基本上是最优的多路径查找系统。它基于聚类方法,其基本目标是在源节点(簇头)和目的节点(基站)之间找到最优路径。

Kumar 等[74]在无线传感器网络中提出了一种基于遗传算法的分布式区域方法。该方法基于绿色通信系统,包括两个主要方面:一是通信优化;二是能量优化。该方案的主要目的是寻找源节点到汇节点之间的最优路径,有助于提高解的收敛速度。与现有方法相比,该方法的性能优于现有方法。

Das 等[60]提供了无线网络的详细资料。它由几个无线网络框架以及无线传感器网络和自组织网络组成。文献[61]描述了使用模糊 petri 网的智能路由技术和使用非线性公式化技术的策略管理。这两项工作都有助于估计网络的不确定性参数。除了上述文献外,有几项工作[75-78]已经被提出用于无线传感器网络,它们使用一些其他技术来有效地实现无线传感器网络的目的。

13.3 初步:基于教与学的优化

基于教与学的优化,如今扮演着优化角色,是最近提出的一种基于种群的进化优化算法,其背后的主要思想是模拟经典的学校学习过程,包括学习者的学习或从教师那里获取信息,或教师在课堂上向学习者广播信息。TLBO将学生群体(即学习者)视为总体,并将受试者视为优化问题的设计变量。

教——学是一个通过向其他人学习（可能是向老师学习或在课堂上与其他人互动）来提高自我的过程。它完全基于教师对课堂上学习者输出的影响，在对主要取决于教师素质的算法进行实验时，根据平均值、最佳值、标准偏差、误差和函数评估数（Function Evaluation，FE）获得输出。最好的解决方案是由全体人口中的教师来代表，优化问题的适应值类似于学习者的结果。

13.3.1 教学阶段

在教学阶段，教师在整个阶段起着至关重要的作用。学习者的结果平均值及其结果的升级完全取决于教师。教师向课堂上的所有学习者传授知识，以提高他们的学习成绩。根据适应度值和平均位置，计算来自人口学校的最佳学习者，以更新学习者的位置。

13.3.2 学习阶段

在学习阶段，学习者通过教师和他们之间的互动获得知识。教学阶段和学习阶段的主要区别在于，在教学阶段，教师向学习者传授知识，而在学习阶段，学习者通过学习增强知识。它可能是由老师或他们之间的相互作用。它有助于学习者提高他们的知识水平，并通过知识培养自己，这些知识可以通过算法实验后的结果平均值作为适应值来判断。

13.4 所提方法

该方法分为三个阶段：①网络模型；②参数制定；③TLBO 表达。网络模型用于说明网络信息，强调如何安排无线传感器网络的基本范例以实现目标。参数制定阶段用于讨论本提案中使用的基本输入参数。最后一个阶段，即TLBO 公式通过优化无线传感器网络的几个目标来提高网络寿命。

13.4.1 网络模型

在所提出的方法中，网络模型如图 13.1 所示。在该图中，不同类型的传感器节点可用于实现网络参与操作的目的，每个节点都有自己的无线电范围，节点在此无线电范围内通信或移动。

图 13.1 包含 5 种类型的节点级别，其中每个级别取决于有助于实现网络主要目标的网络基本参数。总无线电范围为 6，总节点级别类别为 5。由于传感器节点的变化（可能根据需求而变化），两者都不同。每个类别的节点都被

着色以识别节点的相似性和相异性。深色节点表示传感器节点的簇头,该簇头取决于某些属性,稍后将讨论这些属性。

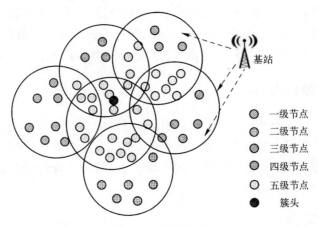

图 13.1　网络模型

13.4.2　参数制定

该网络包含多种类型的参数,这些参数的类型性质可能相似,也可能相互冲突。每个节点位于如式(13.1)所示的欧几里德距离的特定无线电范围内。

$$\mathrm{Dist}(n_i,n_j)=\sqrt{(x_j-x_i)^2+(y_j-y_i)^2} \tag{13.1}$$

式中:(x_i-y_i) 和 (x_j-y_j) 为节点 n_i 和 n_j 的地址。

在该方案中,考虑了两个基本参数,第一个是剩余能量,第二个是距离。利用式(13.2)所示的初始能量和消耗能量计算节点的剩余能量,并利用等式13.3所示的发送和接收分组期间所需的能量计算消耗的能量。

$$\mathrm{Res}_{emg}=\mathrm{Ini}_{eng}-\mathrm{Con}_{eng} \tag{13.2}$$

$$\mathrm{Con}_{eng}=\mathrm{Eng}_t+\mathrm{Eng}_r \tag{13.3}$$

13.4.3　教学模式

该方法通过优化两类目标:①A 类;②B 类,基本上提高了无线传感器网络的网络寿命。A 类目标表示最大化性质,其增强有助于提高网络寿命。B 类目标表示最小化性质,其减损有助于提高网络寿命。其详细分类如图 13.2 所示。

网络寿命表示两个事件之间的持续时间:①当网络为特定操作启动时;②大多数节点处于耗尽状态。两个类别目标的定义如下。

第13章 无线传感器网络中基于TLBO的多目标优化簇头选择

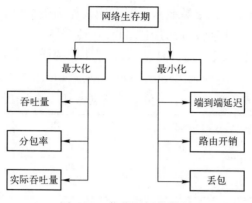

图13.2 优化目标的类别

(1) 吞吐量：表示在特定的时间单位内，在接收端成功接收到数据包，有

$$吞吐量 = \frac{发送包的数量 \times 数据包大小}{仿真总时间} \qquad (13.4)$$

(2) 分组传送率：表示接收端发送和发送数据包的实际比率，有

$$分包率 = \frac{目标节点接收数据总量}{源节点发送数据总量} \times 100 \qquad (13.5)$$

(3) 实际吞吐量：表示在特定的时间单位内，在目的节点成功接收到数据包。它不包括一些开销，例如重传和不需要的信息，有

$$实际吞吐量 = \frac{目标节点接收数据总量}{源节点发送数据总量} \times 100 \qquad (13.6)$$

(4) 端到端延迟：它表示数据包到达目标节点所花费的总时间，还包括延迟和缓冲延迟，有

$$端到端延迟 = \frac{数据包从发送到接收的时间差之和}{总连接数} \qquad (13.7)$$

(5) 路由开销：表示发送一个成功接收的数据包所需的控制包总数，有

$$路由开销 = \frac{有源节点控制的数据包总量}{目标节点接收数据包总量} \qquad (13.8)$$

(6) 丢包率：表示成功数据传输期间丢弃的数据包总数，有

$$丢包率 = \frac{丢失数据包总量}{发送数据包总量} \times 100 \qquad (13.9)$$

本章所提的方法通过正确选择簇头来帮助提高网络寿命。此选择有助于优化两个类别的网络指标。在本方法中，Res_{emg} 为10J，距离为50m。

这里，两个基本输入参数剩余能量和距离作为两个决策变量，输出参数，即节点级作为$f(x)$，这是公式的主要目标。传感器节点视为n_i，其中$i=[0,10]$。节点水平通过等式（13.10）计算。第 1 轮的详细计算如表 13.1 所示。

$$\text{Node\_Level} = \text{Mean}(\text{Res}_{eng}, \text{Dist.}) \qquad (13.10)$$

表 13.1 第 1 轮传感器节点的计算节点级别

节 点	Res_{emg}	距 离	节 点 级
$n1$	10	45	27.50
$n2$	8	40	24.00
$n3$	7	32	19.50
$n4$	6	35	20.50
$n5$	5	36	20.50
$n6$	6	42	24.00
$n7$	3	25	14.00
$n8$	2	30	16.00
$n9$	4	33	18.50
$n10$	3	49	26.00
平均	5.4	36.7	
最大			27.50

根据表 13.1，所选簇头是具有最高节点级别（即 27.50）的节点 1。第 1 轮的表 13.1 更新表如表 13.3 所示，其中包含使用 TLBO 方法的一些更新。在该表中，计算了两个参数的差值_平均值，即剩余能量和距离。节点级别也通过使用这两个参数进行更新。算法 13.1 中显示的"差分平均值"逻辑的详细信息及其参数说明如表 13.2 所列。

表 13.2 参数说明

参 数	描 述
r1	第 1 差分平均值的随机数，即剩余能量
10	节点 $n1$ 的剩余能量
5.4	节点 $n1 \sim n10$ 的平均剩余能量
Res_{eng}	节点剩余能量
r2	第 2 差分平均值的随机数，即距离
45	节点 $n1$ 到簇头的距离
36.7	节点 $n1 \sim n10$ 的平均距离
Dist.	节点距离

第13章 无线传感器网络中基于TLBO的多目标优化簇头选择

算法 13.1 差均值计算

/ *对于参数1,即如果(r1*(10-5.4)>=0,
则重新设定*/差异_平均值(重新设定)
然后
Reseng=r1*(10-5.4)/*r1=5任意随机数*/其他
Reseng=0/*表示节点处于耗尽状态*/

/*对于参数2,即距离*/差异平均值(距离)
如果(r2*(45-36.7)>=0)/*r2=5任意随机数*/则
距离=r2*(45-36.7)
其他的
Dist.=0/*也表示节点处于耗尽状态*/

在第1轮的更新表13.3中,由于效率较低,节点$n2$~$n9$的节点级别被拒绝,而$n10$的节点级别也被拒绝,因为此处新能量变为零,这意味着节点已死亡。所以,通过比较表13.1和表13.3中的最大节点级别,更新了表13.4中显示为最终节点级别的表。

表 13.3 更新了第1轮传感器节点的计算节点级别

节点	能量	距离	节点级
$n1$	23.00	41.50	32.25
$n2$	13.00	16.50	14.75
$n3$	8.00	0.00	4.00
$n4$	3.00	0.00	1.50
$n5$	0.00	0.00	0.00
$n6$	3.00	26.50	14.75
$n7$	0.00	0.00	0.00
$n8$	0.00	0.00	0.00
$n9$	0.00	0.00	0.00
$n10$	0.00	61.50	30.75

通过观察表13.4中的数据,由于节点级别最高,节点$n1$也是簇头。在无线传感器网络中重复相同的过程来选择节点的簇头。在这个方案中,只显示了两个循环迭代。因此,表13.5和表13.6显示了第二轮的相同分析。

表 13.4 第 1 轮的最终节点级别

节点	能量	距离	节点级
$n1$	23.00	41.50	32.25
$n2$	8.00	40.00	24.00
$n3$	7.00	32.00	19.50
$n4$	6.00	35.00	20.50
$n5$	5.00	36.00	20.50
$n6$	6.00	42.00	24.00
$n7$	3	25	14.00
$n8$	2	30	16
$n9$	4	33	18.5
$n10$	3	49	26
平均值	6.7	36.35	—
最大值	—	—	32.25

表 13.5 更新了第 2 轮传感器节点的计算节点级别

节点	能量	距离	节点级
$n1$	81.50	25.75	53.63
$n2$	6.50	18.25	12.38
$n3$	1.50	0.00	0.75
$n4$	0.00	0.00	0.00
$n5$	0.00	0.00	0.00
$n6$	0.00	28.25	14.13
$n7$	0.00	0.00	0.00
$n8$	0.00	0.00	0.00
$n9$	0.00	0.00	0.00
$n10$	0.00	63.25	31.63

表 13.6 第 2 轮的最终节点级别

节点	能量	距离	节点级
$n1$	81.50	25.75	53.63
$n2$	8.00	40.00	24.00
$n3$	7.00	32.00	19.50
$n4$	6.00	35.00	20.50

续表

节点	能量	距离	节点级
$n5$	5.00	36.00	20.50
$n6$	6.00	42.00	24.00
$n7$	3.00	25.00	14.00
$n8$	2.00	30.00	16.00
$n9$	4.00	33.00	18.50
$n10$	0.00	63.25	31.63

在第 2 轮中，节点 $n1$ 也被选择为簇头，该簇头选择过程通过优化图 13.2 中所示的两种类型的冲突度量来帮助有效地提高网络生存期。

13.5 小　　结

在本章中，TLBO 作为元启发技术被教与学的概念所启发。它有助于优化几个相互冲突的指标，如吞吐量、数据包投递率、最大化和端到端延迟方面的吞吐量、路由溢出、数据包丢失最小。该进程只被处理两次，即第 1 轮和第 2 轮。在每一轮中，通过输出参数 $f(x)$ 有效地选择簇头，即节点级别。该输出参数由节点的两个关键参数组成：第一个是能量；第二个是距离。最后，持续重复此步骤，直到完成主操作。未来的工作是在现实场景方面加强这项工作，并将其与一些现有的元启发工作进行比较，以获得优于网络指标的性能。

参 考 文 献

[1] Mostafaei H, Menth M (2018) Software-defined wireless sensor networks: a survey. J Netw Comput Appl 119:42–56.
[2] Farmer JD, Packard NH, Perelson AS (1986) The immune system, adaptation, and machine learning. Phys D: Nonlinear Phenom 22(1–3):187–204.
[3] Passino KM (2002) Biomimicry of bacterial foraging for distributed optimization and control. IEEE Control Syst Mag 22(3):52–67.
[4] Storn R, Price K (1997) Differential evolution–a simple and efficient heuristic for global optimization over continuous spaces. J Global Optim 11(4):341–359.
[5] Price K, Storn RM, Lampinen JA (2006) Differential evolution: a practical approach to global optimization. Springer Science & Business Media.
[6] Fogel LJ, Owens AJ, Walsh MJ (1966) Artificial intelligence through simulated evolution. Willey, New York.

[7] Runarsson TP, Yao X (2000) Stochastic ranking for constrained evolutionary optimization. IEEE Trans Evol Comput 4(3):284–294.
[8] Holland JH (1975) Adaptation in natural and artificial systems. University of Michigan Press, Ann Arbor, USA.
[9] Dorigo M (1992) Optimization, learning and natural algorithms. Ph.D. Thesis, Politecnico di Milano.
[10] Akay B, Karaboga D (2012) Artificial bee colony algorithm for large-scale problems and engineering design optimization. J Intell Manuf 23(4):1001–1014.
[11] Karaboga D, Akay B (2011) A modified artificial bee colony (ABC) algorithm for constrained optimization problems. Appl Soft Comput 11(3):3021–3031.
[12] Akay B, Karaboga D (2012) A modified artificial bee colony algorithm for real-parameter optimization. Inf Sci 192:120–142.
[13] Simon D (2008) Biogeography-based optimization. IEEE Trans Evol Comput 12(6):702–713.
[14] Ma H, Simon D (2011) Blended biogeography-based optimization for constrained optimization. Eng Appl Artif Intell 24(3):517–525.
[15] Rashedi E, Nezamabadi-Pour H, Saryazdi S (2009) GSA: a gravitational search algorithm. Inf Sci 179(13):2232–2248.
[16] Ahrari A, Atai AA (2010) Grenade explosion method—a novel tool for optimization of multimodal functions. Appl Soft Comput 10(4):1132–1140.
[17] Geem ZW, Kim JH, Loganathan GV (2001) A new heuristic optimization algorithm: harmony search. Simulation 76(2):60–68.
[18] Kennedy J, Eberhart R (1995) Particle swarm optimization (PSO). In: Proceedings of the IEEE international conference on neural networks, Perth, Australia, pp 1942–1948.
[19] Eusuff MM, Lansey KE (2003) Optimization of water distribution network design using the shuffled frog leaping algorithm. J Water Resour plann Manage 129(3):210–225.
[20] Li S, Tan M, Tsang IW, Kwok JTY (2011) A hybrid PSO-BFGS strategy for global optimization of multimodal functions. IEEE Trans Syst Man Cybern Part B (Cybern) 41(4):1003–1014.
[21] Karati A, Islam SH, Biswas GP (2018) A pairing-free and provably secure certificateless signature scheme. Inf Sci 450:378–391.
[22] Jain PK, Pamula R (2019) Two-step anomaly detection approach using clustering algorithm. International conference on advanced computing networking and informatics. Springer, Singapore, pp 513–520.
[23] Mishra G, Agarwal S, Jain PK, Pamula R (2019) Outlier detection using subset formation of clustering based method. International conference on advanced computing networking and informatics. Springer, Singapore, pp 521–528.
[24] Kumari P, Jain PK, Pamula R (2018) An efficient use of ensemble methods to predict students academic performance. In: 2018 4th international conference on recent advances in information technology (RAIT). IEEE, pp 1–6.
[25] Punam K, Pamula R, Jain PK (2018) A two-level statistical model for big mart sales prediction. In: 2018 international conference on computing, power and communication technologies (GUCON). IEEE, pp 617–620.
[26] Das SP, Padhy S (2018) A novel hybrid model using teaching–learning-based optimization and a support vector machine for commodity futures index forecasting. Int J Mach Learn Cybernet 9(1):97–111.
[27] Das SP, Padhy S (2017) Unsupervised extreme learning machine and support vector regression hybrid model for predicting energy commodity futures index. Memetic Comput 9(4):333–346.
[28] Das SP, Padhy S (2017) A new hybrid parametric and machine learning model with homogeneity hint for European-style index option pricing. Neural Comput Appl 28(12):4061–4077.
[29] Rao RV, Savsani VJ, Vakharia DP (2012) Teaching–learning-based optimization: an optimization method for continuous non-linear large scale problems. Inf Sci 183(1):1–15.

[30] Rao RV, Patel V (2013) An improved teaching-learning-based optimization algorithm for solving unconstrained optimization problems. Sci Iranica 20(3):710–720.
[31] Kaliannan J, Baskaran A, Dey N, Ashour AS (2016) Ant colony optimization algorithm based PID controller for LFC of single area power system with non-linearity and boiler dynamics. World J Model Simul 12(1):3–14.
[32] Kaliannan J, Baskaran A, Dey N (2015) Automatic generation control of Thermal-Thermal Hydro power systems with PID controller using ant colony optimization. Int J Service Sci Manag Eng Technol (IJSSMET) 6(2):18–34.
[33] Jagatheesan K, Anand B, Dey N, Ashour AS (2018) Effect of SMES unit in AGC of an interconnected multi-area thermal power system with ACO-tuned PID controller. In: Advancements in applied metaheuristic computing. IGI Global, pp 164–184.
[34] Jagatheesan K, Anand B, Dey KN, Ashour AS, Satapathy SC (2018) Performance evaluation of objective functions in automatic generation control of thermal power system using ant colony optimization technique-designed proportional–integral–derivative controller. Electr Eng 100(2):895–911.
[35] Sun X, Zhang Y, Ren X, Chen K (2015) Optimization deployment of wireless sensor networks based on culture–ant colony algorithm. Appl Math Comput 250:58–70.
[36] Sharma V, Grover A (2016) A modified ant colony optimization algorithm (mACO) for energy efficient wireless sensor networks. Opt-Int J Light Electron Optics 127(4):2169–2172.
[37] Kaur S, Mahajan R (2018) Hybrid meta-heuristic optimization based energy efficient protocol for wireless sensor networks. Egypt Inform J 19(3):145–150.
[38] Chatterjee S, Sarkar S, Dey N, Ashour AS, Sen S, Hassanien AE (2017) Application of cuckoo search in water quality prediction using artificial neural network. Int J Comput Intell Stud 6(2–3):229–244.
[39] Hore S, Chatterjee S, Sarkar S, Dey N, Ashour AS, Balas-Timar D, Balas VE (2016) Neural based prediction of structural failure of multistoried RC buildings. Struct Eng Mech 58(3):459–473.
[40] Chatterjee S, Sarkar S, Hore S, Dey N, Ashour AS, Shi F, Le DN (2017) Structural failure classification for reinforced concrete buildings using trained neural network based multi-objective genetic algorithm. Struct Eng Mech 63(4):429–438.
[41] Alarifi A, Tolba A (2019) Optimizing the network energy of cloud assisted internet of things by using the adaptive neural learning approach in wireless sensor networks. Comput Ind 106:133–141.
[42] Eldhose EK, Jisha G (2016) Active cluster node aggregation scheme in wireless sensor network using neural network. Procedia Technol 24:1603–1608.
[43] Chang YC, Lin CC, Lin PH, Chen CC, Lee RG, Huang JS, Tsai TH (2013) eFurniture for home-based frailty detection using artificial neural networks and wireless sensors. Med Eng Phys 35(2):263–268.
[44] Serpen G, Gao Z (2014) Complexity analysis of multilayer perceptron neural network embedded into a wireless sensor network. Procedia Comput Sci 36:192–197.
[45] Chatterjee S, Hore S, Dey N, Chakraborty S, Ashour AS (2017) Dengue fever classification using gene expression data: a PSO based artificial neural network approach. In: Proceedings of the 5th international conference on frontiers in intelligent computing: theory and applications. Springer, Singapore, pp 331–341.
[46] Jagatheesan K, Anand B, Samanta S, Dey N, Ashour AS, Balas VE (2017) Particle swarm optimisation-based parameters optimisation of PID controller for load frequency control of multi-area reheat thermal power systems. Int J Adv Intell Paradigms 9(5–6):464–489.
[47] Phoemphon S, So-In C, Niyato DT (2018) A hybrid model using fuzzy logic and an extreme learning machine with vector particle swarm optimization for wireless sensor network

localization. Appl Soft Comput 65:101–120.
[48] Sun Z, Liu Y, Tao L (2018) Attack localization task allocation in wireless sensor networks based on multi-objective binary particle swarm optimization. J Netw Comput Appl 112:29–40.
[49] Cao B, Zhao J, Lv Z, Liu X, Kang X, Yang S (2018) Deployment optimization for 3D industrial wireless sensor networks based on particle swarm optimizers with distributed parallelism. J Netw Comput Appl 103:225–238.
[50] Yan Z, Goswami P, Mukherjee A, Yang L, Routray S, Palai G (2019) Low-energy PSO-based node positioning in optical wireless sensor networks. Optik 181:378–382.
[51] Zahedi ZM, Akbari R, Shokouhifar M, Safaei F, Jalali A (2016) Swarm intelligence based fuzzy routing protocol for clustered wireless sensor networks. Expert Syst Appl 55:313–328.
[52] Bruneo D, Scarpa M, Bobbio A, Cerotti D, Gribaudo M (2012) Markovian agent modeling swarm intelligence algorithms in wireless sensor networks. Perform Eval 69(3–4):135–149.
[53] Ari AAA, Yenke BO, Labraoui N, Damakoa I, Gueroui A (2016) A power efficient cluster based routing algorithm for wireless sensor networks: honeybees swarm intelligence based approach. J Netw Comput Appl 69:77–97.
[54] Sreelaja NK, Pai GV (2014) Swarm intelligence based approach for sinkhole attack detection in wireless sensor networks. Appl Soft Comput 19:68–79.
[55] Das SK, Tripathi S (2018) Intelligent energy-aware efficient routing for MANET. Wirel Netw 24(4):1139–1159.
[56] Yadav AK, Das SK, Tripathi S (2017) EFMMRP: design of efficient fuzzy based multi-constraint multicast routing protocol for wireless Ad-hoc network. Comput Netw 118:15–23.
[57] Das SK, Tripathi S (2018) Adaptive and intelligent energy efficient routing for transparent heterogeneous Ad-hoc network by fusion of game theory and linear programming. Appl Intell 48(7):1825–1845.
[58] Das SK, Tripathi S (2017) Energy efficient routing formation technique for hybrid Ad hoc network using fusion of artificial intelligence techniques. Int J Commun Syst 30(16):e3340, 1–16.
[59] Das SK, Yadav AK, Tripathi S (2017) IE2M: design of intellectual energy efficient multicast routing protocol for Ad-hoc network. Peer-to-Peer Networking Appl 10(3):670–687.
[60] Das SK, Samanta S, Dey, N, Kumar R (2019) Design frameworks for wireless networks. In: Lecture notes in networks and systems. Springer, pp 1–439. ISBN: 978-981-13-9573-4.
[61] Das SK, Tripathi S (2020) A nonlinear strategy management approach in software-defined Ad hoc network. In: Design frameworks for wireless networks. Springer, Singapore, pp 321–346.
[62] Samantra A, Panda A, Das SK, Debnath S (2020) Fuzzy petri nets-based intelligent routing protocol for Ad hoc network. In: Design frameworks for wireless networks. Springer, Singapore, pp 417–433.
[63] Das SK, Kumar A, Das B, Burnwal AP (2013) Ethics of reducing power consumption in wireless sensor networks using soft computing techniques. Int J Adv Comput Res 3(1):301.
[64] Das SK, Das B, Burnawal AP (2014) Intelligent energy competency routing scheme for wireless sensor network. Int J Res Comput Appl Rob 2(3):79–84.
[65] Amri S, Khelifi F, Bradai A, Rachedi A, Kaddachi ML, Atri M (2017) A new fuzzy logic based node localization mechanism for wireless sensor networks. Future Gener Comput Syst.
[66] Mazinani A, Mazinani SM, Mirzaie M (2019) FMCR-CT: An energy-efficient fuzzy multi cluster-based routing with a constant threshold in wireless sensor network. Alexandria Eng J 58(1):127–141.
[67] Karaa WBA, Ashour AS, Sassi DB, Roy P, Kausar N, Dey N (2016) Medline text mining: an enhancement genetic algorithm based approach for document clustering. In: Applications of intelligent optimization in biology and medicine. Springer, Cham, pp 267–287.

[68] Dey N, Ashour A, Beagum S, Pistola D, Gospodinov M, Gospodinova E, Tavares J (2015) Parameter optimization for local polynomial approximation based intersection confidence interval filter using genetic algorithm: an application for brain MRI image de-noising. J Imaging 1(1):60–84.
[69] Chatterjee S, Sarkar S, Dey N, Ashour AS, Sen S (2018) Hybrid non-dominated sorting genetic algorithm: II-neural network approach. In: Advancements in applied metaheuristic computing. IGI Global, pp 264–286.
[70] Hanh NT, Binh HTT, Hoai NX, Palaniswami MS (2019) An efficient genetic algorithm for maximizing area coverage in wireless sensor networks. Inf Sci 488:58–75.
[71] Somauroo A, Bassoo V (2019) Energy-efficient genetic algorithm variants of PEGASIS for 3D wireless sensor networks. Appl Comput Inf.
[72] Wang T, Zhang G, Yang X, Vajdi A (2018) Genetic algorithm for energy-efficient clustering and routing in wireless sensor networks. J Syst Softw 146:196–214.
[73] Al-Shalabi M, Anbar M, Wan TC, Alqattan Z (2019) Energy efficient multi-hop path in wireless sensor networks using an enhanced genetic algorithm. Inf Sci.
[74] Kumar S, Kumar V, Kaiwartya O, Dohare U, Kumar N, Lloret J (2019) Towards green communication in wireless sensor network: GA enabled distributed zone approach. Ad Hoc Networks 101903.
[75] Mukherjee A, Dey N, Kausar N, Ashour AS, Taiar R, Hassanien AE (2019) A disaster management specific mobility model for flying Ad-hoc network. In: Emergency and disaster management: concepts, methodologies, tools, and applications. IGI Global, pp 279–311.
[76] Fong S, Li J, Song W, Tian Y, Wong RK, Dey N (2018) Predicting unusual energy consumption events from smart home sensor network by data stream mining with misclassified recall. J Ambient Intell Humaniz Comput 9(4):1197–1221.
[77] Roy S, Karjee J, Rawat US, Dey N (2016) Symmetric key encryption technique: a cellular automata based approach in wireless sensor networks. Procedia Comput Sci 78:408–414.
[78] Elhayatmy G, Dey N, Ashour AS (2018) Internet of Things based wireless body area network in healthcare. In: Internet of things and big data analytics toward next-generation intelligence. Springer, Cham, pp 3–20.

第14章 适用于普适医疗保健应用的无线传感器网络高可靠、低延迟通信的自然启发算法

普拉蒂蒂·慕克吉[①],安库尔·达斯[②]

14.1 引　　言

近年来,无线技术的不断进步促进物联网市场飞速发展,正如"2018年物联网状况——2018年第一季度/第二季度分析师洞察"报告中所述,使用的物联网设备总数已达到70亿。随着无线通信技术突飞猛进的发展,无线传感器网络的普及吸引了工业界和学术界的注意,他们正在研究和开发有现实需求的解决方案,以帮助医疗、交通、农业、电信和教育等行业的发展。无线传感器网络由多个执行分布式传感任务的互连节点组成。参考文献[1]将无线传感器网络描述为"功能强大的无基础设施网络",由数千个以特殊方式组织的自主低功耗传感器组成,并以协作行为方式服务于各种目的。节点从环境中收集信息,通过网络中继数据,并且根据可用资源,甚至可能能够处理来自端口的集合信息,这些设备构成了基于物联网架构的感知层。无线传感器网络被认为是涉及监测、传感和协作决策的学科中最合适的选择。检测系统、信号处理和数据通信的融合使此类网络能够形成一个强大的平台,用于操作和处理从环境中收集的数据[2-3]。

由于潜力巨大,为这些网络设计的算法和协议必须考虑初始化、正常处理以及紧急情况期间可能出现的所有性能问题。在这些网络中,每个传感器都配有一个感知单元、一个用于传输信息的收/发模块、一个电源单元以及一个嵌

[①] 普拉蒂蒂·慕克吉:工程与管理学院计算机科学与工程系,印度盐湖城,邮编:700091;E-mail:mukherjeeprateeti01@gmail.com;

[②] 安库尔·达斯:德国锡根大学纳米科学与纳米技术系,德国锡根;E-mail:ankur.das@student.uni-siegen.de。

入在设备中或存在于外部的处理和存储设施。这些组件设计存在多种资源限制问题，包括尺寸限制，因为对于某些应用，设备不能超过特定的尺寸限制，医疗场景中的加热和能源限制，以及有限的计算能力。电源问题可以说是无线传感器网络设计中最受限制的方面。造成该问题的因素有几个：例如，便携式技术的狭小空间和感知环境的恶劣性质，这使得难以对大量已部署感知设备更换电池。在普及医疗应用中，需要一个实时监控系统来收集有关患者活动的即时数据。通常，设备直接放置在患者身体上，增加了与电源使用、发热和尺寸相关的限制，这些限制直接影响设备的能量供给。此外，监控系统预计将识别紧急情况，如心脏骤停和突然跌落，这对网络的可靠性和设备始终处于活动状态至关重要。因此，必须采用低延迟、节能的方案来路由此类网络中的数据，以促进延长使用寿命。

理论上，在发射、接收、空闲监听或空闲窃听的时间内，消耗节点功率的问题可以最小化。为数据包的传输设计合适的路由是克服能耗问题的可行解决方案[4]。在文献［5］中，解释了信息传递路由形成的困境。文章提到，虽然路由短可能耗尽中间节点资源，缩短网络寿命，但较长的路由可能包含大量节点，从而增加网络延迟问题的可能性。因此，寻找节点间的最短路由对于获得低能耗和网络寿命方面的良好效果至关重要。

自然启发计算是一门致力于通过观察自然现象的行为来开发新计算技术的学科，它成功地解决了许多复杂问题，并产生了新的研究途径，如神经网络、群优化技术、遗传算法、进化计算等。在过去几年中，受生物优化模式（如蚁群优化（ACO）、粒子群优化（PSO）等）的启发，已经开发了许多路由算法，14.4 节将对此进行详细讨论。止血剂在医疗体系结构中的特定用例中无处不在，为了比较和识别适用于它的适当的自然激励的路由机制，应考虑到各种情况，然后详细解释选择的一些机制。

本章的组织结构如下：第 14.2 节提供在该研究领域进行的研究工作综述，以及适用于无线传感器网络设计的文献中有价值的协议。无线传感器网络体系结构将在第 14.3 节中简要说明。第 14.4 节讨论适用于我们关于 U-healthcare 的问题陈述的受自然启发的路由协议，比较研究以表格形式列出。最后，在第 14.5 节中得出结论，然后是参考文献。

14.2 相关工作文献综述

无线传感器网络由一组受能量和处理能力等因素约束的设备组成，这些设备收集有关一组现象的数据。说到范在医疗保健，有几个因素在起作用。该领域现有的挑战促使研究人员开发延长无线传感器网络寿命的算法，同时确保系统保持低功耗、轻便和便携。如文献［6］所述，实现这一点的一种有效方法是集群组织，以分层方式组织组中的传感器，并指定单个节点作为簇头。该簇头负责执行特定任务，例如，从其他簇传感器收集数据并通过网络将其中继到基站。将这些职责委托给簇头可以改进数据采集过程，同时延长网络的生命周期。然而，簇头的电池能量有限，由于增加了额外的责任，它们的能量消耗更快。这里的挑战是在簇头受损的情况下，从剩余的传感器节点中选择一个新的簇头，以实现网络的正常功能。文献中列出了几种簇头选择问题。多目标进化算法（Multi-Objective Evolutionary Algorithm，MOEA）作为自然启发计算的一个子集已经被广泛地开发用于解决簇头选择问题。

文献［7］批评了使用多个因子的非支配排序和共享的 MOEA 类别，包括计算复杂性、非精英方法以及指定共享参数的必要性。作者提出了一种基于非优势排序的多目标进化算法，称为非优势排序遗传算法 II（Nondominated Sorting Genetic Algorithm II，NSGA-II），它缓解了上述所有问题。对困难测试问题的仿真结果证明，与帕累托存档的进化策略和帕累托强度相比，他们提出的模型能够在真正的帕累托最优[①]前沿附近，找到更好的解分布和更好的收敛性，注意创建一个独立的优化前沿。该算法为集群问题提供了一个有希望的解决方案，并且由于其降低了复杂性和精英性，它完全可以在 WSN 设计中实现，用于范在健康护理。

设计此类网络的另一种方法是创建一个无中心的体系结构，其中控制是以本地化的方式完全分布在各个独立集群单元之间。这种方法受蚂蚁行为的启发，被称为蚁群优化（ACO）算法[8-9]。这些单元被分配计算资源，而单元则以简单、本地化的方式进行交互，蚁群优化的优点在于它的简单性。14.4 节详细讨论了该算法。

在讨论聚类技术时，最流行的算法是传统的低功耗自适应集簇分层型结构（Low-Energy Adaptive Clustering Hierarchy，LEACH）协议[10-11]。该方法利用随机旋转和局部簇头的均匀聚类，试图提高网络的可扩展性和性能，是自适应和自组织的。该协议将每一轮作为一个单元，由集群建立阶段和稳态阶段组成。不必要的能量成本由稳态过程替代多帧来避免，持续时间比设置阶段长得多。但协议概念存在一个主要缺陷，集簇形成的随机性导致簇头具有非常不同的能量。此外，簇头和基站之间的距离也是不可预测的。由于其责任的增加，

---

① 帕累托最优，是指资源分配的一种理想状态。假定固有的一群人和可分配的资源，从一种分配状态到另一种分配状态的变化中，在没有使任何人境况变坏的前提下，使得至少一个人变得更好。

簇头消耗能量的速度往往比网络中的其他节点快得多。如果簇头的当前能量较小或其与基站的距离较远，则簇头将由于沉重的能量负担而迅速消亡。

这类问题已经在修改传统LEACH以提高其性能的研究中得到了解决。文献[12]介绍了LEACH-TLCH或具有两级簇头的LEACH协议。当簇头性能和簇头选择过程相同时，改进的算法使用平均能量和节点到基站的距离等信息来选择二级簇头。算法中指定了与这些值相对应的条件，确保避免了所选簇头的早期排水问题。

与分簇技术同义的其他值得注意的工作包括混合能量分布（Hybrid Energy Distributed，HEED）方法[13-14]，其中集簇和簇头选择基于混合能量分布簇方法试图延长网络寿命。文献[15]提出了一种节能的分层聚类（Energy Efficient Hierarchical Clustering，EEHC），它成功地延长了寿命，但由于分层聚类的复杂性，容易导致簇头过载。文献[16]提出了一种簇头分布方案，通过避免不必要的冗余来减少能量消耗。与传统的LEACH算法相比，作者声称他们的模型在延长网络寿命方面表现得更好。

粒子群优化（PSO）[17]是一种非常流行的路由协议，它构成了群智能技术的主要部分。粒子群算法是一种元启发算法，其灵感来源于鸟类的同步集簇、自发方向改变、分散和重组；用于查找函数的最大值和最小值。传统的粒子群优化算法是一种基于种群的技术，通过节点与其邻近节点之间的直接通信和信息交换来寻找一个好的解决方案，表现出自组织性。4.1节详细研究了该协议，为了适应无线传感器网络的需要，对传统粒子群优化算法进行了一些改进。

尽管在无线传感器网络设计领域已经通过人工智能计算技术进行了一些研究，但满足特定硬件领域的研究确实很少。文献中存在大量的论文和项目，重点是构建产品和智能平台，以满足患者、老年人或婴儿的需求[18-19]。此外，学术界对适合无线传感器网络设计的算法进行了大量分析[20-21]。然而，一项全面的研究集中于普适医疗服务中高效路由策略的要求，同时研究生物启发机制以实现同样的要求，这代表了这项研究工作的新颖性。

14.3　无线传感器网络体系结构

电子技术和无线通信系统领域的最新进展为无线传感器网络的普及铺平了道路[22]。这类网络现在已成为许多领域的重要组成部分，例如，工业自动化、医学、农业、环境和气候变化以及应急管理等。传感器集群、普适计算技术和人工智能研究共同创造了一个称为环境智能的跨学科概念，该领域的研究旨在通过使用不会妨碍文明社会成员日常工作的技术来解决我们日常生活中面临的挑战。

医疗保健行业迫切需要技术干预,原因是发达国家的医疗成本不断上升、医疗失误记录不断增长、主要诊所人手不足以及老年人口持续增加。文献[23]指出,根据人口参考局的预测,在未来20年内,发达国家65岁及以上的人口将接近总人口的20%,这给医疗从业者带来了巨大的压力,要求他们提供更好的服务,但他们面临着重重挑战,为每个人提供优质护理绝非易事。然而,传感设备和消费电子产品的集成为环境智能在医疗保健中的应用创造了一条有希望的途径。这些网络能够提供连续的医疗监控、记忆增强、家用电器的免提控制、数字化健康记录的访问和自动紧急通信。早期发现可能存在的健康问题是推动这些持续监测系统的关键目的,这将降低成本,提高个人的生活质量,避免他们因定期就诊而感到不适,避免与死亡作斗争的极端可能性。为了使这些家庭监控设备得以存在,无线传感器网络的概念开始发挥作用。

网络主要由部署在地理区域上的大量感知模块组成,节点通过无线技术相互通信。这些节点必须紧凑、轻量级、稳定、电池供电,以便可以在任何环境中使用,并且在不利条件下不会失去功能。传感器的任务是监测物理和环境条件,并获取所谓的上下文信息。传感器节点的结构如图14.1所示。

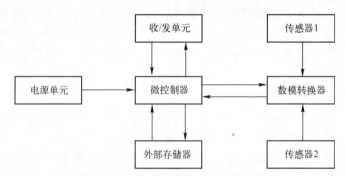

图14.1 传感器节点的基本结构

每个节点由4个主要组件组成[1]:外部电源、收/发单元、由一个或多个传感器和处理单元组成的感知单元或控制器。某些次要部件可能包含在装置内,取决于不同应用类型。例如,代替电池的发电机系统、可能用于紧急触点的定位系统或移动装置等。传感器的工作模式包括:①发送;②接收;③空闲监听;④睡眠。

普及医疗框架中的传感器主要充当数据提供者,从人体外部或内部感知生物信息。它们将获取的信息传递给佩戴在身体上或放置在附近的控制装置。然后，将从控制设备组装的数据与用于执行诊断和决策过程的计算资源一起传送到远程目的地。

如文献［24］所述，普及医疗应用中使用的传感器有一定的要求。普及感知的基本概念在于所涉及技术的隐蔽性。因此，无线医疗传感器设计中最基本的要求是其轻量级和微型尺寸，以允许对患者进行连续、无创和不引人注目的监测。已经通过实验确定，任何电子传感器的尺寸和重量在很大程度上取决于其电池的尺寸和重量。然而，仅仅减小电池尺寸并不能解决问题，因为电池的容量与其尺寸直接相关，这是微电子和优化算法发展中的一个相关研究领域。安全和隐私问题也被证明是提供电子医疗服务的主要挑战，数据侵权和侵犯隐私具有法律意义，开发用于数据传输和存储的安全体系结构对于普及计算在医疗领域的成功至关重要。在设计用于医疗服务的无线传感器网络时，主要要求数据在需要时可用，传递信息的完整性和真实性，以及确保保密性的措施。

随着医疗保健提供者、医生和诊所之间传输的数据量不断增加，信息交换过程往往变得混乱和功能失调。为了创造一种消除混乱的方法，数据移动和资源共享是普及医疗系统中的一个关键要素。因此，网络的各个元素必须具有互操作性特征，以保证系统和设备能够积累和解释数据，并以用户友好、有组织的方式记录信息。为了实现这一特性，必须确保网络具有足够的带宽，保证每个组件的正常性能，并且可能由于一个或多个节点发生故障，必须包含足够的容错级别，以实现可靠的路由。虽然廉价的传感设备对系统的可靠性构成了相当大的威胁，但通信和传输步骤中的故障也可能导致错误诊断和网络故障。由于传感器所需的采样率不同，节点之间的通信约束也不同。然而，对通信信道的高要求增加了系统的要求并缩短了电池寿命，从而增加了总体费用。在基于无线传感器网络的医疗应用设计中，通信和计算之间的权衡至关重要[25]。

科学界努力解决这些问题，并满足上述要求，以服务于所需的应用。如14.2节所述，该领域的最新研究倾向于模拟自然界中容易观察到的生物行为，以创建协议和算法。我们的目标是分析主要算法，并通过比较研究，以确定在智能医疗无线传感器网络设计中自然启发的未来途径。

14.4 医疗保健中无线传感器网络的四种路由协议

在讨论受自然启发的可用于无线传感器网络设计以服务于医疗保健应用的路由协议时，理解实时计算的概念非常重要。根据文献［26］，实时系统有三个主要组成部分，这些要素中最宝贵的资源是时间。实时应用程序通常由一组协作任务组成，这些任务以固定的时间间隔调用，并在规定的期限内执行。交互任务要求及时发送和接收消息。这一因素至关重要，因为计算的正确性不仅取决于逻辑准确性，还取决于产生结果的时间。

14.4.1 截止日期分类

实时任务的截止日期可分为以下几类：
（1）硬性期限——未达到预定期限的灾难性后果。
（2）固定期限——虽然不遵守最后期限的后果往往不会是灾难性的，但一旦最后期限到期，任务产生的结果就没有任何用处。
（3）软截止期——既不坚定也不艰难的最后期限；任务产生的结果有一个实用程序，可以减少截止日期到期后的加班时间。

在医疗应用中，通常需要一个超实时系统。即使检测时间比截止日期晚了几秒钟，识别诸如心力衰竭或突然跌倒等紧急情况也是有用的。但是，如果结果在一天后被转发，则可以确认该实用程序没有应用价值，软截止期标准是选择适当网络设计时需要考虑的重要问题。

14.4.2 架构设计目标

在寻求创造最佳设计的过程中，根据目标应用确定设计考虑因素是很重要的。然后可以根据相关技术趋势定性分析这些问题，并估计设计和成本瓶颈，同时识别通过技术进步可以轻松解决的瓶颈。

如文献［27］所述，普及医疗应用中的WSN子系统的设计考虑如下：
（1）节点的功耗。
（2）传输过程中消耗的功率。
（3）传感设备的隐蔽性。
（4）平台的可移植性。
（5）传感器、处理器的实时可用性以及对紧急医疗服务的访问。
（6）元件之间的可靠通信。
（7）用于中继采集数据的多跳路由。
（8）敏感医疗信息的安全性和保密性。

14.5 自然启发的路由协议

自然系统具有某些非凡的特征，这些特征是灵感的源泉，在确定通向人工网络系统最佳解决方案的道路上起着至关重要的作用[28-29]。Sohail Jabbar 和

第 14 章 适用于普适医疗保健应用的无线传感器网络高可靠、低延迟通信的自然启发算法

Rabia Iram 在其文章"通过仿生计算智能优化无线传感器网络:概览及未来方向"中讨论了仿生 WSN 系统的优化技术[30]。这项工作表明,人们可以通过基于自然界生物系统行为仿生算法的灵活性、适应性、分散性和容错性来提高计算任务的性能。图 14.2 描述了基于三个类别解决流行问题的优化技术,即搜索空间、问题和目标函数形成。优化是生物系统的主要特征之一,有助于找到最佳解决方案。在大多数情况下,在优化过程中需要多次迭代,在蚂蚁和蜂群的觅食行为、鸟类的群集、动物的放牧和鱼类的聚集中,展示了迭代工作会话的一些典型示例。

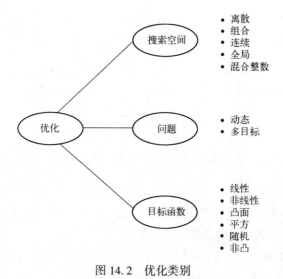

图 14.2 优化类别

图 14.3 提供了进化算法层次结构的可视化表示,进化算法是受自然启发的计算技术的广泛子集。

14.5.1 粒子群优化

Kennedy 和 Eberhart 首先提出了 PSO[31],这是一种基于种群的优化技术,其灵感来源于鸟类在迁徙月份的群集行为。一群粒子在问题空间中飞来飞去,并通过响应正反馈(相邻粒子的影响指向一个好的或最佳的位置)和负反馈(通过社会知识保持当前的最佳状态以追求更好的位置)表现出自组织。粒子不是直接向一个好位置移动,而是在一个好位置周围探索,从而增加粒子移动的随机性。种群的动力学由一组规则控制,这些规则根据粒子及其邻居的经验修改每个粒子的速度,具体取决于种群内的社会网络结构。

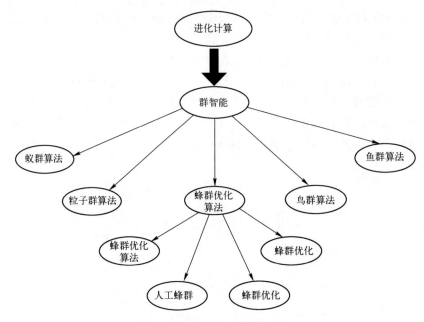

图 14.3 进化算法的层次表示

粒子群优化技术的主要特点是独特的搜索机制、计算效率和易于实现。粒子代表的是具有真正的质量和体积的成员总体。种群中的每个粒子都在由以下 4 个向量定义的高维空间中找到解决方案：

（1）粒子速度。
（2）目前为止找到的最佳位置。
（3）该粒子的当前位置向量。
（4）相邻粒子找到的最佳位置。

在搜索过程中，粒子在空间中的位置调整基于其自身及其相邻粒子的最佳位置。在迭代过程的每个步骤中，每个粒子都会根据以下方程式更新其位置和速度：

$$X_{k+1}^i = X_k^i + V_{k+1}^i \\ V_{k+1}^i = V_k^i + c_1 r_1 (p_k^i - X_k^i) + c_2 r_2 (p_k^g - x_k^i) \qquad (14.1)$$

式中：X_k^i 为粒子位置；V_k^i 为粒子速度；p_k^i 为"记忆"位置；c_1，c_2 分别为认知参数和社会参数；r_1，r_2 为从 0 到 1 的随机数。

传统 PSO 算法伪代码如下：

粒子群优化算法

初始化（每个粒子）的粒子重复位置和速度在粒子位置计算目标函数 f

循环开始
　　对于（每个粒子）
　　　　更新个人最佳职位
　　　（迄今为止获得的最佳值的坐标）
　　循环结束
　　更新全局/局部最佳位置（到目前为止由其内部的任何粒子获得的最佳值）
　　（每个粒子）的拓扑邻近区域
　　更新速度
　　计算粒子的新位置
循环结束
直到满足停止标准

对该传统算法存在一些改进算法。如 PSO 聚类方法，也称为 PSO-C，用于解决 NP 难优化问题[32]，该算法考虑了可用能量和节点与簇头之间的距离。另一项工作[33]提出了一种图论方法，结合粒子群优化算法用于多跳传感器网络。这里，对于每个第 i 轮，使用以 w_i 表示的权重函数迭代计算来选择簇头，考虑到源节点和目的节点之间的距离、剩余能量和适应度函数，对数据包的路由进行了优化。文献 [34] 建议应用粒子群优化算法优化传感器部署策略，从而最大限度地扩大移动传感器网络的网络覆盖范围。这项工作建议以集中的方式部署节点，但这会增加基站的负担，在医疗场景中是不可取的，因为强大的基站能够处理多个计算密集型过程而不会出现故障或延迟，这可能不是便携式医疗设备普及传感的理想架构。

14.5.2　蚁群优化

在自然界中，类似蚂蚁的物种利用它们的协作行为为群体寻找食物来源。信息素是一种化学物质，有助于获得蚂蚁与其他蚂蚁交流时使用的环境集体知识，唯一目的是找到最近的食物来源。当一只蚂蚁找到食物来源时，它会在返回蚁群的路上留下一条易挥发的信息素踪迹。其他的蚂蚁沿着这条信息素的轨迹找到食物的来源。一般情况下，可以在巢穴和食物源之间观察到多条信息素路径，但在最短的信息素路径中，种群密度最高，蚂蚁的这种社会化和有组织的行为已经被用来实现蚁群优化技术。Dorigo 和 Dicar 提出了蚁群优化算法（Ant Colony Optimization，ACO），该算法被实验认为是先进无线传感器网络设计中最成功的群集智能（Swarm Intelligence，SI）技术[35]。

最初的算法，由 Marco Dorigo 在 1992 年的博士论文中提出。文献 [36,

37］已经扩展到解决更广泛的数值问题，将决策图中的虚拟蚂蚁导向良好解决方案的迭代过程在以下方案中解释：

蚁群算法

初始化信息素值

  重复

   for(ant $k \in \{1,\cdots,m\}$)

    构造解决方案

   end for loop

   for（对于所有信息素值）

    减少值的百分比 {信息素蒸发，负反馈}

   end for loop

   for（对应于良好解决方案的所有信息素值）

    增加值 {信息素浓度增强，正反馈}

   end for loop

  直到满足结束条件

结束标准可以是一定的迭代次数（或固定时间），也可以是给定质量的解决方案。检查停滞或收敛也可以用作停止标准。

Zhenchao Wangin[38]提出了一种新的基于蚁群算法的分层无线传感器网络路由算法。在他的工作中，在集群中部署了异源节点，以满足大规模无线传感器网络的需求。然后，定义与这些节点相关的加权参数，并将这些参数映射到 ACO 的变量。这导致了一种新算法的开发，该算法受到了 Cot 的启发，能够从簇头中找到最可能的路由。为了提高数据传输的有效性，采用了多路由的概念，并通过仿真，声称它在概率和网络平衡方面产生了更好的结果。

在另一项工作[39]中，建议对基于蚂蚁的路由协议进行增强，以提高路由的能量效率。建议的修改如下：

（1）智能分析路由表并确定相邻节点的重要性。

（2）在链路故障或节点关闭的情况下更新路由表。

（3）降低蚂蚁的泛洪能力以增强拥塞控制。

总体而言，该算法避免了在遍历最优路径时使用节点能量，从而延长了网络寿命，同时保持了节点之间的连通性。作者根据以下指标评估了算法的性能：

（1）成功率。

（2）能源消耗。

（3）能源效率。

（4）标准偏差。

（5）网络寿命。

（6）网络延迟。

仿真结果表明，他们提出的方法提高了原始蚁群算法在无线传感器网络设计中的效率。

14.5.3 人工免疫系统

2002年，De Castro 和 Timis 在无线传感器网络设计中提出了人工免疫系统（Artificial Immune System，AIS），这些算法受到哺乳动物免疫学基本行为的启发。Falko Dressler 描述了无线传感器网络中仿生人工免疫系统的工作原理[40]。AIS 能够创建自我优化和自我学习过程的关键特征由其能力定义，如自主识别、鲁棒性、应用多样性、强化学习能力和记忆观察结果的可能性。AIS 的主要目标是有效地检测来自正常系统行为的环境子环境的变化。哺乳动物免疫系统的功能是保护身体免受感染，造成这种现象的原因有两种：第一种是产生对攻击病原体的反应，导致一种未指明的反击（使用白细胞）；第二种代表免疫记忆，允许使用 B 细胞和 T 细胞对逆境做出更快和非常特异的反应。人体的一个非常重要的功能是免疫识别，受体的结合区和抗原表位的一部分共同分配这项任务。由于抗体具有单一类型的反应器，抗原可能显示多个表位。因此，不同的抗体可能识别单一抗原。免疫系统能够区分自体细胞和非自体细胞，由于抗原性遭遇可能导致细胞死亡，免疫系统会建立某种阳性和阴性选择。生物和人工系统中以不同名称存在的组件列表如下。

（1）体域：整个移动 ad hoc 网络。

（2）自我细胞：行为良好的节点。

（3）非自细胞：行为异常的节点。

（4）抗原：在包头序列中识别的观察到的 DSR 协议事件序列。事件的示例包括"发送数据包""接收数据包""接收数据包后发送数据包""接收路由请求包后发送路由回复"。

（5）抗体：与抗原的紧凑表示形式相同的模式。

（6）阴性选择：在离线学习阶段产生抗体。在部署的系统中，阴性选择将在操作员部署节点的测试台上进行。

基于人工免疫系统的算法主要用于传感器网络的拓扑控制。关于自然免疫系统（Natural Immune System，NIS）的功能和组织结构的各种理论存在于文献中。多项研究已将 NIS 的建模转移到人工免疫系统中，用于非生物场景[41]。另外还建立了一组不同的 AIS 算法模型，包括经典视图模型、克隆选择理论模型、网络理论模型和危险理论模型[42]。这些系统已经被实验证明可以解决多个领域的问题,包括网络入侵、异常检测、概念学习、数据聚类和数据挖掘。这些系统的开发是一个很有希望的解决方案,可以满足将敏感医疗记录从轻型便携式传感平台安全传输到私人数据库的需求。

14.5.4 受植物生物学启发的无线传感器网络框架

Vasaki Ponnusamy 和 Azween Abdullah 讨论了无线传感器网络中基于植物生物学的框架在移动传感架构中的实现[43]。图 14.4 显示了移动传感器网络功能的总体架构,该框架与以植物为灵感的架构相比,基本上由 WSN 系统的三层组成:第一层掌握植物的根系机制及其与根际的协调规则;第二层掌握植物与微生物根际的通信协议;第三层涉及微生物与基站之间存在的通信机制。

图 14.4 移动传感器网络功能的通用体系结构

图 14.5 详细描述了 WSN 设计中受植物生物学启发的机制。叶子的功能是不断从传感环境中搜索特定事件,获取相当于真实世界中的阳光和自然资源。植物吸收二氧化碳和水分子来制备碳水化合物,单个原子类似于人工系统中感应到的数据,这些数据随后被转发到植物的其他部分。根部的根际相互检测,类似于移动传感平台中发生的邻近节点发现过程。此外,植物能够检测同一群体中其他植物的存在,并可以形成集群,在集群中它们可以发送和接收消息,并检测大气逆境。这一基本概念可应用于人工传感系统,以鼓励节点之间的交互,讨论网络故障的可能性和对有效路由的威胁。植物的根部对过度拥挤和资源匮乏高度敏感。在无线传感器网络系统中采用这种有效的灵敏度,使得每个节点都能检测到其附近过度拥挤的可能性,这将极大地有利于网络的健康。

土壤中生物之间的趋化关系本质上是正面的共生关系和负面的寄生关系。共生关系构成了植物与根际的正相关关系,氨基酸是植物根系所表现出的反应的主要试剂,起着通讯剂的作用。寄主植物与其他动植物之间的寄生关系形成

第14章　适用于普适医疗保健应用的无线传感器网络高可靠、低延迟通信的自然启发算法

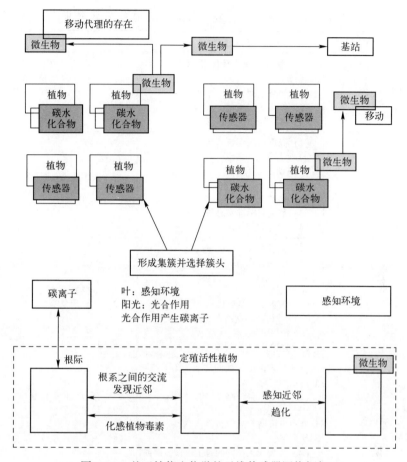

图14.5　基于植物生物学的无线传感器网络框架

了负面关系。这些概念可应用于无线传感器网络体系结构，其中积极的通信与传感器节点和移动代理之间的信息传输相关联，而不利的情况可被赋予消极通信的标签。

生物系统中令人难以置信的行为模式为人工网络中数据包的高效传输提供了巨大的灵感。虽然有大量的计算机算法是从大自然的奇迹中得到启发的，但为了达到研究目的缩小了关注范围，只对少数几个进行了详细的解释。然而，表14.1提供了对医疗领域环境传感技术无线网络架构中现有和即将面临的挑战的全面分析，以及适用于解决这些问题的生物模式。

表 14.1 普及医疗保健计划联网面临的挑战分析

普及医疗网络的挑战	主要问题	生物学原理
大规模网络	（1）设备数量，传感器网络：$10^2 \sim 10^6$ 个节点 （2）服务空间 （3）产生的交通负荷 （4）优化路由的搜索空间较大	（1）蚁群优化技术（ACO） （2）流行病蔓延：病毒的传播机制
动态性	（1）高度动态建筑 ① 节点行为和需求 ② 高动态链接质量 ③ 可变负载 （2）移动自组网 （3）移动目标的实时跟踪 （4）动态频谱接入	（1）人工免疫系统 （2）活化剂-抑制剂系统
资源限制	（1）供求增长不匹配 ① 一套可用服务 ② 带宽容量 ③ 网络寿命 （2）资源的稀缺性因网络而异 ① 无线传感器网络中的电源、处理 ② CRN 中的频谱 ③ 网络的能力和规模	（1）蚁群的觅食过程 （2）蜂窝信令网
自主操作	（1）随着网络规模的增加，集中控制变得不切实际 （2）节点/链接/路径可能会消失 （3）一些网络无基础设施 移动自组网、无线传感器网络、无线网状网络 （4）需要无人值守的自主操作，例如自组织、自评估、生存能力	（1）流行病传播机制 （2）昆虫群落 （3）萤火虫的同步 （4）人工免疫系统
异构体系结构	（1）异质性和不对称性 ① 节点类型和功能 ② 链路能力 ③ 网络特征 （2）无线射频识别装置 车辆	（1）稳态系统 （2）由异质个体组成的昆虫群落
微米和纳米级	（1）NEMS 与 MEMS （2）纳米网络 （3）射频和声学不适用 ① 天线尺寸 ② 频道限制 ③ 不同的物理规则	（1）活细胞 ① 感知环境 ② 接收外部信号 ③ 在纳米级执行 （2）蜂窝信令网络

14.6 小　　结

无线传感器网络由于其在入侵检测、天气监测和环境技术等领域的广泛应用而受到研究人员和学术界的广泛关注。虽然应用场景可能很吸引人，但从节点到基站感知数据的节能路由是无线传感器网络架构的一个主要挑战。此外，协议还必须在多个智能发现的路径上分配通信量，以便以相同的速率耗尽节点上的电池电量。当部署在现实场景中时，这些框架中普遍存在的不利因素和挑战是非常多的。

本章讨论了无线传感体系结构的一个特定应用领域，即普及计算医疗应用。虽然双基医疗确实已成为智能电子医疗技术的一个新前沿，但此类先进体系结构的设计是复杂的。本章详细讨论了网络的复杂性以及相互交织的设计考虑因素和性能指标。研究人员一直对生物系统的共生性着迷，并相信研究这种现象将为计算机网络设计带来有价值的知识。因此，受共生生物中存在的美妙交响乐的启发，随着时间的推移，人工网络的一些优化协议已经被开发出来。本章综述了与网络相关的多个此类协议，这些网络主要用于环境感知和敏感数据路由。以表格形式列出了与解决 U-healthcare 无线传感器网络设计中的问题相关的生物过程，旨在鼓励读者在试图解决该领域的特定挑战时，以完美的自然过程为灵感。

参 考 文 献

[1] Matin MA, Islam MM (2012) Overview of wireless sensor network, wireless sensor networks—technology and protocols. In: Matin MA (ed). IntechOpen. https://doi.org/10.5772/49376.
[2] Das SK, Tripathi S (2018) Energy efficient routing formation algorithm for hybrid ad-hoc network: a geometric programming approach. Peer-to-Peer Networking Appl 12. https://doi.org/10.1007/s12083-018-0643-3.
[3] Das SK, Tripathi S (2017) Adaptive and intelligent energy efficient routing for transparent heterogeneous ad-hoc network by fusion of game theory and linear programming. Appl Intell 48:1–21. https://doi.org/10.1007/s10489-017-1061-6.
[4] Das SK, Tripathi S (2016) Intelligent energy-aware efficient routing for MANET. Wirel Networks 24. https://doi.org/10.1007/s11276-016-1388-7.
[5] Abouzar P, Michelson DG, Hamdi M (2016) RSSI-based distributed self-localization for wireless sensor networks used in precision agriculture. IEEE Trans Wirel Commun 15(10):6638–6650.
[6] Miranda K, Zapotecas-Martínez S, López-Jaimes A, García-Nájera A (2019) A comparison of bio-inspired approaches for the cluster-head selection problem in WSN. https://doi.org/10.1007/978-3-319-96451-5_7.

[7] Deb K, Pratap A, Agarwal S, Meyarivan TAMT (2002) A fast and elitist multiobjective genetic algorithm: NSGA-II. IEEE Trans Evol Comput 6:182–197. https://doi.org/10.1109/4235.996017.

[8] Arif M, Rani T (2012) ACO based routing for MANETs. Int J Wirel Mobile Networks 4. https://doi.org/10.5121/ijwmn.2012.4211.

[9] Liu Y, Zhang H, Ni Q, Zhou Z, Zhu G (2008) An effective ant-colony based routing algorithm for mobile ad-hoc network. In: IEEE international conference on circuits and systems for communications, 2008, ICCSC 2008, vol 4, pp 100–103.

[10] Li Y, Ding L, Liu F (2011) The improvement of LEACH protocol in WSN. In: Proceedings of 2011 international conference on computer science and network technology, Harbin, 2011, pp 1345–1348.

[11] Hu G, Xie D, Wu Y (2007) Research and improvement of LEACH for wireless sensor networks. Chin J Sens Actuators 6(20):1391–1396.

[12] Mohammed A (2018) Improvement of an energy balance method of leach based on genetic algorithm.

[13] Chand S, Singh S, Kumar B (2014) Heterogeneous HEED protocol for wireless sensor networks. Wirel Pers Commun 77:2117.

[14] Younis O, Fahmy S (2004) HEED: a hybrid, energy-efficient, distributed clustering approach for ad hoc sensor networks. IEEE Trans Mobile Comput 03(4):366–379.

[15] Kumar D, Aseri TC, Patel RB (2009) EEHC: energy efficient heterogeneous clustered scheme for wireless sensor networks. Comput Commun 32:662–667. https://doi.org/10.1016/j.comcom.2008.11.025.

[16] Siddiqi MZ, Ilyas N, Aziz A, Kiran H, Arif S, Tahir J, Qasim U, Khan Z, Javaid N (2017) Optimized energy efficient routing using dynamic clustering in wireless sensor networks.

[17] Chopard B, Tomassini M (2018) Particle swarm optimization. In: An introduction to metaheuristics for optimization. Natural computing series. Springer, Cham.

[18] Nandyala S, Kim H-K (2016) From cloud to fog and IoT-based real-time U-healthcare monitoring for smart homes and hospitals. Int J Smart Home 10:187–196. https://doi.org/10.14257/ijsh.2016.10.2.18.

[19] Albahri OS, Zaidan A, Bahaa B, Hashim M, Albahri AS, Alsalem M, Mohsin A, Mohammed K, Alamoodi A, Enaizan O, Alyousif S, Zughoul O, Momani F, Hammed K, Alqaysi M, Abbas K, Almahdi E, Shafei G, Jafar M (2019) Based multiple heterogeneous wearable sensors: a smart real-time health monitoring structured for hospitals distributor. IEEE Access. pp 1–1. https://doi.org/10.1109/ACCESS.2019.2898214.

[20] Alemdar H, Ersoy C (2010) Wireless sensor networks for healthcare: a survey. Comput Netw 54(15):2688–2710.

[21] Cook DJ, Augusto JC, Jakkula VR (2009) Ambient intelligence: technologies, applications, and opportunities. Pervasive Mobile Comput 5:277–298.

[22] Dey N, Ashour AS (2015) Antenna design and direction of arrival estimation in meta-heuristic paradigm: a review. Int J Serv Sci Manage Eng Technol (IJSSMET) 7. https://doi.org/10.4018/IJSSMET.2016070101.

[23] Kinsella K, Phillips DR (2005) Global aging: the challenge of success, vol 60. Population Bulletin.

[24] Andreu J, Leff D, Ip H, Yang G-Z (2015) From wearable sensors to smart implants—toward pervasive and personalized healthcare. IEEE Trans Bio-med Eng 62. https://doi.org/10.1109/tbme.2015.2422751.

[25] Arastouie N, Sabaei M, Hakami V, Soltanali S (2013) A novel trade-off between communication and computation costs for data aggregation in wireless sensor networks. Int J Ad Hoc Ubiquitous Comput 12(4):245–253.

[26] Shin KG, Ramanathan P (1994) Real-time computing: a new discipline of computer science and engineering. Proc IEEE 82(1):6–24. https://doi.org/10.1109/5.259423.
[27] Boitier V, Tajan P, Dilhac JM (2016) WSN nodes: design considerations and energy management. J Phys Conf Ser 773:012043. https://doi.org/10.1088/1742-6596/773/1/012043.
[28] Dey N (2017) Advancements in applied metaheuristic computing.
[29] Dey N, Ashour AS, Bhattacharyya S (2019) Applied nature-inspired computing: algorithms and case studies.
[30] Shehzad S (2013) Intelligent optimization of wireless sensor networks through bio-inspired computing: survey and future directions. Int J Distrib Sens Netw 2013:13.
[31] Kennedy J, Eberhart R (1995) Particle swarm optimization. IEEE Int Conf Neutral Networks 4.
[32] Kulkarni RV, Venayagamoorthy GK (2011) Particle swarm optimization in wireless-sensor networks: a brief survey. IEEE Trans Syst Man Cybern Part C 41(2):262–267. https://doi.org/10.1109/tsmcc.2010.2054080.
[33] Vimalarani C, Subramanian R, Sivanandam SN (2016) An enhanced PSO-based clustering energy optimization algorithm for wireless sensor network. Sci World J 2016:11, Article ID 8658760. https://doi.org/10.1155/2016/865876.
[34] Gopakumar A, Jacob L (2008) Localization in wireless sensor networks using particle swarm optimization. In: Proceedings of the IET international conference on wireless, mobile and multimedia networks, Jan 2008, Beijing, China. IEEE, pp 227–230.
[35] Bonabeau E, Dorigo M, Theraulaz G (1999) Swarm intelligence. Oxford University Press, Oxford.
[36] Dressler F (2007) Self-organization in autonomous sensor actuator networks. Wiley, Inc., USA.
[37] Jabbar S, Iram R, Minhas A, Shafi I, Khalid S, Ahmad M (2013) Intelligent optimization of wireless sensor networks through bio-inspired computing: survey and future directions. Int J Distrib Sens Netw. https://doi.org/10.1155/2013/421084.
[38] Shen Z, Zhu Y, Tian X, Tang Y (2008) An ant colony system based energy prediction routing algorithms for wireless sensor networks, pp 1–4. https://doi.org/10.1109/wicom.2008.888.
[39] Saleem M, Di Caro G, Farooq M (2011) Swarm intelligence based routing protocol for wireless sensor networks: survey and future directions. Inf Sci 181:4597–4624. https://doi.org/10.1016/j.ins.20.10.07.005.
[40] Dressler F (2008) Bio-inspired networking, pp 1–20.
[41] Bidgoli AM, Nikdel A. AISTC: a new artificial immune system-based topology control protocol for wireless sensor networks.
[42] Engelbrecht AP (2007) Computational intelligence an introduction, 2nd edn. Wiley, London.
[43] Ponnusamy V, Abdullah A (2010) A bio-inspired framework for wireless sensor network using mobile sensors. pp 1–6.